邢祖援著

# 志趣、論政、懷舊

文史哲出版社印行

國家圖書館出版品預行編目資料

志趣、論政、懷舊 / 邢祖援著. -- 初版. – 臺北市：文史哲, 民 94
面： 公分.
ISBN 957-549-622-1 (平裝)

078

# 志趣、論政、懷舊

著　　者：邢　　　祖　　　援
出 版 者：文　史　哲　出　版　社
http://www.lapen.com.tw
登記證字號：行政院新聞局版臺業字五三三七號
發 行 人：彭　　　正　　　雄
發 行 所：文　史　哲　出　版　社
印 刷 者：文　史　哲　出　版　社
臺北市羅斯福路一段七十二巷四號
郵政劃撥帳號：一六一八〇一七五
電話886-2-23511028 · 傳真886-2-23965656
實價新臺幣三八〇元
中華民國九十四年（2005）九月初版



ISBN 957-549-622-1

# 序言

余歷經軍、政、教三界，以平時主管業務、教學之需要，培養濃厚的寫作興趣與習慣，致撰述積稿頗多。除已將較具體系之文稿，輯成已出版之著作八種如作者簡介外，特再就積存文稿中遴選計六十篇，編成《志趣、論政、懷舊》一書出版問世，以供參考就正。

本書內容區分為「篤信基督」、「一得之愚」、「論政建言」、「鄉梓淮陰」、「母校淮中」、「序跋留痕」、「翰墨怡情」及「軍旅鱗爪」等八個部分。因並無嚴密之體系性，故僅就性質略加區分，未予編成章節。其中文稿絕大部分均曾在報刊雜誌發表過，且文體或為文言、或用語體、或以白話撰寫，均係興之所至，信手為之，以求率真。茲分述如次：

「篤信基督」：余並未受過神學教育，蒙主揀選亦僅十餘年，手頭又乏足夠之參考書籍，僅就過去讀經心得、筆記等整理成文，如稍有參考價值，亦當感謝聖靈之教誨。

「一得之愚」：僅係就稍具歷史價值及個人在著述、教學等方面作綜合性報導，以供參考。

「論政建言」：此類文稿過去發表甚多，均係應乎當時政治、經濟、行政管理等狀況所撰述，投載於報刊。除已納入已出版各書或已失時效外，僅選刊尚可供政府各主管機關參考者若干篇，以供參擇。

「鄉梓淮陰」及「母校淮中」：均係以懷舊為主旨，兼有前瞻之意義。此類文字曾在《淮陰文獻》各輯中發表甚多，僅遴選數篇用作代表性。

「序跋留痕」：此類文稿亦屬不少，僅選擇稍具代表性、紀念性者數篇編入，以誌其事。

「翰墨怡情」：余特喜篆書，亦偶涉金石，且為業餘重要遣興之活動。曾著有《篆文研究與考據》一書出版。以後曾陸續發表論文在書友雜誌刊載，茲遴選數篇編入本書，以表達個人興趣之另一方面。

「軍旅鱗爪」：余服務軍中三十餘年，無論服務部隊、指揮作戰、辦理教育、或服務國防部等高司機構，均留有深刻印象。以余曾參與兩次軍史之編審，更接受兩度口述歷史之訪問，均已編印成冊，留有較詳細之紀錄。茲僅就曾在軍事校刊上已發表之文稿，遴選若干篇刊入。以其並無系統性之關係，故視為雪泥鴻爪，作為紀念。

以上已將本書各部分之性質、內涵略加說明。總之本書既非全屬學術性，亦非有系統之回憶錄，僅係對個人部分著述，遴選其較具紀念或參考價值者，予以分類整理，建立檔案性資料，以利參閱與保存。如有可供借鏡之處，則幸甚矣。

籍此亦感謝許多期刊、雜誌、報章、文集等主辦單位惠我以主編、邀稿、投稿、學術辯證等機會，得以不斷研究、撰述發表、暢所欲言、一抒積懷；謹致誠懇之敬意與謝意。

**邢祖援**　於台北市時年八十九歲　二〇〇五年八月八日

# 志趣、論政、懷舊 目次

## 參、論政建言

**柒、翰墨怡情**

**捌、軍旅鱗爪**

# 壹、篤信基督

# 出埃及記的歷史背景與重要意義

## 一、前　言

根據專家統計，聖經中出現「埃及」二字甚多。自首次在創世紀十二章十節出現，至啟示錄第十一章八節最後乙次出現，前後總計有五六五次之多，可見其重要性。

如果沒有出埃及記，則以色列人必在埃及終身世代為奴，亦將歸化為埃及人。以後可能即無以色列民族，亦將難產生聖經以後各篇，甚至基督教會亦難以如今天這樣的發展光大。

## 二、埃及的地理位置

埃及位屬中東樞紐，北臨地中海，主要發展在尼羅河三角洲，延綿於整個尼羅河流域。南至紅海并延伸至亞斯望，東臨阿拉伯沙漠，其勢力曾一度擴展至約旦河流域的迦南地。依地理形勢區分為南部的上埃及，和北部的下埃及。聖經上所誘西乃山或稱為聖山、何烈山，目前雖已頗為荒涼，但在古時卻礦產豐富、高山峻嶺、林木蒼翠。在地形上、係位置於紅海北岸，蘇伊士灣及阿卡巴灣兩個海灣環抱，形成一個半島形，形勢甚為險要。

藉此亦介紹古迦南地的地理位置。古時迦南地面積很大，土地肥沃、物產豐富，聖經上稱為「流奶與蜜之地」。其整個地形好像一個半月形，或稱新月形，聖經上稱為「肥沃月灣」。整個月亮的背對著北面的高山—陶魯士山、烏拉圖山。月灣裏面則是南面的阿拉伯大沙漠，東北也是高山—薩格羅山脈。東南接近波斯灣，西臨地中海，西南即為埃及，以及西乃山、紅海。亦可說埃及是在迦南地的西南，迦南地是在埃及的東北。如以現在的地理形勢來說，迦南地東起伊朗，西到西班牙，其間包括中東、西亞、北非、南歐，包括了以色列和巴勒斯坦的全部地區。

## 三、埃及的歷史沿革

埃及是一個文明古國，號稱有六千年歷史，開始在紀元前四千年。據前述地理上所形成的上埃及和下埃及，原來分為兩個王國統治，一直到紀元前三千一百年，約在五千年前才統一成為一個國家。到了紀元前二千七百年後，才開始由法老統治，代表埃及古代文化的金字塔、獅身人面像等，即在此時期先後建築。到紀元前一千一百年開始，又受到外力的侵略，國勢日衰。到紀元前五十年被羅馬帝國統治；紀元後十二世紀再被撒拉丁統治六十年；十六世紀被土耳其及阿圖曼馬統治；以後先被法國統治，再被英國較長時期統治，一直到一九五二年才正式獨立，實施民主制度，為時不過五十餘年。

## 四、法老王與摩西

埃及的法老王朝，自紀元前二千七百年到一千一百年，歷經一千五百餘年，在列國王朝中可說相當長久的。「法老」只是一個埃及帝王的統稱，其實共有三十代相傳，有極盛的時候，也有衰弱的時代。直到紀元前一千一百年被馬代波斯聯合王國所統治。

摩西是在紀元前一五二六年出生，距今約三千五百餘年，是法老王朝的後期階段。當時的法老是杜德模西士一世。收留摩西的公主叫哈蘇雪，她在紀元前一五零四年至一五八二前期間曾和杜德模西士三世共同主持朝政，她曾擁有實際的統治權，且為人英明幹練、國勢日強，可稱為埃及最傑出的統制者之一。摩西本人既很英俊，又得到她與皇室照顧，不僅可以受到良好的教養，更擁有特殊的地位，自無庸置疑。不過到了紀元前一四八六年時，公主已屆垂暮之年，情勢顯然不同，所以摩西四十六歲之時，受環境所逼遠走米甸，不久蘇哈雪公主去世，即由杜德模西士三世全權主政。所以判斷要殺摩西的以及阻止以色列出埃及的始作俑者，即為杜德模西士三世，否則摩西也不會逃到米甸去數十年。

等到摩西回埃及的時候，已經八十歲了，當時的法老王是亞門侯提二世（紀元前一四五〇—一四二四年，在位二十六年），正是埃及勢力擴張的極盛時代。當時摩西要帶以色列人出埃及，可從說是向專制極權挑戰，自然難上加難，與虎謀皮。如果不是神的鼓勵和支持，絕難實現。

## 五、重要年代考據與對照

埃及號稱有六千年歷史，我國有五千年文化，似較我國更為古老。即以法老王朝始建於紀元前二千七百年，終於紀元前一千一百年而言，較我國黃帝（紀元前二六九〇—二五九〇年）時代略早，並歷經我國的黃帝、唐（紀元前二三三三—二二三四年）、虞（紀元前二二三三—二一八四年）、夏（紀元前二一八三—一七五二年）、商（紀元前一七五一—一一一一年）等五個朝代，亦屬歷史久遠，在世界文明古國中。綿延相當久遠的一個王朝。

再說以色列人在埃及被奴役了四三〇年，才能在神的帶領下出埃及，說埃及到迦南地又走四〇年。是如何計算出來的，爰根據有關史科說明如次：

首先應從雅各算起，雅各又名以色列，他有十二個兒子，亦為將來以色列的十二支派，雅各特別偏愛小兒子約瑟，使眾兄忌妒，乘遠出放羊之時被賣到埃及。

約瑟出生在紀元前一九一五年，約當我國夏朝（紀元前二一八三—一七五二年）後期。

十七歲被賣到埃及為紀元前一八九八年。未想到約瑟非常能幹，他在三十歲時即被法老王重用，時在紀元前一八八五年。以後因雅各家鄉鬧荒年，派兒子到埃及購糧。得以父子兄弟重聚，雅各並將全家七十人遷至埃及，時約瑟已三九歲，為紀元前一八七六年，亦即我國商朝（紀元前一七五一—一一一一年）初期。以後約瑟在紀元前一八〇五年去世，享壽一一〇歲。

以色列人在埃及法老王朝統治下，人口繁殖甚快，但生活過的很不好，且被視為奴隸，備覺苦難。過了三百多年後，於紀元前一五二六年摩西出生（在我國商朝中期時代），幼時受到哈蘇雪公主的養育與呵護，但是到摩西四十歲（紀元前一四八六年），哈蘇雪公主已到老年，埃及新法老王對以色列人壓迫愈甚，引起摩西在埃及亦無法居住，才逃亡到米甸去。以後在米甸住了三十多年，將近八十歲時再返回埃及，受到耶和華神的啟示，終於八十歲時帶領以色列人出埃及，時在紀元前一四四六年。

從以上歷史年代統計，從雅各全家遷居埃及，約瑟三九歲時為紀元前一八二六年算起，直到摩西八十歲帶領以色列人出埃及時為紀元前一四四六年止，以色列人在埃及整整住了四三〇年，人口從七十人繁衍到近百萬人。

## 六、出埃及歷經艱難終能克服

摩西在何烈山看到神的顯現，並受到啟示和鼓勵。決定遵從神的意旨，率領以色列人出埃及，法老王為專制暴君，當然不准，神賦與摩西大能，除首次見法老王以杖變蛇外，以後陸續更顯示十大奇蹟，一面攝服法老王，一面神又使法老王心中剛強變了心意。得以磨鍊以色列人克服艱難信服神的大能，也使法老王心悅誠服知道神的意旨是不能違背的。以十大神蹟即是人所熟知的：

㈠使河水變為血水之災；㈡青蛙之災；㈢虱子災；㈣蠅災㈤牲畜瘟疫之災；㈥瘡災；㈦雹災；㈧

蝗災；(九)黑暗之災；(十)長子頭生畜必死之災。

埃及經過以上十災難，不僅全國人民受到很大損害，也可從舉國上下天昏地暗，驚惶失措。至此法老王不得不准許以色列人出埃及。未想等到摩西率領以色列大軍行動的時候，法老王又反復變卦，派遣大軍追趕，一直到了紅海海邊，這時以色列大隊人馬前有紅海、後有追兵，真是走頭無路了。耶和華神再顯神蹟，令摩西以杖斷流，居然巨浪滔滔的海中，海水斷流、分開如壁，顯出一條寬廣大道，讓以色列大隊人馬車輛安然渡過，等到埃及兵馬也想循此滄海大道前進時。分開的海水忽又復合，使其大軍淹沒於海中，葬身海底，以色列人終於出了埃及。

## 七、出埃及記的重要意義

由於耶和華神帶領以色列人出埃及，脫離了長達四三〇年的奴隸生活，歷盡千辛萬苦才得回到迦南地，所以在聖經中出埃及記實具有非常重要的意義，滋分述次：

第一、耶和華是具有大能、值得榮耀的唯一真神。在爭取法老王准許出埃及的過程中，顯示十大神蹟，並使海水分開讓以色列人如覆平地順利通過；在大隊人馬行軍途中白晝以雲柱、夜晚以火柱引導前進；降嗎哪、安鶉，出泉水，以解飢渴，等等數不盡的神蹟，在在可以證明若無神的大能，以色列人絕難出埃及。

第二、神對其子民的大愛永遠不移，幫助以色列人脫離埃及專制極權的統治，崇尚民主與自由。

第三、傳十誡、宣律例、倡公義、行約法，為神的國度、地上的君王、普天下的子民，立下了基本大法。如果世人都以遵守奉行，必可維繫永久的世界和平。

第四、立祭典、興建築、製衣冠、造器具等，不僅建立宗教的規模，也對促進人類文化發展，極具重大的意義。

〔一九九八年八月撰述〕

# 主耶穌的世系

## 一、前言

從歷史到現在，世界各民族都很重視他們的家世系統。許多歷史學家，為研究考證某一國家、王朝的興衰，不惜窮畢生之力、去探險、挖掘考證，可見其重要性。自一九六〇年代，美國編製電影連續劇「根」，深入追尋黑人的祖先，如何來到美國的艱苦奮鬥史，引起全世界的追「根」熱潮。我們中國人一向注重世系的繁衍，較大的家族都有完整的家譜。每一姓氏都訂有堂名，如張姓稱為「百忍堂」，王姓稱為「瑯琊堂」。在臺灣的至親好友，亦有進行修訂族譜的，我亦曾被邀參與顧問。我在研究搜集資料時，發現聯合報創辦人非常重視此事，在聯合報設有「中國文化基金會」。其下設有「家譜研究部」，除收藏家譜近千部外，還出版「如何偏印家譜」小冊子，不僅函索即寄，並願意接受邀請指定臺大歷史系教授，前往親自指導。又在報端發現大陸考古學家，發現宋朝大詩人蘇東坡的族譜。而寶貴的是此書在一一三一年（紹興元年）付印時的封面上竟有「盡忠保國」的岳飛題字：「眉山蘇氏世傳至寶」八字，將蘇氏家譜列為「世傳至寶」，可見其重視的程度。埃及與以色列過去是世仇，在歷史上埃及一向強大。以後埃及推翻了法老王朝，逐漸推行民主制度，力圖復興重建強權，曾於一九七〇年代發生以埃戰爭，此一舉世聞名的以埃五日戰爭。以色列軍隊居然以弱勝強、大敗埃軍。以後經過若干第三國、特別是美國的斡旋，終於在以色列與埃及雙方的同意下，雙方領袖在美國白宮，由美國總統柯林頓主持，簽下了和平協定。柯林頓總統在致詞時發表了重要演說，其開頭即說：「亞伯納罕的子孫們，你們原是自家弟兄，在此簽定和平協定之日，敬祝你們兄弟之邦永遠和睦相處」。這不僅是至為感人的一句話，也提醒了在「創造論」的人類，原是源出同族，天下一家。

## 二、聖經上詳列主耶穌世系的原因

### ㈠從聖經史學的觀點言，證明聖經所記載的均為實實在在的史實，讓大家信服。

### ㈡耶和華讓世人後裔繁多與世代立久約

參閱創世紀十七章第一——八節。

1. 耶伯蘭年九十九歲的時候、耶和華向他顯現、對他說、我是全能的　神、你當在我面前作完全人。
2. 我就與你立約、使你的後裔極其繁多。
3. 亞伯蘭俯伏在地、　神又對他說。
4. 我與你立約、你要作多國的父。
5. 從此以後你的名不再叫亞伯蘭、要叫亞伯納罕、因為我已立你作多國的父。

6.我必使你後裔極其繁多，國度從你而立、君王從你而出。

7.我要與你並世世代代的後裔堅立我的約、作永遠的約、是要作你和你後裔永遠的 神。

8.我要將你現在寄居的地、就是迦南全地，賜給你和你的後裔永遠為業。我也必作他們的 神。

## ㈢耶和華眷愛己民

參閱耶利米書第三十一章第二十三—二十九節

23.萬軍之耶和華以色列的 神如此說、我使被擄之人歸回的時候、他們在猶地和其中的城邑、必再這樣說、公義的居所啊、聖山哪、願耶和華賜福給你。

24.猶大和屬猶大城邑的人、農夫和放羊的人、要一同住在其中。

25.疲乏的我使他飽飫、煩愁的我使他知足。

26.先知說、我醒了、覺著睡得香甜。

27.耶和華說、日子將到、我要把人的種、和牲畜的種、播種在以色列家和猶大家。

28.我先前怎樣留意將他們拔出、拆毀、毀壞、傾覆、苦害、也必照樣留意將他們建立、栽植。這是耶和華說的。

## ㈣讓世人生生不息

參閱耶利米書第三十三第二十二節

22.天上的萬象不能數算、海邊的塵沙也不能斗量、我必使我僕人大衛的後裔、和侍奉我的利未人多起來。

## 三、主耶穌世系的說明

**㈠聖經上雖然詳列了主耶穌的世系，卻較少人去研讀或加以講述，揆其原因約如下述：**

1.認為是屬於聖經史學範圍，因此平時聚會較少講述。

2.如此繁複的世系，在聖經上是用文字敘述的，且逐代敘述記載，為求歷史的真實性，不殫繁複。如用口頭表達，反較不易。

3.所翻譯的中文人名，或較冗長，或感拗口，敘述時不易表達生動。

**㈡聖經上主要記述世系的經文如次：**

創世紀—第五章、第十章、第十一章、第四十六章

出埃及記—第六章

馬太福音—第一章

路加福音—第三章

**㈢主耶穌世系表**

茲以馬太福音第一章為基礎，整理出以下三個階段的世系表為附表一、二、三。至於路加福音第三章所列資料與馬太福音資料頗有出入，為供參考起見，亦列為附表四以供參考對照。並簡要加以說

明為次：

**1.附表一──自亞當↓亞伯納罕世系表之說明**

(1)此表均係依據創世紀有關各章所整理。

(2)自人類始祖亞當起算為第一代，到製造方舟的挪亞為第十代。在這十代中均屬高壽，最高達九六九歲，最低亦達三六五歲。

(3)自挪亞到亞伯納罕又經過十代，若從始祖亞當算起，亞伯納罕則是第二十代。

(4)亦顯示挪亞的三個兒子閃、含和雅各的世系。此三人以後遷徙到世界各地，如亞洲、歐洲、非洲等各地，子孫代代繁衍，人口不斷增加。

(5)在世代與年歲的註記方面僅以挪亞到亞伯納罕共十代為主，因為這是主耶穌的直屬世系。

**3.附表一、自亞伯納罕至摩西等世系之說明：**

(1)亞伯納罕的孫子雅各（又名以色列）生了十二個兒子，以後發展為以色列十二支派，小兒子約瑟在出埃及記中也佔了很重要的地位。

(2)第二十六代的摩西更是上帝特別重用，並指定帶領以色列人百萬人出埃及，經過的十年的艱苦歷程，在上帝的幫助下，終於達到了目的地。

**4.附表三──由亞伯納罕到主耶穌的世系表**

(1)從亞伯納罕（第二十代）到大衛王（第三十三代），再到主耶穌（第六十代），世代相傳，明確記載，均有歷史的根據。

⑵也有人說，耶穌的世系是一種世人通俗的說法，耶穌是神，是聖父、聖子、聖靈三位一體的真神，是為著救世人。從神靈而生，不是凡人以世系的觀念可以表達的，這也是超世俗觀念的看法，未可厚非。

附表四，係依據路加福音第三章第二十五—三十八節所列，因與前表頗有出入，僅列為參考，不另加說明。

## 四，結　語

當以色列帶著他的子孫到埃及去的時候，只有七十人。經過了四三〇年出埃及時，已有百萬人。雖然世界上經過很多的天災、人禍，但是目前的人口，估計有六十億人之多。我們感謝上帝創造了宇宙萬物，因為　神本來就是「萬有」。　神的本意是要人類生生不息、綿延繁衍，本著你的慈愛、遵守你的律法和公義。可是有些世人都違背你的意旨，犯了很多的罪。雖然經過幾大的災害，讓人類毀滅殆盡，但最後還是蒙你的憐憫和恩典，只要認罪悔改，就赦免他們的罪。我們深深的感謝和讚美你，願世人靠著你永遠的慈愛、榮耀和恩典，永遠活在基督的大愛裏，世人彼此相愛，堅強我們的信心，生生不息、源遠流長、綿延繁衍、子子孫孫、來迎接文明、進步的新的世紀。

〔一九九七年八月撰述〕

# 亞當→挪亞→亞伯納罕世系表

（附表一）

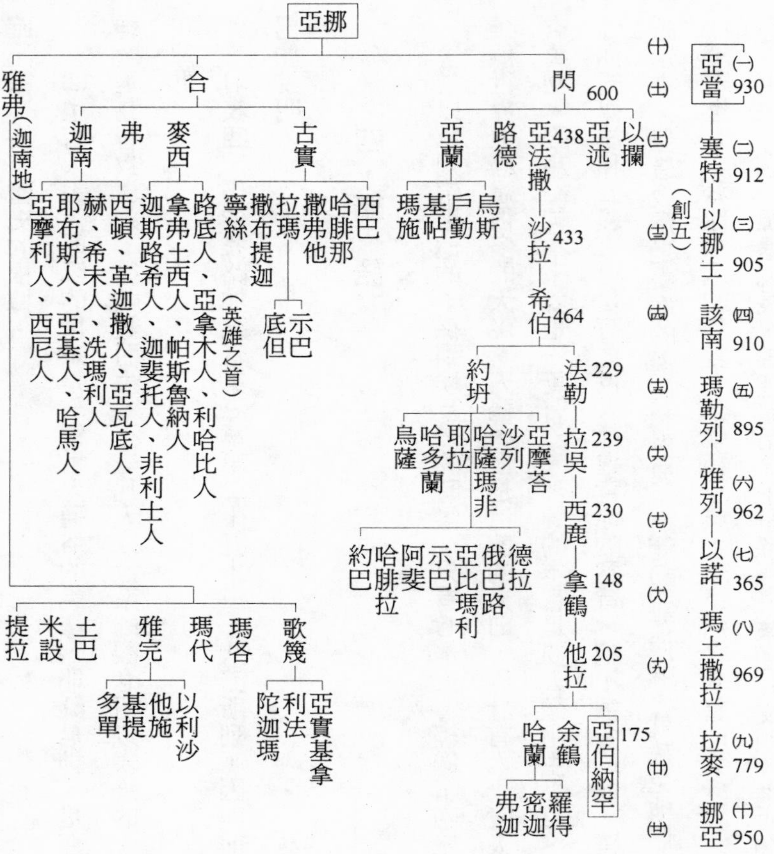


創世紀
第五章
第十章
第十一章

（附表二）

## 以色列十二支派世系表

創世紀、四六
出埃及記六
歷代誌上、一

- (廿) 亞伯納罕
  - (廿一) 以撒
    - (廿二) 以色列（雅各）
      - 流便—哈諾、法路、希斯倫、迦米
      - 西緬—耶母利、雅憫、阿轄、雅斤、瑣轄、掃羅
      - (廿三) 利未
        - 革順—立尼、示每
        - (廿四) 哥轄
          - (廿五) 暗蘭
            - (廿六) 亞倫
              - (廿七) 拿達
              - 亞比戶
              - 以利撒亞—非尼哈
              - 以他瑪
            - 摩西—革舜
          - 以斯哈
            - 可拉
              - 亞惜
              - 以利加拿
              - 亞比亞撒
            - 尼斐
            - 細基利
          - 烏薛—米利沙、以利撒及、西提利
        - 米拉利—抹利、母市
      - 猶大
        - 珥、俄南、示拉、謝拉
        - 法勒斯—希斯倫、哈母勒
      - 以薩加—陀拉、普瓦、約伯、伸崙
      - 希布倫—西烈、以倫、雅利
      - 迦得—洗非芸、哈基、書尼、以斯本、以利、亞羅底、亞列利
      - 亞設
        - 音拿、亦施尼、亦斯韋
        - 比利亞—希別、瑪結
      - 便雅憫—比拉、比結、亞實利、基拉、乃幔以希、羅實、母平、戶平、亞勒
      - 但—戶伸
      - 拿弗他利—雅薛、沽尼、耶色、示冷
      - 約瑟—瑪拿西、以法蓮

      （雅各到埃及70人）
    - 以掃（以東）
  - 以塞馬利

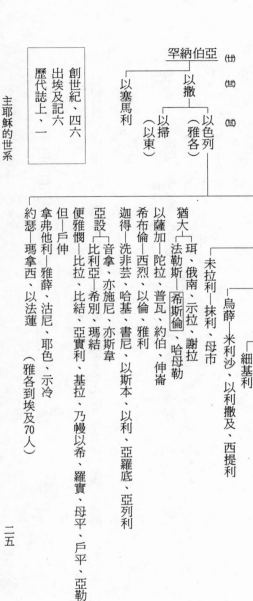

# 由亞伯拉罕—耶穌世系表（附表三）

(廿)① 亞伯拉罕—(廿一)② 以撒—(廿二)③ 雅各—(廿三)④ 猶大—(廿四)⑤ 法勒斯—(廿五)⑥ 希斯崙—(廿六)⑦ 亞蘭—(廿七)⑧ 亞米拿達—(廿八)⑨ 拿順—(廿九)⑩ 撒門—(卅)⑪ 波阿斯—(卅一)⑫ 俄各得—(卅二)⑬ 耶西—

（從亞伯納罕到大衛王）　(卅三)⑭ 大衛王—

(卅四)① 所羅門—(卅五)② 羅波安—(卅六)③ 亞比雅—(卅七)④ 亞撒—(卅八)⑤ 約沙法—(卅九)⑥ 約蘭—(卌)⑦ 烏西亞

(卌一)⑧ 約但—(卌二)⑨ 亞哈斯—(卌三)⑩ 希西來—(卌四)⑪ 瑪拿西—(卌五)⑫ 亞伯—(卌六)⑬ 約西亞—

（從大衛王到遷巴比倫）　(卌七)⑭ 雅哥尼雅—（遷巴比倫後生）

(卌八)① 撒拉鐵—(卌九)② 耶羅巴伯—(五十)③ 亞比王—(五一)④ 以利亞敬—(五二)⑤ 亞耶—(五三)⑥ 撒督—

(五四)⑦ 亞全—(五五)⑧ 以律—(五六)⑨ 以利亞撒—(五七)⑩ 馬但—(五八)⑪ 雅各—(五九)⑫ 約瑟—

（從遷至巴比倫到基督）　(六十)⑬ 耶穌基督—

（馬太福音第一章）

## 路加福音—第三章二三—三八節（附表四）

亞當—塞特—以挪士—該南—瑪勒列—雅列—以諾—馬土撒拿—

拉麥—挪亞⑩—（以上創世紀五、十、十一章、歷代志上一章、路加福音第四章記載均同）

閃—亞法撒*—該南—沙拉—希伯—法勒—拉吳—西鹿—

拿鶴—他拉—亞伯納罕㉑—（以上路加福音四章多出*該南創世紀與歷代表上均無）。

以撒—雅各—猶大—法勒斯—希斯崙—亞蘭—西米拉達—

拿順—撒門—波阿斯—俄備得—耶西—大衛王㉞—

拿單—瑪達他—買南—米里亞—以利亞敬—約南—約瑟—

猶大—西緬—利未—瑪塔—約令—以利以謝—約謝—珥—以摩當—

哥桑—亞底—麥基—尼利—撒拿鐵—所羅巴伯—利撒—約亞拿—

猶大—約瑟—西美—馬他提亞—瑪押—拿該—以斯利—拿鴻—亞摩斯—瑪他利亞—

約瑟—雅拿—麥基—利未—瑪塔—希里—約瑟—耶穌基督㊆（以上路加福音與馬太福音記載出入頗大）

# 耶穌的十二門徒

## 前　言

前月參觀達文西畫展，見到巨幅的壁畫「最後的晚餐」精彩的傑作複製版，並說明此圖場景安排緊湊巧妙，十三個人正面排列，動態及面部表情非常生動。圖中的耶穌為中心，將十二門徒三人一組，區分為四落，彼此呼應向著中心的耶穌。達文西用著精確的透視法，在視覺不但使耶穌有中心感召的力量，並將背景加強了縱深。在背後窗子透出耶路撒冷美麗的光源，耶穌與眾門徒的臉彷彿沐浴在慈祥的光線下，唯獨背判者猶大一個人臉部是一片陰暗。

耶穌失望的說：「你們當中有人要出賣我」。眾門徒聽了十分驚慌，各自形成小組竊竊私議。最左邊一組巴多羅密歐手按桌上情緒激動。安德烈雙手作推托狀，彷彿說：「不是我」。中間的小雅各則緊張的將手放在別人的肩上。最右邊三人馬太、達太、腓力則議論紛紛，但雙手朝向畫面中心。中右的三人一組，多馬伸出一個指頭彷彿在向耶穌說：「有人要出賣你，是誰？」老雅各則雙手開展，要追問到底的樣子。並於中間靠左的三人一組，老彼得、猶大、約翰、三人表情誇張，老彼得轉身的右手還握著餐刀，中間的猶大則滿臉灰暗，像做了虧心事一樣。

耶穌的十二門徒在這幅畫圖上讓我留下深刻的印象，也引起我進一步研究十二門徒事略的興趣。在聖經上對他們記載有的較為詳細，有的甚為簡異，經過蒐集參考若干資料，分別介紹如後。

## 一、西門彼得（Peter）

西門又稱彼得，列為十二門徒之首。父約拿，或稱老約翰。伯賽大人，與其妻、岳父及弟安得烈同居，此地居民均在迦利利海濱捕魚為業。

彼得初次與主相遇，是在約旦河外的伯大尼；其實是其弟安得烈先歸主，後引彼得歸主。主初見彼得即深知其性，並知經過磨鍊後必成大器，乃賜以磯法之名，有如磐石之意。因其心情較為急燥，故每遇其軟弱時，即呼此名以激勵其志。耶穌出外傳道，經常隨侍者為：約翰、彼得、安得烈、雅各四人。彼得為人熱心負責，常執行工作居人之先。他終生愧疚不安的，是在主耶穌被抓去時，遂囑三次不認主。據傳在尼日王末年亦被釘死於十字架，但彼得要求將他倒懸著釘，因他自認不配與主同樣的釘法。他被釘在十字架上還活了兩天，口中仍不斷傳說主道，可見其忠心愛主。著有彼得前書與後書。

## 二、安得烈（Andrew）

是西門彼得三弟，與彼得同居一地，同為漁夫。由於安得烈早年結識了施洗約翰，聽其言行很受感動，後即聽其言述及耶穌的神聖事跡，更為敬仰。經主耶穌的揀選，即決定隨主到處宣揚福音。亦即引荐其兄歸依基督。在新約中安得烈雖無甚著述，然而他卻是耶穌的第一位門徒，而且為追隨耶穌最親密的四大門徒之一。又據古籍記載，安得烈亦被釘十字架殉道，且經過兩天還未氣絕，口中還不斷宏揚主道，勸勉世人，忠烈可嘉。

## 三、雅　各（James）

雅各是西庇太之子，約翰馬可之兄。從聖經中記載家有僕役，可見家道小康。其母撒羅米可能為聖母馬利亞之妹，所以如從肉體關係言，與耶穌有姻親之誼，或為表兄弟。雅各與約翰馬可遇到主耶穌後，即有崇敬之心，耶穌亦頗賞識，即令其兄弟捨棄一切相從。在十二門徒中雅各的名字常與約翰連在一起，因為他們既是兄弟，個性又很相似。加之，耶穌派遣門徒在各地傳道多半是兩人一組，他兩人又都是熱心負責的熱血漢子，所以主耶穌又叫他們為雷子。他兄弟二人和彼得等皆蒙主特別垂愛。不過雅各不如兄約翰馬可之出名，非其貢獻不夠，主要是他早年即被希亞基帕王所殺害之故。

## 四、馬　可（Mark）

馬可又名約翰，猶太人，又名西庇太，母馬利亞（可能即為撒羅米）。馬尼亞為有名的女聖德，常在家中舉行聚會及禱告。彼得蒙救出獄後，亦常至其家參加聚會。按馬可二字原為羅馬人常用之名，希臘人亦用之，但在猶太人中並不常見。當時羅馬帝國非常強大，猶太人常彷效其名，故約翰實為本名，貫以馬可乃稱為約翰馬可。馬可與彼得很接近，彼得年長視馬可如子，故亦有謂彼得前書與後書是彼得口述，馬可執筆的。馬可又巴拿馬的表弟，曾陪其與保羅傳道。然未竟全程即中途折返，雖然如此直至保羅晚年殉道以前，馬可均與其甚為接近。馬可撰有馬可福音、約翰福音、約翰一、二、三書及啟示錄，貢獻厥偉。

## 五、腓　力（Philip）

耶穌召腓力為門徒時，亦在約旦河外之伯大尼，與西門彼得及安得烈為同鄉，因他和彼得特別親近。然據有關記載腓力膽量較小，最初未能毅然投主，直等到主的召喚才歸主。所以當主召喚時還說：「父剛過世，俟返家辦妥喪事再來侍奉主。」耶穌說：「我與你相處這麼久，你還不認識我嗎?」此外腓力為人很有辦事能力，所以耶穌看到聽道的眾多，就令腓力去採辦食物，可見用其所長。

## 六、巴多羅買（Bar tho lomew）

巴多羅買又名巴多羅密歐，亦叫拏旦業（Nathanoel），在約翰福音二十一章中記載，耶穌復活後在加列利湖濱與七使徒現身見面，其中有拿旦業之名，但未提到巴多羅買，故判斷二人即為一人。又據有關資料巴多羅賓原不是一個正式的名子，此一希伯來語意為巴多羅馬的兒子。在約翰福音中說拏旦業是腓力的好友，而其他福音中亦常將巴多羅買與腓力二人連在一起，亦可證二名實即一人。

## 七、多　馬（Thomas）

多馬亦稱低士馬（Didymus），約翰福音曾記載，耶穌對門徒說：「我去是為你們預備了地方，就再來，接你們到我那裏，我在那裏也叫你們在那裡，我往那裡去，你們知道那條路。」多馬對主說：「我們不知道你往那裡去，怎能知道那條路。」耶穌說：「我就是這條路，實際生命若不藉著我，沒有人能到父那裡去。」又在耶穌復活後來的時候，多馬並不在場。其他門徒就對多馬說：「我們已經看見主了」。但多馬則持懷疑態度對他們說：「除非我看祂手上的釘痕，用指頭深入那釘痕，又用指頭伸入主的肋旁，我總不相信。」過了八天，門徒又聚在屋裡，門雖都是關的，耶穌卻進來了走在他們中間，說願你們平安，就對著多馬說：「伸過你的指頭來，摸我的手，伸出你的手探入我的肋旁，不要不信，總要信，那沒有看見我就相信的，有福了。」以後在加利利湖濱與主相遇，在七門徒中，耶穌想去救他，門徒以為主將赴仇人地方，似不想與其偕往。只有多馬說：「我們也跟主一起去，如有難一起死。」可見其忠心。

## 八、馬　太（Mathew）

馬太又名利未，是亞勒非的兒子，被主召選為使徒時，是當時希律王朝的稅吏。被召以後馬太即邀請耶穌至家中以盛筵款待，在座的尚有不少賓客。然在新約二十七篇中，將馬太福音列為首篇，可見重視。而在此篇中作者自稱為稅吏馬太，稅吏可能很富有，但名聲卻不佳，而他卻毫不避諱，亦可見其誠實謙卑。

## 九、雅　各（James）

雅各是亞勒腓的兒子，又叫革羅巴，亦稱小雅各，因其個子較為矮小，以與巴庇太的兒子雅各有所區別。雅各的母親也叫馬利亞，就是一直站在主耶穌十字架旁，以及跟著眾人前往葬主墳墓的眾婦女之一。又按有關記載，其實亞勒腓與馬太之子可能為一人，且為職業稅吏家庭。果爾，則其父、母、兄弟均被主揀選進入天國，亦屬佳話。

## 十、達　太（Thaddcus）

達太亦名猶大（按新約中名猶大者有七人），其身世有二種說法，一說為雅各之兄弟，即父亦為亞勒腓；另一說為雅各之子。是耶穌所召選的十二門徒之一。約翰福音曾述及，猶大（即達太）曾論主復活後只顯現於門徒，不普遍顯現在世人面前，希望耶穌以威嚴顯現於世以驚動全世界。此種想法誤認為彌撒亞國為世間有形之國，與耶穌宗旨大異其趣。

## 十一、西　門（Smion）

依希臘音稱西面為西門，在新約中稱西門的即有九人，在十二門徒中亦有二人，前者西門亦稱彼得，為伯賽太人。此一西門是加拿尼人，稱為奮銳黨的西門。奮銳黨顧名思義就是對當時政治、社會風氣不滿，而力求改革進步的一個青年組織，可見他是一個有為青年。

## 十二、猶　大（Judas）

猶大亦稱以色加略（Iscariot），加略地人，西門的兒子，加略為猶大南域。十二門徒中以加利利人居多，惟猶大非加利利人。他善於經商，故耶穌常令其管錢，可見主原來很信任他。猶大賣主得銀僅三十兩，此一價格約等於當時買賣奴隸的價錢。猶大賣主一事，許多聖經學者或有難以解釋者。猶大從主的動機，或認為耶穌能當上大衛王，說不定自己可掌財政。然耶穌無所不能，何以事前不加制止?其實耶穌早已洞悉，一為上帝預定之事，二為希望猶大能及時認罪悔改，故逆來順受，並未阻止。其實到了最後關頭，猶大已深具悔意，原本想找大祭司退還三十兩銀子以救耶穌，但為其所拒絕。見殿門虛掩，即擲銀於地，自己也自縊身亡。

以上對十二門徒的事跡加以簡單介紹，由於十二門徒中有父子兄弟關係，一人或有數名，且如西門、雅各、猶大亦均有同名者，爰加澄清。至新約各篇作者，除馬太、約翰、彼得外，尚有路加、保羅、雅各（乃耶穌肉身兄弟）等均非在十二門徒之內。以上事跡令人非常感動，基督徒尤應加以勉勵。

〔原載二〇〇一、一、一、《會計與管理旬刊》第一三二二期〕

# 主禱文的結構和精義

## 一、前　言

聖經上主耶穌訓人的禱告，我們稱之為主禱文，這是每一位基督徒都能背誦如流，而且幾乎每天都會背誦幾次的禱告文。這篇主禱文雖然在英文本只有六十六個字，中文本馬太福音只有六句九十七個字，路加福音只有五句八十五個字，可說具有非常簡明扼要，且又包羅萬象，更且文詞優美。特別是中文的翻譯，不僅是合乎信、雅、達的原則，如果查對中文每一個字、每一句話，簡直令人拍案叫絕。可以說明主耶穌教導後人的每一句話，都是容易記憶的寶貴的真理。而中文本的譯者，除了精通外文和漢學外，也必得到聖靈的感動、幫助，才纔能有如此傑作。

## 二、主禱文全文

### ㈠馬太福音第六章9—13節英文本

9 "In this manner, therefore, pray: Our Father in heaven, hallowed be Your name.

10 Your kingdom come. Your will be done on earth as it is in heaven.
11 Give us this day our daily bread.
12 And forgive us our debts, as we forgive our debtors.
13 And do not lead us into temptation, but deliver us from the evil one.
For Yours is the kingdom and the power and the glory forever. Amen.

**㈡馬太福音中文本譯本**

我們在天上的父、願人都尊你的名為聖。十願你的國降臨。願你的旨意行在地上、如同行在天
上。十一我們日用的飲食、今日賜給我們。十二免我們的債、如同我們免了人的債。十三不叫我們遇見
試探。救我們脫離兇惡（或作脫離惡者）。因為國度、權柄、榮耀、全是你的直到永遠、阿們。

**㈢路加福音第十一章2—4節中文譯本**

我們在天上的父、願人都尊你的名為聖。願你的國降臨。願你的旨意行在地上如同行在天上。三
我們日用的飲食、天天賜給我們。四赦免我們的罪、因為我們也赦免凡虧欠我們的人。不叫我們遇見
試探。救我們脫離兇惡。

## 三、主禱文的結構（以馬太福音為準）：分析說明如次：

㈠我們在天上的父、願人都尊你的名為聖。——尊崇——起

㈡願你的國降臨。願你的旨意行在地上、如同行在天上。—願望—承

㈢我們日用的飲食、今日賜給我們。

㈣免我們的債、如同我們免了人的債。

㈤不叫我們遇見試探、救我們脫離兇惡。

（㈢至㈤）—祈求—轉

㈥因為國度、權柄、榮耀、全是你的直到永遠、阿們。—讚美、感謝、結語—合

以上簡明的主禱文的結構，可分為四段，不僅段落分明，在每一段中都包括有主要的含義，也合乎我們中文的起、承、轉、合的原理，是一篇非常合乎邏輯、內容完整、明確的文章。著名學者胡適博士曾說過，愈短的講演、愈難講；愈短的文章愈難寫。這真是至理名言。

## 四、主禱文的精義：茲分段逐句解釋如次：

㈠我們在天上的父願人都尊你的名為聖。

Our Father in heaven, hallowed be Your name.

「我們」　狹美的—所有受揀選的弟兄姐妹、所有教會。

廣義的—以色列人　外邦人　全世界的人，亙古以來和未來億萬年的人。

「在天上」　上帝是位在天上。啟示錄：「看那他駕雲降臨」。馬太福音十七章：「說話之間，忽然有一朵彩雲遮蓋他們，且有聲音從彩雲裏出來說：這是我的愛子，我所喜悅的，你們要聽他」。

「天上」究竟是在天上何處？地球之上？太陽系？某一星雲？無人能知。因為宇宙本是上帝所創造的，他豈能受宇宙所限？

「天上」亦指至高無上。路加二—14「在至高之處，榮耀歸於神，在地上平安歸於他所喜悅的人。」嚴格的說「天上」乃一名辭即指「天國」，並非天之上。

且英文本"Our Father in heauen"似無任何的天上之意。

「父」　父親—原即是最親密、最權威（嚴父—一家之主）、阿爸父。

天父—天國的父、創造宇宙萬物的父。有無限權能的父神。

反言之，他認我們做他的兒女，所以又稱為慈愛的父神。

我國孝經：「人之行莫大於孝，孝莫大於嚴父，嚴父莫大於配天，則周公其人也。」古時祭天大禮惟天子能行之，以父配天而祭，使父與天國尊，此為大孝。祭天，並非祭偶象，天即上帝。

「願人」人即指世人，與前句「我們」相等。

「尊」中文本聖經用「尊」字，較英文（be）更妙。

尊敬、尊重、尊崇、尊奉，對神崇敬、仰望之意，表達了極為虔誠、敬愛、謙卑之意，用的恰到好處。

「你的名」神的名：父的名—耶和華。更廣義的指聖父、聖子、聖靈三位一體。

「聖」在英文中係指「神聖」，而中文以一個「聖」字為代表。

其實「神聖」可能說的更好。然中文往往一字數義。因為我們世俗所謂「聖」，通常是以智慧來區分的，如分為「聖、賢、庸、愚、劣」五個等級。即以我國孔子來說，被尊為「至聖先師」，也不過指孔子是一位學問、道德最好的人，但他終究是一個「人」，而不是「神」。如出埃及記二八—三十「你要用精金作一面牌，在上面刻著「歸耶和華為聖」聖經上凡提到「尊耶和華為聖」之處均用特別大體的字。

詩篇九十九—3「他們當稱讚他大而可畏的名，他本名聖」

9「你們要尊重耶和華我們的神，他本名聖」

所以「聖」乃神聖，代表全能、全智、至高無上、萬王之王、萬主之主、千秋萬世、創造宇宙唯一的尊神。「聖哉、聖哉，全能大主宰！」

復查英文「聖」字有數字、各有不同，

1. Sage N. 聖人、哲人、、 Saint 聖者、聖徒、舉例如次：

Confucius is Considered the great of the ancient Chinese Sages.

中國孔子被認為古代中國最偉的聖人。

Sages and、 Worthies 聖賢、傑出的。

2. Holy 神聖的　Holy city 聖城　Holy mountain 聖山　Holy father 聖父

3. Hallow vi 使神聖

Hallow be your name.尊你的名為聖。

㈡願你的國降臨。願你的旨意行在地上如同行在天上

Your kingdom come. Your will be done on earth as it is in heaven.「願」願望、意願、仰望、盼望—一心一意的願望。

「你的國」父的國度、神的國度、天國。

宇宙既為上帝所創造。則神的國大多包括全世界、全宇宙，我們何幸而為天國的子民。小可在我們教會的聖殿裏，我們基督的家庭裏，甚至在我們的心裏，與我們合而為一，密不可分。

在聖經約拿書中，被稱為聖經中浪子的約拿，被大魚吞入腹中，那時受到聖靈的感動，在那暗無天日小小的魚肚子當中，就建立了神的國終於得救。

概括「啟示錄」的描繪，神的國度莊嚴偉大，豪華美麗，到處是黃金玉石。神在他國度裡有高度的權能，更有永遠的慈愛，是基督徒所嚮往，沒有仇恨，暴力。可得到永生。絕非世界任何一個強國可以比擬。歷史上再強再富的國家，暴君、帝王，都是曇花一現，而神的國則永不磨滅，永永遠遠的存在。

「降臨」Come一字譯成降臨，可說絕妙。

神的國隨時可以降臨，只在我們「信」乎一念之間。我們願望神的國降到我們這個世界來，我們台灣這塊土地上來、我們的教會來，我們家庭來，我們的心裏來，拯救這個罪惡的世界、人心。

「旨意」will 一字英文含義甚多，如願意、願望、能夠、必須、意志、意志力、目的、遺囑等，此處譯為「旨意」亦甚確切。其實神的「旨意」原即神的願望。用神的意旨、更表示神是獨一無二的萬王之王、萬主之主，更是千秋萬世的主宰。他所說的話，顛撲不破，重如萬鈞，他可以讓一國生、一國亡、一個人生、一個人死，他比過去的皇帝所謂「金口玉言」更算數、更尊貴，所以譯成「旨意」更確切。神的旨意，包括神的作為、神的意思、神的公義、約法、誡命等，在神國度裡，天上、地下原為一體。都屬神的子民，只因若干世人迷信別神，或違背神的約法與公義，而離棄了神。因此我們人的力量有限，仍求神的幫助，以神的大能來挽救人心，來赦免世人的罪，祈求神，仍能將他的「旨意」行在地上如同行在天上，來救世人於萬劫不復罪惡的深淵。

再看，前面一句話，「願神的國降臨」和「願神的旨意行在地上如同行在天上」，兩句話是一體的兩面，要使「神的旨意行在地上如同行在天上」，就必須「神的國降臨」。反之為「神的國降臨」，「神的旨意」亦必可「行在地上如同行在天上」。相互相承，密不可分。

㈢我們日用的飲食、今日賜給我們。

Give us this day our daily bread.

凡是一個生物，特別是我們萬物之靈的人類，自生下來的一天就必須靠食物來維持生命。我們人類是上帝創造的，萬物也是上帝創造的。上帝為人類所創造的植物、動物，以及其中所含的各種營養，恰為人類所需，奇妙無比，雖然我們人為上帝所造，但如不是上帝賜給我們食物，也必難以生存。

記得出埃及時，以色列人在荒野無物可食，上帝就降下白色小粒又香又甜的嗎哪，每天降下的數量，剛好吃飽。居民抱怨沒有肉食，就降下許多鵪鶉，讓人民大飽口福。沒有水喝就以杖擊石生出泉水給大家飲用。經過四十年的遊牧生活，終於帶到流奶與蜜之地的迦南地，讓他們世代都不虞匱乏。如今人們山珍水味，暴殄天物，人慾横流，輕則得了高血壓、糖尿病重則引起社會犯罪的動機，反而辜負了上帝賜食的美意。

「今日賜給我們」，即如路加福音所說的「天天賜給我們」。因為每時每刻都是「現在式」的今天，而今天所盼望的千百個「明天」，瞬間又變為今天。

更進一步說，上帝天天賜給我們的飲食，除了物質的食品來滿足我們生理上的需要以外，更重要的是賜給後們精神上的「靈糧」。如果只吃普遍食物，不能享受靈糧、雖然飽食終天，也如同「行屍走肉」。

㈣免我們的債、如同我們免了人的債。

And forgive us our debts, as we forgive our debtors.

馬太六─14.「你們饒恕人的過犯，你們的天父也必饒恕你們的過犯」

15.「你們不饒恕人的過犯，你們的天父也必不饒恕你們的過犯」

路加十一─四「赦免我們的罪，因為我們也赦免凡虧欠我們的人」。

可見　罪＝債＝虧欠

基督徒與非基督徒的最大的分別，即基督徒知道自己有罪，在神的面前能認罪悔改，才能蒙神赦免，才能「聖潔」，才能成「義」、成「聖」，才能得到「永生」。

罪既然就是「債」，就是「虧欠」，我們一生對人可能虧欠的很多，譬如對我們的父母、親人、朋友，然而我們虧欠最多的，莫如父神，因為我們對聖經上的話，究竟能做到幾分？但是只有神他有寬洪大量的大愛，去原諒別人，去愛別人，排除一切仇恨，則我們縱而免不了有罪、有債、有虧欠，也必蒙神赦免。

㈤不叫我們遇見試探救我們脫離兇惡。

And do not lead us into tempta-tion, but deliver us from the evil one.

這兩句話，是互為因果的，不叫我們遇見試探，雖然是一種希望祈求的話，但愈是神所看重或揀選的人，往往愈會遭到各種困難和挫折的試探。聖經上約伯受到各種生不如死的試探，終於得救。就連神的愛子耶穌，也曾受了四十天魔鬼撒旦的各種試探，最後為救世人被釘在十字架上，受盡了酷刑，為的是救世人，赦免了世人的罪，終於道成肉身。

所以試探往往是神的管教，神的美意，有時不可能避免，所以基督說為受到試探，應坦然接受，才能鍊鐵成鋼，從粗糙的礦石中鍊出真正的純金來。

既然我們不能避免試探，為什麼在禱告文中，還要說：「不叫我們遇見試探」呢！最重要的就是下面一句話，求神「救我們脫離兇惡。」我們要效法約伯的精神，「試探」是神考驗我們的，能救我們脫離兇惡的一個過程，也唯有依靠唯一的、具有大能的神。

㈥因為國度、權柄、榮耀、全是你的直到永遠、阿們。

For Yours is the kingdom and the power and the glory forever. Amen.

「國度」譯的很妙。比國家更廣義、更具體、不是空洞的。

神的國度原屬神的，而且由於他是萬王之王，萬神之神，千秋萬世，永永遠遠。雖有人間君王，強盛如成吉斯汗、秦世皇、羅馬大帝，也不過是曇花一現，瞬間煙消雲散。

過去封建時代，誇耀「天下之土，莫處王土，天下之民，莫非臣民」，這句話拿來形容神的國度才對。

「權柄」

神能創造宇宙萬物，自然是無所不能，無所不在，無上權威，他可以令一個城市毀滅，也可以令一國家復興，出埃及記歷經了十大奇蹟，使法老王攝服；這都是神具有至高無上的權柄。我們常說：「只要相信，凡事無所不能」。

「榮耀」

我們基督徒一切的努力，目的不在表現自己，全在榮耀神。

啟示錄：一—6「但願榮耀、權能歸給他，直到永永遠遠」。

四—11「我們的主，我們的神，你是配得榮耀尊貴權柄的，因為你創造了萬物，並且萬物是因你的旨意被創造而有的。」

十五—3—4「主神、全能者啊，你的作為大哉奇哉！萬世之王啊！你的道途義哉，誠哉。主啊，誰敢不敬畏你，不將榮耀歸與你的名呢。因為獨有你是聖的，萬民都要在你面前敬拜，因你公義的作為，已經顯出來了。

「阿們」

1.祈禱時的終結（N）；2.心願如此（N）；3.真實的（adj.）4.認可或批准的（adj.）；5.批准、核准、完全（V.）。

〔一九九八、五、撰述〕

# 「以德報怨」是發諸基督的精神

## 一、前　言

㈠「以德報怨」非出於儒家學說

論語憲問第十四：

「或曰：以德報怨，何如？」子曰：「何以報德？以直報怨，以德報德」。儒家思想並非「以德報怨、已甚明確」。

㈡「以德報怨」亦非出於道家思想：

道德經六十三章：

「為無為，事無事，味無味，大小多少，報怨以德，圖難於易，為大於其細。」按道家講清淨無為，其意義在如何化解怨，並非在怨要如何報才稱公平。

㈢李總統登輝在（一九九七）年十二月十八日接受日本產經新團來訪，對南京大屠殺日方道歉事表示：

「日本就過去對中國的侵略，持續向中共道歉的傾向，做得太過分。」等語，引起輿論不滿的批評。

## 二、日本侵華我國所受損害：

㈠南京大屠殺（去年十二、十六為六十週年紀念）

⑴民國二十六、十二、十三，日軍攻陷我國首都南京，日軍司令官第六師團長谷壽夫中將，下達解放軍紀三天的命令，縱容所屬官兵劫掠、燒殺、姦淫…實際延長到三個月之久，此即為舉世聞名的「南京大屠殺事件」。可說是人類史上最野蠻、最殘酷的殘暴行為。根據史書記載，參照中外很多人親目所睹的見證，撰寫或拍攝下的紀錄，摘述如次：

⑵兩個日本少尉軍官，向井明敏和田野岩相約以武士刀舉行殺人比賽，看誰先超過一〇〇人，結果向井明敏殺了一〇三人獲勝，共殘暴行為，無以復加。⑶根據世界紅卍會南京分會的報告：

經紅卍會掩埋殺害屍體計四萬三〇七一具

經崇善堂掩埋屍體計十一萬二二六七具

以上共為十五萬五三三八具

根據南京審判戰犯的軍事法判決書所載：

「日軍谷壽夫第六師團部隊，於民國二十六年十二月十三日攻陷南京後…即展開大規模屠殺，繼以焚燒姦掠，被俘軍民遭日軍用機槍集體屠殺，被害總數達三〇萬人以上」。

(4)另據國防部劉方矩將軍著書，估計南京大屠殺所遭害之軍民，當在四十五萬人以上。

(二)全國軍民傷亡總人數：

依據行政院委託歷史學家印編：「中國對日抗戰損失調查史述」一書統計：

(1)軍人：傷：一、七六九、二九九人

陣亡：一、三二八、五〇一人

失蹤：一三〇、一二六人

病死：四二二、四七九人

合計：三、六五〇、四〇五人

(2)平民：死：四、三九七、五〇四人

傷：四、七三七、〇六五人

合計：九、一三〇、五六九人

(3)軍民總計：一二、七八四、九七四人

（此項數字尚不包括東北九省與台灣在內）

## 三、日軍七三一部隊之罪行

依據華裔史學家吳天威研究報告

㈠日軍早在一九三二年，即在東北哈爾濱附近，以中國人做細菌活體實驗大量製造細菌戰成武器，僅是七三一部隊，即以活體實驗殺害三〇〇〇人，抗戰開始後，復在中國六十三座大城，擴大製造細菌武器，以中國人做為活體實驗致死者數萬人。八年抗戰中對中國沿海附近廿個省實施細菌戰，因而致死軍民三十萬人。（鼠疫、霍亂、傷寒等）。

㈡日本投降不久，美國派出細菌專家山德斯赴日調查、蒐集調查此項資料，竟為前七三一部隊人質所說服，在美方傳證不追究過去人員刑責之條件下，將全部資料提供美方繼續研究發展細菌戰。吳天威曾將研究報告分寄柯林頓總統及媒體，指美軍獨霸細菌戰研究成果，不惜違反國際公約及損害人類道德，豁免細菌戰犯罪刑，作法與日暴行同會世人無法容忍

## 四、參閱聖經有關部分

撒母耳記上—第二十四章一—二十二節

箴言—第十二章—十二節　第二十四章—二十四節

以西結書—第三十二章—十一節

馬太福音—第五章—三十八—四十八節　第六章—第十四、十五節　第十八章—二十一、二十二節

路加福音—第六章—二十七—三十八節

帖撒羅尼迦前書—第五章—十五節　第十六章—二十二節

歸納聖經主要意旨約如下述：

㈠應保持君子氣度與氣量的仁者。

㈡動以肺腑之言，堅信耶和華的公義。

㈢以善制惡，非以惡制惡、以惡報惡。

㈣恨能挑起事端，愛能遮蔽一切。

㈤不可說人怎樣待我，我也怎樣待他，我不必照他所行的報復他。

㈥你的仇敵若餓了我就給飯他吃；若渴了我就給他水渴。

㈦我斷不喜悅惡人死亡，惟喜悅惡人轉離所行的道而活。

㈧不要「以眼還眼，以牙還牙」，當愛你們的仇敵。

㈨饒恕你的仇敵。

## 五、結　語

㈠日軍在抗戰中種種暴行，使我國全國軍民的生命和財產受到極大的損害，在日本無條件投降以後，如非先總統　蔣公是一位具有真知灼見的虔誠基督徒，絕難做到「以德報怨」的大愛、大仁、大義的基督精神。而且此種精神，比起我國的儒家和道家的學說，更偉大、更徹底。

㈡假定當時廢除了日本天皇制度，要求日本負擔鉅大的賠償，則可能產生以下的後果：

1.日本可能被共產國家赤化。

2.日本可能形成如東西德、南北韓，甚至被美、俄、中共等瓜分。

3.如要日本鉅額賠償，則中共佔據大陸後，將全部為中共所接收，更擴大其極權統制，窮兵黷武，以後更不堪設想。

〔一九九八、二、撰述〕

# 心靈改革的動力是基督——心靈改革的泉源是聖經

## 一、前　言

由於當前臺灣社會亂象叢生，政治、社會都極為不安，大家都不否認，我們的社會生病了，而且病的很重，是患了心靈上的病。政府提出「心靈改革」的運動，更為重要。雖然政府提出很多辦法，但我們基督徒確認「心靈改革」的動力是基督，「心靈改革」的泉源是聖經。

不過一般輿論則認為，「心靈改革」的來源有二：

認為在理論上與日本醫師山茂雄所著「腦內革改」一書相契合。而此書又受人格心理學家馬斯洛的啟發，主要論點是，人類需求永難滿足。

亦有人將「心靈改革」與企業改造相比喻，並引用名管理學家彼得・杜拉卡所提出的四個「R」的精神，以應付劇變的情勢。即為組織重整（Reorganization）、體系重整（Resystem）、調整流程（Reengineering）、重建生命力（Revitalizing）。

然而，我們深知當時執政者，是主內弟兄，虔誠的基督徒，自然當時他所倡導的「心靈改革」應該發於基督，感於聖經，出於聖經，無可置疑。妥列舉聖經，引證如次：

## 二、十誡是人類行為、道德的最高指標

總統府提出「如何推動心靈改革」的說帖，包括有五項價值觀念：「1.尊重與關懷，2.守法與倫理，3.勤儉與整潔，4.效率與品質，5.溝通與和諧」。七項具體工作：「1.教育改革，2.文化紮根，3.端正禮俗，4.掃黑肅貪5.行政革新，6.社會發展，7.環保工作。

若與十誡關係來深入研究，如1.除我以外並無別神，2.不可雕刻或敬拜偶像，3.不可妄稱神名，4.當紀念安息日，5.當孝敬父母，6.不可殺人，7.不可姦淫，8.不可偷盜，9.不可作假見證害人，10.不可貪戀別人房屋、妻子等。無一不密切相關聯。十誡可說是人類道德的最高指標和行為準則；不但教導人肯定自己、尊重別人，更可建立社會良好的群己關係。前項價值觀念和具體工作，任何一項都與推動心靈改革具有密切的因果關係。

## 三、必須重生，成為新人

約翰福音三章三節：「耶穌回答說，我實實在在的告訴你，人若不重生，就不能見　神的國」。哥林多後書六章十五—十七節：「原來基督的愛激勵我們，因我們想一人既替眾人死，眾人就都死了。並且他替眾人死，是叫那些活著的人，不再為自己活，乃為替他的死而復活的主活。所以我們

從今以後，不憑外貌認人了。雖然憑著外貌認過基督，如今卻不這樣認他了。若有人在基督裏，他就是新造的人，舊事已過，都變成新的了。」

可知人若不重生，就不能見神的國。我們人在基督裏，就是新造的人，才能澈底除舊更新，達到「心靈改革」的目標。

## 四、公義長存，除惡務盡

詩篇一一九篇一四二節：「你的公義永遠長存，你的律法盡都真實」。一四八節：「凡偏離你律例的人，你都輕棄他們，因為他們的詭詐必歸虛空。」一四九節：「凡地上的惡人，你除掉他好像除掉渣滓。因為我愛你的法度」。

以賽亞書一章十六—十七節：「你們要洗濯自潔，從我眼前除掉你們的惡行，要止住作惡。學習行善，尋求公平，解救受欺壓的，給孤兒伸冤，給寡婦辨屈」。二十五—二十六節「我必反手加在你身上，煉盡你的渣滓，除盡你的雜質。我也必還復你的審判官，像起初一樣，復還你的謀士，像起先一般，然後你必稱為公義之城，忠信之邑」。

以賽亞書六十一章第八十一節：「因為我耶和華愛公平，恨惡搶奪和罪孽，我要憑誠實施行報應，並要與我的百姓立永約。…我因耶和華大大欣喜，我的心靠神快樂，因他以拯救為衣，給我穿上；以公義為袍給我披上…」。

我們深知神是公義的、正直的、至誠的，厭棄暴力犯罪，而且好人必蒙賜福，且除惡務盡。且要信賴神，必賜我以拯救的外衣和公義的長袍。我們也喜望臺灣成為「公義之城、忠信之邑」，亦即住在神的國度裏。

## 五、恨起爭端，愛人如己

箴言十章十二節：「恨能挑啟爭端，愛能遮掩一切過錯」

羅馬書十三章八十一節：「凡事都不可虧欠人，惟有彼此相愛，要常以為虧欠，因為愛人的就完全了律法。像那不可姦淫，不可殺人，不可偷盜，不可貪婪，或有別的誡命，都包括在愛人如己這一句話之內了。愛是不加害於人的，所以愛就完全了律法」。

今天社會上許多犯罪人。往往起於一個「恨」字，所以挑起了很多的事端，要想重建祥和的社會，就必須摒除恨意。社會也有很多光明面，若干好人好事、善心義舉，都是愛人如己、奉獻犧牲的精神。有了愛人如己的精神，自然建立良好的群己關係，如果整個人類能夠蒙受在基督的大愛裏，自然達到世界大同的理想了。

## 六、良心戰勝情欲，順服神律

羅馬書七章十八—三十三節：「我也知道，在我裏頭，就是我肉體之中，沒有良善。故此，我所願意的善，我反不作。我所不願意的惡，我倒去作。若我去作所不願意作的，就不是我作的，乃是住在我裏頭的罪作的。我覺得有個律，就是我願意為善的時候，便有惡與我同在。…感謝　神，靠著我們的主耶穌基督，就能脫離了。這樣看來，我以內心順服神的律，我肉體卻順服罪的律了」。

良心與情欲交戰，是每一個人都經歷過的事。在當前社會的亂象裏，雖然人都有良知，部分犯罪的人卻順服了自己的肉體，泯滅了良心，小則逞個人私欲，大則危害到社會。我國成語：「除外在之賊易，除內心之賊難」，亦即此意。因此，惟有靠　神的聖靈，真正重生，順服　神的律，才能永離肉體中罪的律。

## 七、進德修業，止於至善

以弗所書二章八十一節：「你們得救是本乎恩，也因著信，這並不是出於自己，乃是神所賜的。也不是出於行為，免得有人自誇。我們原是他的工作，在基督耶穌裏造成的，為要叫我們行善，就是神所預備叫我們行的」。

彼得後書一章四至十一節：「因此他已將又寶貴又極大的應許賜給我們，叫我們既脫離世上情欲的敗壞，就得與　神的性情有分。正因這緣故，你們要分外的殷勤。有了信心，又要加上德行；有了德行，又要加上知識。有了知識，又要加上節制；有了節制，又要加上忍耐；有了忍耐，又要加上虔誠的心，又要加上愛眾人的心。…這樣必叫你們豐豐富富的，得以進入我們主救主耶穌基督永遠的國」。

綜合上以聖經的引證，再歸納其要點如次：

一、十誡是人類行為道德最高指標。

二、基督教義，重公義、講律法、憑誠實、施報應、除惡務盡。一切為 神所賜，為著要叫我們行善。

三、愛能遮掩一切，恨可挑起爭端。愛人如己，愛就順服成就了律法。當內心與情欲交戰時，惟有靠主耶穌，內心順服神的律。

四、人若不重生，就不能見神的國，在基督裏，即為新造的人。推動「心靈改革」，最基本的就是：「以前種種譬如昨日死，以後種種猶如今日生」。

五、要從殷勤、信心、德行、知識、節制、忍耐、虔敬、大愛諸方面，進德修業，才能止於至善。

我們再呼籲心靈改革的動力是基督，心靈改革的泉源是聖經。

〔原載一九九九、八、《會計與管理旬刊》第一一九〇期〕

# 貳、一得之愚

# 親炙先總統　蔣公軍事思想與戰略指導之回顧

時光如流，頃又將屆十月三十一日先總統　蔣公一一八歲華誕，又值國民革命軍黃埔建軍八十週年紀念，意義至為重大。際此國事蜩螗，正義難伸，泛藍亟謀團結振奮，力圖重掌政權之時，懷念蔣公黃埔建軍，領導全國軍民，完成北伐、抗戰勝利，繼而進行反共戰爭，闢再轉進復興基地，整軍經武，固守台澎金馬，從事國家多項建設。處處以人民福祉為前題，時時以復國建國為職志。今日台灣能有如此高度經濟之發展，其豐功偉績與聲譽德望，不僅成為國際知名之世界偉人，亦為復興基地全體軍民尊崇愛戴之國家領袖。

憶及四十餘年前，個人有機參與某項攻勢計畫作業，曾於四年中多次親炙　蔣公對軍事思想與戰略指導之訓誨，受益良多，獲此榮幸，畢生難忘。尤其此項作業較鮮人知，迄今多年，在建軍史上可能已被遺忘，爰略加補述，稍表對　蔣公崇敬懷念之忱。

民國五十年間，　蔣公為積極籌劃某項攻勢作戰，特指令國防部成立國光作業室，遴選三軍優秀軍官數十人，專負研訂此項作戰之戰爭指導、各種類型之作戰研究、作戰計畫、戰力整備。并督導次級單位完成細部計畫，反覆演練，以增進其可行性。

時國光作業室主任由學驗俱優之朱元琮中將擔任，早期副主任有周菊村、孔令晟、汪奉曾、趙漢良、趙光漢等諸將軍，惟均為時甚暫，即行他調。其中以丁繼榕、邢祖援、常持琇三將軍任職較久，且被遴選擔任在特別會談時向　蔣公簡報之責。

特別會談實際為某項攻勢作戰之決策性會議，由　蔣公親自主持，原則每週舉行一次，參與人員為國防部長、參謀總長、副總長執行官、主管作戰之副總長、情報、作戰次長、三軍總司令、特種部隊司令等，人數約僅十餘人，多在國防部兵棋室或陽明山舉行。國光作業室主任、副主任為當然列席人員。其擔任簡報人員大多由國光副主任擔任，其餘則由各總部原指定高級主管擔任。

祖援於五十一年調任國光作業室副主任，至五十四年十二月外調基港司令。在服務該室四年期間，計參加　蔣公親自主持之會議六十七次，其中指定由余擔任簡報者計二十次，面對此一世紀偉人、國家最高領袖，在當時權威時代，既感誠惶誠恐，又覺無上光榮。更由報告時之垂詢、應對，指示中親聆誨益，獲致甚多寶貴軍事思想與戰略指導，受益實匪淺鮮。

茲略述回顧及感想數點如次：

第一、　蔣公領導國家，在大陸時期，自黃埔建軍，任國民革命軍總司令；後任軍事委員會委員長；抗戰期間更兼任中國戰區盟軍最高統帥，指揮百萬雄獅，與優勢且頑強之日軍作戰，終能獲得最後勝利。其作戰經驗之豐富，大軍指導之雄才大略，對我國大陸及週邊鄰國地形之熟悉，可謂無與倫比，實已建立永垂歷史之軍事天才與典型。故在主持特別會談時之指示與裁決，無不令人折服。

第二、　蔣公不僅對大軍指揮具有豐富之經驗，更對中外兵學家之名著，熟讀詳研。在復興基地曾指定三軍將領，日常必須閱讀之兵學書籍，與二次大戰後重要戰役史料，甚至尚須撰寫心得報告。亦常親自聽取留學回國將領對西方軍事學術與參謀作業之報告。故其軍事思想已融會軍事哲學、軍事藝術與軍事科學於一爐。因此，在會談中之指示事項，亦均能鑑古察今，立於時代前端，對與會將領之各項指示，更富於教育性與啟發性。

第三、　蔣公在戰爭指導方面，鑑於當前敵我情勢與海島戰爭之特性，已與過去在內陸作戰之性質迥異其趣。故在戰爭原則上特別重視目標之選定；兵力之集中；三軍聯合與兩棲作戰之統一指揮；在時間、地區與敵我兵力對比上講求奇襲與安全；此項作業本身即為一攻勢行動之計畫，自以主動與攻擊原則為基本出發點，且所選擇指揮官之人選，均為具有作戰經驗及旺盛企圖心者，加之當時正為我國軍整軍備戰，士氣甚為高昂之時期。因此各項作業皆本　蔣公之指示，基於以上諸項原則，策訂多個地區、各種類型之作戰研究與計畫，供最高統帥之裁擇，適時即可付諸實施。

第四、　蔣公當時雖已年近八十，然精神飽滿，開會期間自始至終均全神貫注，從無疲憊之態。對簡報內容稍有疑點，即隨時發問，必須回答清楚。又如圖上標示之敵軍部署、交通狀況、我軍兵力裝備、尤其特種部隊，甚至由甲地至乙地之距離、敵我後續增援兵力與後勤支援之消長等，均須即時答覆，不能稍有含糊。故簡報人員事前對各項資料之準備，應對時態度之謹慎及反應之機敏，與口才之流利等，均為必要條件。

第五、　蔣公除於會談時，即席裁可或指示修正補充意見外，仍有時於會後再召見參謀總長作更詳盡之指示，總長筆記後再一一轉達作業單位遵辦。亦經常以手諭方式，補充指示國防部辦理者。可見　蔣公對於復國建國之決心，實念茲再茲，深值敬佩。

第六、　蔣公為國家領袖、三軍統帥，或因其平時較為嚴肅，自令人崇仰敬畏。但在多次面對簡報時，卻發現　蔣公態度甚為慈祥，如於簡報提出垂詢時，亦常面露微笑。如於簡報完畢後，亦常說：報告很好，你辛苦了。偶有特殊事故，如陳副總統去世，或某項作戰失利等情況，則面無笑容，對報告事項亦少垂詢，甚至不加裁示即行散會。

第七、　蔣公亦有藉會談機會勉勵與會人員者。如謂：「回顧我過去指揮大軍作戰時，每晚等待各方敵情報告，再加綜合研判，此時已屆午夜。俟研判決定再下達拂曉攻擊命令，時已午夜一時，再等待作戰成果報告，往往徹夜難眠。目前三軍高級軍官，均視若平常時期，下班後即返家休息，習以為常，以後如何因應戰時生活。今後國防部及各總部至少每月應舉行緊急集合一次，並赴作戰指揮所實施夜間辦公，以資訓練。」實語重心長。

第八、此項會談舉行時，出席上將、中將各七、八人，警衛森嚴、侍從林立，會場空氣嚴肅。祖援初期擔任簡報時，面對最高統帥仍感十分緊張，俟報告兩三次後，深體　蔣公於垂詢時面容慈祥，始能逐漸適應。惟　蔣公指示時語氣頗為緩慢，偶而略加停頓，發言清晰而有力。初時曾有於　蔣公尚未講完時即搶答問題，以後逐漸習慣始能適時應對。又此項報告原以三、四十分鐘為原則，報告前侍衛長即一再提示，以免時間過久。然亦有因簡報資料較多，蔣公一再垂詢或再徵詢與會人員意見，而延長至八十餘分鐘者。此時雖數度請示可否下次會議繼續報告，而蔣公均微笑指示，繼續進行。可見當時　蔣公精神體力均甚良好。其認真治事之精神亦令人崇敬。

以上僅略就記憶所得，加以記述，聊表對此一世紀偉人懷念崇敬之誠意。猶憶在民國六十年代後期，時余已轉任行政院工作，偶與國防部將領談及，甚感自　蔣公逝世後，常遭遇若干涉及軍事思想與戰略指導問題，欲向當時長官請益，均難獲結果。回憶當時　蔣公各項指示不厭其詳，使作業有所遵循，真不勝懷思感概之至也。

〔原載二〇〇四、六、軍校總會《校友通訊》第九十期及《六三通訊》第四〇期〕

# 我的業餘著述生涯

## 壹、前　言

我服務軍旅到轉任公務員，不知寫過多少文章；然而我個人既不是學文學的，也不是學社會科學的，所以實在不具備良好的文字素養。由於不斷的寫作，竟然也發生相當的興趣，所以只能算是一個業餘的作者。我所擔任的職務，大都是甚為忙碌的主管，如何會寫出那麼多的文章，以及如何愈寫愈多，好像寫不完的主題，連我自己也說不出一個道理。靜下來想一想，有機會對自己的業餘著述生涯來做個總結，也是一件頗有興味和意義的事。

## 貳、著述的動機

首先說明的，在這兒討論的範圍，都以稍具學術性的論者為主，一般性的文章為次，粗略估計總在兩百萬字以上，如和一位職業作家相比，真是微不足道了。檢討一下是什麼動機引起我的寫作興趣呢?可以說是多方面的。現試舉如下：

第一、完全基於研究興趣，例如自民國六〇至八〇年代，我一直對現代管理中的規劃與控制，發生濃厚的興趣。早年我對後勤理論與軍事戰略計畫，研究不遺餘力。

第二、基於受教育或讀書心得，連想到一些問題。例如，我畢業步校，於民國卅三年即在「軍事雜誌」上發表一篇有關「輕兵器射擊理論與實際應用」的文章。以後畢業於參謀大學和國防大學。曾先後在國內各種雜誌上發表有關後勤理論、聯合後勤、戰爭計畫等論文不少。

第三、基於教學需要，而著述的文章，例如我在文化大學市政系任教期間，以每二小時一個單元，所講述的內容，幾乎都是事前寫好的一篇講稿，稍加補充潤色，即成一篇論文，且大多在雜誌上發表過。又或許我是師範畢業的，始終與「教書」結下不解緣，數十年來均擔任公務員訓練機構的課程。

第四、基於主管業務的研究發展而從事的論述或研究。個人擔任許多職務，甚至都是新設立的機關。如國防部計畫參謀次長室、行政院研究發展考核委員會等，勢必從開創做起。

第五、自己編刊物或為其他刊物撰稿。在民國四十代服務國防部第四廳創辦「後勤月刊」，我負責總編輯，由於徵稿不易，在連續一年中始終維持每期一至二稿；以後在文化大學任課，在系刊「都市研究」上也經常撰稿；在服務行政院研考會時，於「研考月刊」上更陸續發表了很多重要文稿。

第六、應邀執筆撰稿。個人在國內居少數研究「後勤理論」與「規劃控制」的專家，常應有關機關、學校之請撰寫有關論文。以後亦曾應中央日報、青年日報、會計管理旬刊等撰寫有關都市計畫、綜合規劃、行政組織、管制考核等專論。

第七、由於學術上的論爭而撰稿，例如見到別人發表的文章，我有顯著不同的意見；或我的文章受到其他學者的批評，難免要加以辯論。這種狀況引起辯論的興趣，也發生不少有趣的故事。

第八、純為滿足發表的慾望，經常發表文章和上臺演講，都有滿足「發表慾」的感覺，如果在半年內都未曾發表過文章，好像總覺得有手癢的感覺。

第九、在國家安全會議服務期間，基於本職，即為研究工作，每年總須提出數個研究；亦有受委託從事研究某一個問題，往往在完成一項較大的研究專題後，對此一研究所產生的建議和枝節問題，又引來不少個別的題材，形成寫不完的文章。

第十、基於政府施政措施及行政管理所研提之研究與建議。

第十一、編輯《淮陰文獻》多輯所述之懷念鄉土、師友、母校等文稿。

第十二、我對篆書為業餘的主要興趣，因此也從事不少艱深的研究與考據，而發表了若干論文。

## 參、我的著述環境

我並沒有什麼良好的著述環境，由於主管工作，都相當繁忙，案牘勞形不在話下，然而大部分的文稿，多半是在案牘勞形中撰寫的。我常喜在辦公室中的片刻暇隙中去思考問題，將許多想出要寫的問題記下來，可能同時有三、五個問題，一俟有空即選擇其中一題或數題，就思維所及，提出一個綱要。以後一有空隙，就抓起筆來撰寫數段，如忽對另一頭目有了興趣，又撰寫數段。將數篇同時開筆的文章與各別相關的資料，分別放在資料夾中。因為主管，不僅公牘繁忙，也很可能有許多臨時發生的公務要處理，很難有比較充裕的時間靜下來，寫一篇完整的文章，只好寫寫停停，停停寫寫。對那一篇文章思潮中產生了興趣，或是有了新的素材，即抽空繼續撰寫，究竟那一篇先完成，就不敢預料了。

我的大部分文稿都是在辦公室中陸續完成的，我有一個習慣，即每次在某一職務分配的個人辦公室中，都準備著數個開放式的大型書架。其中一部分是業務上的分類資訊。其餘都是個人參考書籍和資料。這樣查閱也很方便。

直到民國七十四以後，我完全擔任研究工作，較少案牘勞形，在辦公時間內可以絕大部分時間投入於研究撰述。這段時間中，工作時間也比較自由，有時下午在家中也可以寫點東西。

我雖兼任過大學教授，並曾擔任過多次研究所碩士班通過學位的論文口試委員，然而個人並未具有高層次學位，也未曾在社會科學方面受過系統的深造教育。在這一方面能稍有精進，完全是靠我以後的工作環境、教書環境、學術研究環境中所培養出來的。至於軍事方面，因曾受過軍官學校、兵科學校、指參學院、國防大學等有系統的教育，尤其在後勤理論、國防管理、參謀業務、軍事戰略計畫等方面，確曾下過一番功夫，自信也經過不少實務的磨練，尚具有相當的素養。

我個人讀書不多，尤其工作繁忙，也沒有充分的時間有系統的研讀，然而凡是有關研究寫作以及主管業務發展的書籍或資料，則必非讀不可。又在任課期間亦須不斷研讀參考書籍。在行政機關服務近三十年，接觸許多分門別類的問題，尤其我在行政院工作，接觸面較廣，吸收的知識和經驗也就更為豐富、許多學有專長的人才，不論長官、老師、朋友、同學、部屬，我遇到某一項問題，常會向他們請益或交換意見，甚至向他們「惡補」，我自信能很快吸收他們的知識經驗而予以綜合運用。

至於讀書的方法，我既不是囫圇吞棗，也不是一概而論，大體來說，分為兩類：一是精讀，一是瀏覽。我自認有點能力，可以將瀏覽過的好些資料的精華，重新吸收組織成為我自己的構想。至於精讀的書主要充分瞭解其真諦，並不在乎記憶。過去在軍中研究後勤計畫問題，一本「美軍 FM一〇一—一〇後勤與編組計畫資料手冊」，我幾乎將其翻爛了，不僅本文甚至連備考和附註中的文字都深入研究，發現竟然部分高級後勤軍官，未盡懂得其中道理，說出許多外行話，這也是引起我撰寫「後支量、攜行量、補給量」這本書的動機。

## 肆、我的著述範圍和內容

個人為機關所編撰的手冊和書籍，如「國軍補給程序」、「軍事戰略計畫手冊」、「管制考核制度綜述」、「十項重要建設的規劃與控制」等。尚不包括個人掛名或指導所主持的研究，如「列管工程計畫匣行進度原則與方法之研究」等。

有了以上「除外」，從以下說明，即可看出個人論述的範圍了。如僅以文件性質區分，可分為著作、研究及教材四大部分，茲分述如次：

## 第一部分　著作

比較有系統的而又輯成書籍出版的，約有下列八種：

一、《現代管制考核制度》

民國六十四年六月，由行政院研究發展考核委員會出版發行。該會成立時我即奉調擔任管制考核組主任，對於建立此一制度頗費心力，為使管制考核業務能夠制度化、系統化，理論與實務連貫，撰述此書，後來還得到國防部第一屆私人軍事學術著作獎。

二、《後支量、攏行量、補給量》

研究這一問題時在民國五十一年至五十五年間，但這本書的出版，直到民國六十六年四月，才由國防部正式刊印發行，列為「軍事參考書籍」分發三軍參考應用。這是一本後勤理論的書，套句現代術語，稱為「計量後勤」亦無不可。研究這類問題的人不多。老友張峻將軍，曾執教於國防大學後勤系，他說：國內當時瞭解此方面問題者，不出三人。又於二十多年後，遇及世交後進執教於三軍大學的高本峰上校說，「擔任後勤課程所用參考書，竟發現著作者是您的大名」，可見此書現仍適用。

三、《計畫理論與實務》

民國六十九年八月由幼獅文化事業公書出版發行的，全書五六〇頁，約三十五萬餘字。出這本書的時候，國內尚無任何一本有關行政計畫的書籍。我受聘兼任文化大學任課，每次準備的教材用綱要油印分發給各位同學，將此綱要擴大成講稿，即成為每一章節的素材，有些也先後個別發表過。這本書較前述兩書更較充實而有體系，有著作權執照，但仍有若干論著抄襲本書，著書的目的在知識的流廣，我也從未追究過。

四、《總體規劃探微》

自前書出版後，對於「計畫」問題更感有進一步研究與趣，又在此期間兼任不少短期訓練班的課程，尤其在國立政治大學教育中心附設的行政管理研究班，擔任「規劃與控制」一課達一一七期，時間最久。基上原因，繼續不斷在國內有關期刊上，發表文章或從事研究。為著寫作與研究，也下過不少笨的功夫，例如研究「區域計畫」問題，我曾經將四個區域計畫翻閱了整整三個月；為了研究經濟計畫，不僅翻遍了從第一期到第九期台灣經濟建設計畫，而且看了許多其他國家此類計畫。當出前一本書的時候，即有意猶未足之處，但出版商限於篇幅，只好無奈割愛部分文稿。這本書，約四十五萬餘字，六百頁，數前書更具體系化。

五、《篆文研究與考據》

這是一本業餘研究書籍，因為係屬於古代文字的考據，撰寫時煞費苦心，內容包括十二篇論文，約二十餘萬字，先後在有關期刊發表，於民國八十五年九月由新文豐出版社出版發行。

六、《規劃與控制》

這本書是對當前政府施改與行政管理所發表建言或申論，計有四十六篇論文，區分為規劃部分；控制部分；組織與行政管理部分約四百餘頁。於八十八年六月在文史哲出版社出版發行。

七、《中文聖經字辭音義助讀》

余為虔誠基督徒，惟受浸甚晚時已七十六歲，乃勤讀聖經數遍。乃發現若干深義難以盡解。此固為靈修與信念不足。然聖經中文譯本若干字辭音義，亦未盡知。乃發願將其中六百餘個字辭，多方查證，加以注音釋義，編成辭典形式，其中煞費苦心。於民國九十年九月，由文史哲出版社出版發行，分贈各教會及教友參考。

八、《邢氏源流及家世概述》

我們在江蘇省淮陰縣的人口原即不多，經抗戰及內戰又分別遷居高郵、北京、天津、台灣、美國等地，以後逐漸取得連絡，經調查所得。並考證源流編成此冊，雖內容仍有不足之想，然以此為基礎，當可供後輩族人之了解，源遠流長，追宗慎遠之意為重點。此書與民國八十八年初版，九四年再版，分贈族人。

## 第二部份　研究

個人受委託或在職務上從事之專題研究，其較為重要者，約有九篇，其中在國家安全會議國家建設委員會擔任研究委員時，因係研究機構專任研究人員，每年必須完成一至二項研究，因此大部分研究均係在此一時期完成。就記憶所及，列舉如次，至於以我個人掛名為研究主持人或與人合作之研究，均尚未包括在內。

一、「施政計畫制度之研究」，六十八、四，行政院研考會。
二、「當前幾個行政改革問題之研究」，七十二、二，國家安全會議。
三、「從整體規劃觀點對國家重要建設之綜合研究與建設」，七十四、三，國家安全會議。
四、「臺灣各區域計畫公布後有關問題之綜合檢討與研究」，七十五、六，國家安全會議。
五、「國家建設計畫體系的研究與建議」，七十六、四，國家安全會議。
六、「行政院組織功能之研究與建議」，七十六、十，國家安全會議。
七、「對行政機關權責劃分之研究與建議」，七十七、六，國家安全會議。
八、「行政機關行政管理效能評估指標的研究與建議」，七十八、八，國家安全會議。
九、「行政機關當前施政計畫制度改進之研究」，七十八、十，國家安全會議。

## 第三部分　教材

我擔任軍公職務，一直與兼任教職結下不解緣，尤其自民國五十八年外調行政院工作連續擔任公務人員教育訓練從未間斷，直至退休多年後一再固辭，才放下教鞭。任課單位，包括國防研究院、國家建設研究班等最高層次，中央與省市公務人員訓練機構，各部會及省市附屬機關固定或臨時舉辦的訓練講習，次數難以統計。我任課的範圍，仍以規劃、控制等行政管理為範圍，目前我手頭尚保存的不同教材，計有二十九種。

## 陸、寫文章的樂趣與收穫

我的業餘著述生涯，也發生好多樂趣與收穫。

因寫作而結識許多朋友，例如我至大學任課，全是偶然的事。一次我忽然接到文化大學市政系主任姚榮齡教授的電話，說要邀我去該校兼任「計畫理論與實務」的課。我與他過去並不相識，當時我說，我既無學位，也無教授資格，擬予婉謝。他說，拜讀多篇大作，確認有此能力，學位資格沒有問題，當請創辦人張其昀先生致送聘書。以後與姚教授成為莫逆之交，並共同發起組成「都市研究學會」合作推動許多工作，我任常務理事廿餘年。

以寫作做為排遣時間的一種休閒活動，我平生除了打乒乓球，寫寫篆書以外，沒有什麼其他的嗜好，而我又是一個閒不下來的人。一有空就攤開稿紙寫上幾頁，時間也就排遣過去了。由於我喜歡去思考問題，又由於某一問題又會連想到其他許多問題，往往想出很多寫作的素材。加之我在辦公室撰述文稿也好，從事個人寫作也好，絕大多數完稿後未再抄第二遍，好處是既快又省事，壞處是修辭潤飾不夠，舛誤難免，成了習慣也就不易改過來了。

以寫作來發洩情緒，轉煩悶為快樂。我所指的發洩情緒與發牢騷無關，因為我寫作的範圍完全與

「牢騷」無關，不過在自己「不滿意」或「受氣」之餘，可以將寫作做為一種「代替」，這本來是心理學上一種「代替作用」將心力與勞力花費在寫作上，也就不可能有時間與精力再想其他的事了。

因寫作的發表而被邀請去演講、任課；因任課、演講又衍生出許多寫作的題材，這樣循環不息，也好像將自己變成一個忙人。關於此一部分，另有專文介紹，不再贅述。

對於後進或青年人的知識交流與傳輸，是一種人類的天職或樂趣。我著述的範圍多半涉及到後勤、戰略、公共行政、現代管理等的問題，尤其多與實際業務有關，常於發表後，有些後進的朋友來與我交換意見，或希望進一步指導，遇到這種狀況，我最樂意傾囊相授。我著述動機既不為名，因為寫這類文章出不了名，更不為利，因為這類書籍，銷售量一定不高。但是將個人的知識和經驗，交棒給下一代，不僅是責任，更是一種樂趣。

把問題的思路整理清楚，找出癥結所在，提出具體的結論和辦法，具體的寫出來，好像研解一道數學難題一樣，有無窮的樂趣。我記得當時在國防部研究「戰爭計畫」問題，此計畫源自美軍，亦名「軍事戰略計畫」。過去就讀國防大學時，有一個笑話，一位資深的教官在上課時曾問大家，「剛才我講的各位聽懂了沒有？」一位學員立即起立答稱：「報告教官，你不講還好，你講起來反使我愈聽愈糊塗了」，結果大家哄堂大笑。亦可見「戰爭計畫」的複雜性。我受命編撰「國軍軍事戰略計畫手冊」時，必須先將美軍戰爭計畫弄懂，而且要說服當時的長官和參與工作的將校，這一理論與實務編撰為二十個專題，請當時的首長馮啟聰上將主持此一小組，定期舉行研討會，每次由我提出一至兩個專題的報告，等到二十個專題講完了，參加的人也都充分瞭解與溝通了，雖然花了近一年的時間，可是卻得到可貴的代價。在此不得不感謝已故世的余伯泉上將，他的高深軍事學術素養，對我有極多的啟發。

## 結語

以上個人生活經歷中回顧，本來是微不足道的，不過這些佔據我生活經歷的部分，對我個人卻有重要紀錄和樂趣。提出這些報導，一方面給許多老朋友知道，我在工作以外做些什麼？，一方面這些著述的內容和寫作的經驗，或可供後進的參考和借鏡。我寫這些文章的目的，只是想將心裏想說的寫出來，這些內容有些是從工作經驗中悟解出來的，有些是從許多書本中對照比較出來的，有些完全是我個人的思想發抒出來的。歷史的持續，主要是靠知識的累積和傳輸，這一代的人遲早要將棒子交與下一代的人。如果將我們知識經驗視為自珍，乃是一種自私；如果將我們的知識經驗任其湮沒，是一種可惜或疏懶。爰申愚忱，尚希有以教之。

〔原載一九九一、一、《淮陰文獻》第三輯，再於二〇〇五、五、修訂補充〕

# 我的業餘教學述生涯

說來慚愧，我於抗戰前畢業於師範學校後，迄未為教育界略盡心力。以後從軍再轉任文職，所在職務多係繁忙的主管，卻因緣際會，兼任若干教職。我既非專職教師，用「教學生涯」此一題目，仍感汗顏。

## 壹、前　言

我轉任文官後，的確兼了不少課。這些課程，絕非我自謀而來，可說都是受邀請的，或因主管業務而奉指派的。在一九七〇年代某一時期，我兼課不少。當時行政院研考會主任員魏鏞博士，曾下令調查我究竟兼了多少課，有否違反規定？我即將全年所任課程統計列表，在上班時間內未逾二〇〇小時，亦即未逾公務員每週兼課四小時以內之規定。

我所兼課程可分為推行某項新政的講習；各階層公務人員的在職教育；在大學兼任專業課程等。

撰述此文的動機，僅想將過去數十年我的職業生涯的另一面，做一點紀錄與回憶；也提供青年朋友做參考，了解我教學生涯中如何教學相長，來增進知識素養；同時，也算與我在淮陰文獻前期所發表的「我的業餘著述生涯」作為姊妹篇。

## 貳、我任教的課程與背景

在一九五〇年代後期，我在軍中已晉升少將並承邀擔任當時最高黨政軍領導人員培育機構——國防研究院課程。於上課前遇及戍守金門名將劉玉章上將，當向其敬禮致候，他問我：「你來幹什麼？」「上課？」「上甚麼課？」我雖據實回答，卻說明在此任課者均為學術界名流，難怪他懷疑我是否能勝任此間教職。有關國防研究院部分，以後當詳加說明。

首先說明我所任課程，是以現代管理五大功能的規劃與控制為主，因應實務，配合需要，來訂定課程名稱，主要摘列如次述：

軍事戰略計畫、施政計畫、施政工作計畫、當前施政方針、計畫理論與實務、規劃作業概論、目標管理與行政計畫、長程規劃、管制考核制度概論、領導與管制考核、工作簡化與管制考核、規劃與控制、從政策規劃到追蹤管制考核評估、行政三聯制之理論實踐、行政革新、重要經濟建設、文書製作與參謀業務等。

其次，簡述我的有關背景：

我自接受軍事養成教育後，又迭次接受頗為完整的各階層深造教育。

來台後，先後服務於國防部五個不同單位，擔任主管或副主管，對國防管理略有素養，且曾發表多篇論文。

早期在宋達將軍領導下，研究「行政三聯制」的理論體系與實施方法，頗具績效，啟發以後研究計畫、執行、考核的興趣。

從軍職到文職，歷經許多創新、挑戰的工作，此類工作雖屬艱辛，甚至從無到有，然亦能激發工作意志與奮進發展。例如，到台初期，百廢待舉，整軍經武，先後建立現代化的補給程序，部隊輜重，後勤及編組數字標準手冊、軍事戰略計劃制度、國軍施政計畫制度。轉任文職後，又建立業務管制考核制度，行政院施政計畫制度，且負責對十項、十二項、十四項重要建設的追蹤管制與考核評估等。在以上這些挑戰、創新的工作中，我帶領著單位同仁，匯聚集體的智慧，研創推行，其中甘苦，真不足為外人道。

我任職所管業務，多半與計畫有關；如主管後勤與動員計畫；主管中程戰略計畫與年度施政計畫；兼任或專任專案編組的作戰計畫；其中曾專任計畫作業單位，並遠離市區達四年之久。轉任文職後，籌建行政院研考會管制考核部門，我即擔任首任主管。

我對戰爭計畫確曾深入研究與應用，由於其複雜性與思維邏輯性，是一門艱深的課程。轉任文職後除廣泛閱中外管理名著外，復對經濟建設計畫第一至九期及有關此類書籍，廣泛涉獵。至於綜合開發、區域、都市等系列計畫，更反覆閱讀，除奠定對規劃知識基礎外，更發表過多篇有關論文著述，及專題研究。前者承蒙經濟學家中華經濟研究院長于宗先博士，將拙文轉送聯合國經濟規劃處一主管參考。後者據時在國安會任財經組主任之前經建會主委楊家麟先生告知，認為我提出之研究，遠較經建會更深入。說來慚愧，我們能了解經濟計畫與都市計畫，一般文人卻少了解戰爭計畫與軍事參謀作業。

在研考會服務期間，以及長期在政大、文化任課，接觸學術界朋友甚多，交換意見或請益，收穫良多。研考會初成立時半數係大學研究所甫畢業之碩、博士，對於學術與經驗的交流，彼此均獲裨益。我具有粗淺的教育理論與方法的知識，雖然國語不很標準，但口齒還算清晰，亦略具組織與控制的能力，任課亦尚能勉盡厥職。在一九六〇年代初期，曾奉調至某一計畫作業單位，被選定與另兩位將軍，擔任輪向國家領導人簡報專案計畫，歷時四年之久。

## 參、服務軍職期間任課情形

服務軍職期間任課不多，初期以至各單位講述「行政三聯制」及「後勤制度」為主。以後在國防大學、陸、海、空軍指揮參謀學校兼任少數課程。並在實踐學社辦理之動員幹部訓練班兼課。先後在國防管理學校兼任部分課；調任文官後仍有擔任。又在主管單位建立「軍事戰略計畫」及「國軍施政計畫」新制時，亦委託國防管理學校辦理施政計畫訓練班多期，由我擔任「軍事戰略計畫」與「施政計畫」課程。

美軍為適應全球性戰略，而設計的「軍事戰略計畫」（戰爭計畫）是一種頗為複雜、卻合乎邏輯思維程序的計畫，長中近程、環環相扣、週期循環，是屬於一種戰爭準備的計畫，以應付隨時可能發生的戰爭。我雖在國防大學研習，仍未盡深解。以後幸得余伯泉上將指導，並研讀美軍各種書籍，加以主管此項業務，始略窺堂奧。

以下二事，是我在軍職中非常重要的歷程，略加申述：為建立國軍軍事戰略計畫制度，我是當時的主管處長，計畫參謀次長是馮啟聰上將，我建議成立研究小組邀集國防大學對此素有研究的教官三人，與國防部相關主管參加，並由馮上將為召集人。為先使馮上將能充分瞭解，我將制度內涵，區分為二十個子題，預為撰寫簡報內容，每週開會先由我講述二、三個子題，包括美國制度與國軍做法，等於先上了一課。俟講述完畢，與會人員已進入狀況，再經過討論講述，最後由我撰寫出第一本「國軍軍事戰略計畫制度手冊」。馮上將為一卓越的海軍將領，以後亦與我建立深切的交誼。

另為在黨政軍最高層次教育機構——國防部研究院任課。五〇年代後期，為培育黨政軍高層次領導幹部，成立國防研究院，由蔣公親任院長，張其昀博士任教育長，召訓人員層次頗高，以後在一九七〇—八〇年代，出任院、部長級人士不少。「名相」孫運璿先生當時即在此受訓，其餘特任官、中上將不勝枚舉。

其課程約分為政治、經濟、文化、軍事四大部分。軍事組負責人龔愚中將（留英），以戰爭計畫為主要範疇。除約請國防大學三位專長此項學科者外，另亦邀我參與，分擔此一單元內之各課。其實尚有兩位大人物參與教學。一位余伯泉上將（副參謀總長）主講美軍軍事戰略計畫；另一位蕭毅肅上將（國防計畫局長）主講以日本動員制度為基礎的我國國防計畫體系。兩位均係我崇敬的長官。以上兩種思想在討論會上，曾引起熱烈討論。

每人雖僅任課數小時，但須參與分組討論及綜合討論，總計近五十小時。連續上了三期後，我即奉調新職，不克續任。

## 肆、轉任文職後任課情形

### 一、行政院及中央部會部分

行政院：迭次行政管理講習會

內政部：社會工作人員訓練班。

外交部：外交人員訓練所。

財政部：財稅人員訓練所。

經濟部：專業人員研究中心，國營事業委員會研習會。

交通部：郵政人員訓練所、委託淡江大學代辦的系統分析班。

僑委會：僑社工作人員講習班。

退輔會：主管講習會、專業人員教育中心、研究幹部講習會。

法務部：司法官訓練所研考人員講習會、司法調查局工作研習會。

經建會：研考人員在職訓練。

國科會：行政管理講習班。

人事行政局：公務人員訓練班（班次甚多，含高普考及格人員職前訓練）。

其餘約有百分之七〇部會，均曾應邀請前往專題演講。

**二、在省市部分**

在台灣省訓練團各班次任課頗久；台北市政府及高雄市政府公務人員訓練中心，亦曾任課，並輔導高雄市改為院轄市建立研考體系歷次講習。

另在台北市社會局社區發展工作人員訓練班、台灣省社會福利研習中心、臺灣銀行行政管理人員講習班、水利局工作人員訓練班、林務局職工訓練中心、菸酒公賣局員工訓練班任課。

**三、革命實踐研究院**

革命實踐研究院為黨務重要訓練機構。政府行政幹部時亦多利用此一山明水秀之陽明山作為訓練場所。我在此先後任課約在十個班次以上。值得敘述的有三點：

㈠政府為推行行政管理革新，一九七〇年即舉辦行政管研究班，惟辦至十餘期，即另委託國立政治大學舉辦，我一直任課近二十餘年，以次另述。

㈡一九七五年舉辦僅次於國防研究院的國家建設研究連續三期，受訓人員亦以培育高層領導幹部為主，但不包括高級將領在內。當時受訓人員包括連戰、蕭萬長、吳伯雄、徐立德、魏鏞等尚有大學教授、民意代表諸先生，為一九七〇年代後期黨政重要負責人培育之所。於任課時除講述外均排有研討時間，所提問題除層次較高外，亦有若干幽默諧趣之處，由於當了學生，再高級的官員，也都能放下身段，暢所欲言。

㈢一九七六年舉辦國家行政研究班（十二至十四職等）本人亦奉令調訓，惟仍接獲任課聘書。同班中接獲任課聘書者尚有國際貿易局局長汪彝定兄，我們均以既受訓仍任課，似不適當。乃偕往謁見主持人李煥先生，奉指示：仍由我們任課，只好勉為其難，此亦為我任課生涯中兼做學生與老師唯一創例。

## 四、兼任大學課程

㈠一九七五年應中國文化大學邀聘，在市政系（課程以都市計畫為主）任課四年。以後曾教度邀約續在該校任課，均予辭謝。中興大學企管系亦數度邀約兼課，亦予婉辭，並推薦年輕好學的部屬前往任課。

㈡應聘擔任文化大學政治研究所及三民主義研究所，既東吳大學會計研究所碩士論文口試委員多次。

㈢先後應邀至政治大學公共行政研究所、中興大學公共行政研究所系、企業管理所系、文化大學新聞所系、靜宜大學等校專題演講。

㈣與魏鏞博士、黃俊英博士三人，聯合分題擔任中山大學三民主義研究所課程。

# 伍、在政大公務員教育班次任課

行政管理研究班由革命實踐研究院代辦十餘期後，即轉由國立政治大學公企中心（後成立公務員教育中心）辦理，近二十年，直至一一七期，始行改組。我從第一期任課至最後一期，迄未間斷。改組後，課程雖有變動，惟校方仍希望我繼續任課，以年近八十，乃力予婉辭。

在此任課近二十年，為余業餘教學畢生難忘的經歷，主要由於：

㈠接觸學術界人士甚多，知識交流，獲益不少。

㈡受訓學員均為政府九至十一職等重要中級幹部，求知慾強烈，常於課後再切磋應用與業務上之改進；且分布各部會，各種專業，教學相長，有利爾後業務之溝通。

㈢每一單元課程三小時，分為七十五分鐘兩節，中間休息二十分鐘，用咖啡茶點，校方必有人相陪，同時任課的教授，亦均聚集休息室晤面交談。

㈣分組討論會或綜合討論會六小時，包括我在內有四位教授分任指導，聽取專題報告及討論，並即席講評與評分，學員的表達與教授的智慧，均可充分表露無疑。各期學員之書面專題報告，校方多請我擔任綜合批閱評分，六十份報告，亦頗費時間與斟酌。

㈤政大公企中心，除接受公、民營委託辦理在職教育外，亦辦理相關研究所深造教育，在此任課者多為成名學者。公、民機關亦常委託邀約前往專題演講，余亦數次被校方指派前赴演講或為在報紙撰寫專論。

## 伍、結　語

我的業餘教學生涯，是既有興趣，又有收穫；既對業務有幫助，又對人材作育有貢獻。由於任課，結識不少學術界的朋友，與業務部門的主管。我任課前必充分準備，任課間必全力以赴，理論實務並重，嚴格控制時間，鼓勵學員討論，努力做一個盡職的教育者，因為教學必須多讀相關書籍，隨時向人請益；教學中亦不時發現新的問題，經常發表論文及著述，使我的生活興趣，得到最大的寄託。因限於篇幅，對若干具有意義或趣味的人物和事件，均未能詳述。為憾。

〔原載二〇〇四、六、《六三通訊》第三九期〕

# 我的知識之泉源

## 一、前言

知識的增進，除了接受各階層的體系教育和自行讀書進修以外，更重要的還靠從工作、研究以及生活中吸取經驗，從經驗中再不斷增進知識，從知識的累積而啟發智慧，進而產生更新的創意。如此不斷累積循環運用，舉一反三，油然而生，自可取之不盡，用之不竭。

我曾服務軍政兩界多年，並曾兼任教職，大多擔任高級主管。所做的工作又多半是創新或研究性的，接觸學術界人士不少，相互研究請益，獲益甚多。先後在國防部及行政院服務時，不僅深入瞭解，且為政府建立了許多重要政策、制度，當時克盡心力，自認確有不少的貢獻。至於個人的研究、演講。著述亦不在少數。不過宦途卻非一帆風順，也只有說無愧我心吧！

在多年之中，我感謝許多師、友、長官、同事、朋友，給我從教育、工作、教學、著述、鼓勵，以及研究的興趣，使我的知識不斷的增進，也促使我寫這篇文章的動機。在許多博學多才、學有專精的朋友面前，我這些微的成就，可說是微不足道了。

## 二、接受體系的軍事教育

我是高中師範畢業的，經常銘記杜 威博士的名言：「教育即生活」。換句話說：「生活即教育」，又何嘗不然。

以後投筆從戎，進入陸軍官校，接受嚴格的基礎教育；陸軍步兵學校接受長達一年半的兵科專精教育；陸軍指揮參謀學院接受美式參謀作業與諸兵科聯合之戰術教育；國防大學聯合作戰系，接受三軍聯合作戰及戰略計畫教育，培養高級指揮官及幕僚人才。至於各種短期的召集教育實不勝枚舉。我在各院校就讀期間都是努力勤學，畢業成績均名列前矛。學以致用，舉一反三，所以對以後的服務，獲益良多。

## 三、服務國防部多個部門，增進對國防管理與政策的瞭解，獲益及貢獻均多

我在南京、廣州即曾服務於三軍統帥部的國防部，以後調往部隊任團長，卅九年又回國防部服務。先後任職於物質司副司長；第四廳辦公室副主任、主任、處長、副廳長；計劃參謀次長室處長；總務局副局長；作戰部門副主任（相當助理參謀次長），其間除調至陸軍指揮參謀學院及國防大學受訓外，歷時十餘年之久，始外調基隆港口司令及部隊指揮官。對當時全般國防政策、管理、制度等，可說瞭如指掌。更有許多制度及計畫，是我親自制定或參與作為的。

按國防管理、行政管理與企業管理，三者不僅具有密切的關係，各有個別的理論與原則，亦有其共同的原理與原則，且更有相互借鏡、援用之處。這對我以後調任行政院工作，建立制度、研究、撰述、教學等關係甚大。我大膽講一句，我很快就瞭解了行政管理、企業管理、經濟計畫、都市計劃等，我的確曾對此下過一番功夫，而一般文官對於軍事計畫、參謀作業、國防管理，卻很少知悉。

## 四、多次親聆　蔣公軍事思想與戰略指導受益匪淺

在五十一年至五十四年間，服務於國防部作戰部門，負責策劃某項攻勢作戰計畫，我列席此項高層次之小型會談計六十七次，由我擔任簡報共計二十次，均由　蔣公親自主持。每次簡報歷時四十至九十分鐘不等，在此嚴肅氣氛之中，　蔣公聆聽甚為仔細，並對內容不厭垂詢，均須一一解答，且指示亦甚詳盡，其中對於軍事思想、戰略戰術指導，均指示甚詳，獲益至大。另有專文報導，不再贅述。

## 五、列席政府重要會議，得以廣泛增進對政務的瞭解

我服務於行政院研究發展核委員會時，因主管行政院施政計畫的彙編，必須列席「政府施政計畫與總預算審查會議」，此項會議由資深政務委員主持，分別審查各部會及省市政府等所編概算，並設立各項專案小組，每年須舉行大小會議三、四十次，工作至為繁複。俟審查完畢，始由研考會及主計處分別編印行政院各部會施政計畫與政府總預算，送至立法院進行審查。我連續參加此項會議歷時十

年以上，因此對政府各部會業務瞭解頗深。

調任行政院參事兼秘書室主任，為行政院秘書處之首席組，除掌理很多業務外，尚主辦行政院院會，安排議程，負責紀錄之發布，我亦為列席院會法定人員，在三年中計列席內閣會議一五六次。在此一期間適為「名相」孫運璿先生主政之後三年，對於政府重大施政，特別是各項重大經濟建設與科技發展的決策過程與內涵，親身經歷與體驗，所獲裨益實在甚多，對以後撰述與教學幫助很大。

## 六、參加多次長期研討建立法制的會議

早期參加由國防部副參謀長蕭毅肅上將所主持的建立軍隊動員制度研討會議，除有關首長外並有日籍顧問參加，為時年餘始行完成。繼由第四廳研訂物力動員細則部分，名義由廳長宋達將軍召集，實際由我主持，又歷年餘。研究過程亦有日籍顧問參加，因此一制度基本上採取日制，惟當時後勤制度已採美制，且更須配合國情，其間研討辯論，煞費苦心。

以後在行政院秘書長瞿韶華先生主持下，由我主管承辦從事研修訂《行政院機關事務管理規則》與手冊。因其內容涵蓋文書、檔案等十餘項類別，亦涉及很多部會的業務，內容繁複，每次會議恆達三小時左右，甚費時日。其中若干小組會議，亦係由我主持。手冊編成後書近千頁，內容涉及專業知識很多，終於七十四年初完成頒布。

制定「國家檔案法」是政府一項創舉，亦為各方所期待的大事。行政院指定由研考會主辦，並組

成研究委員會，由研考會主任委員孫得雄博士為召集人。聘請學者專家及相關單位主管為委員。當時我已調國安會服務，亦受聘為委員。每月舉行會議一次，基於實務、學理、法制各方面，內容爭議甚多，歷經兩年研討始行定案，以後終於通過立法程序。

## 七、建立新制與創設新機構

國軍來台不久，即接受美援，改行美制。我服務第四廳，主持制定新補程序，陸軍部隊輜重，編訂國軍後勤標準數字手冊等。在美軍顧問團堅持下，將原屬聯勤的兵工等六個技術勤務署兵力五萬餘人改隸陸軍，建立陸軍完整之後勤體系，其間周折與協調，在廳長劉炯光將軍主持，我承辦主管之下，甚費心力。以後並由國防部組成年終考核組，每年赴各勤務部隊、廠、庫、醫院等實地考核，深切瞭解實務狀況多，增益甚多。

在服務物資司期間，主持辦理國軍第一次民用車輛動員大習，代號「開源演習」，事前編訂各項演習計畫手冊，規模之大，為國軍首度紀錄，亦建立良好動員規範。

在新成立之計畫參謀次長室，開創建立制度，首先主持編譯美軍軍事戰略及施政計畫有關手冊十種。繼而編訂國軍軍事戰略及施政計畫制度各種手冊。為國軍奠定計畫基礎。

先後在新設立之中興計畫室、聯戰演習計畫室、國光作業室，從事攻勢計畫研究與作業，更是從無到有的創建，也因此我對許多問題能更深入的研究，並多次向三軍統帥報告，親聆教益。

外調行政院，任新設立的研考會管制考核組首任主任，運用行政三聯制及現代管理原理，建立一整套追蹤管制核評估制度，對重大施政計畫、重要經濟建設、科技計畫予以管制考核並對國、省營事業機構加以年終考成。對於行政機關及事業機構行政績效與經營管理，確有顯著的進步。在此期間編印各項管考叢書，接觸許多學者專家，增進專業知識頗多。

## 八、代表院與會長期出席相關會議

兼任經濟部國營事業委員會委員，參加每月委員會聽取各事業機構有關長、中程計畫、經營策略、預算的報告與審查。

代表財政部基金會投資科學園區之凱德等公司任董事，長期參加董監事會審議，監督其基金規劃與執行情形。

出席交通部每月舉行之道路安全督導會報，瞭解實況，提供建言。

出席青年輔導委員會歷年舉辦之各項考試籌備會議，以考核評估計畫與執行績效。

對十項、十二項等重大經濟建設，由院指定各項建設負責監督的政務委員，無論是道路、港灣、重工業、石化工業、水利等，多定期視察或每月舉行協調督導會，我均以管考主管，隨同參與，不僅增進專業知識甚多，亦擔任重要經濟建設之課程講述數年之久。

## 九、參加研究性會議與實際研究工作

研考會原即為研究與行政雙重性質單位，每年委託學者研究之專題有數十項，經常與學術界接觸，甚至如黃俊英博士、高孔廉博士相識，均由委託研究開始，以後應邀來會服務。研考會委員會之委員如王作榮、許士軍、于宗先、連戰、張劍寒、博宗懋、李亦園、孫得雄、范增輝、張則堯等諸先生，均為一時之俊彥。每月舉行委員會，審查委託研究報告，接觸頻繁，時相請益，獲益不少。

在國安會國家建設研究委員會服務期間，其性質亦屬一研究性機構。共有廿位研究委員，其地位崇高，編階為十四職等。包括政治、財經、文教、軍事各方面學者專家，如許家棟、薛琦、邊裕淵、李建興、李模、張植珊、丁中江、芮正皐等諸先生亦均為學術界具有名望者。研究委員之主要任務即為每年提出若干專題研究，以供政府決策參考。我很榮幸亦為研究委員之一，自亦不能例外，在此服務期間，曾提出若干重要研究報告，頗受當局之重視。

我在會服務原為單純之研究工作，頗感輕鬆，乃忽接受另一任務，即負責編撰「年度國家情勢研判」，此一包括國內、大陸及國際全盤情勢長達十萬字之文件，雖由各研究員提供初步資料，然文體、繁簡不一，必須修正、增刪外，尚須加撰前言，綜述及綜合結論與建議，為供行政院撰擬次年度施政方針之參據，又有時間性之限制，工作至為艱鉅，因此我亦必須自行建立數百個資料檔，以備參考補充應用。

## 十、教學相長，撰述不輟

關於我任教與撰述情形，曾有專文報導。在教學期間亦曾結識不少學術界的知己，共同創辦若干研究性的學會，參與多次學術研討會。在若干期刊長期應邀發表文稿，部份均已編成專書出版。曾經指導行政院研考會主編《行政業務管制考核制度綜述》、《十項重要建設之規劃與控制》等。又因受聘為預算管理學會任「研究與訓練委員會」主任委員，指導該會及建築師學會主編《公共工程之進度、品質與成本之控制》等較鉅書籍，當時頗費心力，惟獲益甚多。

## 十一、結　語

知識的追求是與生俱來的慾望，而學海無涯，活到老，學到老。我雖已年近九十，迄今仍不斷撰述。懷述既往，瞻望未來，發抒情愫，寄託興趣。以上各項，不避淺陋，願有以教之。

〔原載二〇〇五、六、《六三通訊》第四一期〕

# 參、論政建言

# 對國土開發等計畫的正確認知

## 一、李院長遠哲、呂副總統秀蓮之言，書生之見，亦不切實際。

此次七二颱風，帶來豪雨，造成台灣中部空前浩劫；且受難地區，幾與過去九二一大地震地區相同。年來重建工作效果不彰，原有建設猶未恢復，又再度蒙難，居民實苦不堪言。中研院李院長遠哲說：應訂定國土開發計畫，讓自然歸還自然，意指居民遷徙他處。呂副總統更說：將災區人民移民中南美開墾。他們信口發言，不僅不瞭解政府過去對國土開發計畫的制定，亦可說書生之見，不切實際，此點學者專家及民意代表，均已發表指責與抗議。殊不知幾千年來人類的生存發展，也就是人與天爭的一部歷史。世界各地區許多窮山惡水，先民們不知經過多少奮鬥，才建立家園，代代相傳，仍然在祖先遺留的土地上居住下來，決不願輕言離開。

## 二、認識國土開發計畫。

世界許多先進國家，都訂有國土開發計畫，並列為國家最高層次計畫。我國經建會亦早於民國六十年代即發展此項計畫，名稱為「台灣地區綜合開發計畫」，先後經過三稿修訂。此一計畫之性質：在於㈠對人口、產業、實質設備、天然資源在空間上之配置計畫；㈡藉土地之使用，協調經濟發展與社會建設，謀求實質之配合與發展；㈢綜合開發計畫與經濟發展計畫，社會建設計畫，聯合構成國家最高層計畫。其目標在於：㈠人口與經濟之合理分布；㈡資源之保育與開發；㈢都市與農村生活環境之合理改善。

## 三、國土開發計畫原已形成良好體系。

我國台灣地區綜合開發計畫制定後，即逐漸發展北部、南部、中部、東部四個更較具體的「區域計畫」，此項計畫已於六十及七十年代相繼完成并數度修訂，係分別由經建會及內政部策訂。另已完成「都市計畫」（三百餘個），形成完整體系。再其次則為「縣市綜合發展計畫」，當時陳庚金先生初任台中縣長，即在筆者指導下首先完成。以上計畫體系原已大備，且「區域計畫法」及「都市計畫法」均早完成立法程序。

## 四、經濟建設計畫體系。

國土開發計畫及區域計畫中，其實質建設計畫多包含在「經濟建設計畫」之中，所以亦將其列入本文中討論。我國在開發中國家之中，發展甚早，且為四年一期的持續性計畫，亦堪為開發中國家的楷模。我國經建會自民國四十年初即首先策訂第一期四年經濟建設計畫，涵蓋民國四十二―四十五年。以後循序發展，中間雖曾一度改為六年計畫，但旋又恢復為四年計畫，直至第九期民國七十五―七十八年，第十期民國七十九―八十二年為止。此項長達四十年持續性計畫，使我國經濟迅速成長，渡過兩次世界經濟危機，被列入亞洲四小龍，且被譽為經濟發展奇蹟，當時主持及參與人員居功厥偉。

民國八十年初，郝伯村將軍擔任行政院長，以其雄才大略，亟待一展抱負。乃指示經建會擴大策訂「六年國家建設計畫」，以代替「四年經濟建設計畫」。此一計畫涵蓋全面國家建設，內容至廣。統計其子目幾近千項，追蹤考核，煞費苦心。筆者以從事對規劃方面之研究教學立場，數度為文，就理論與實質上加以闡釋，力表支持。並在國內首度將我國「四年經濟建設計畫」，以及中共之「五年經濟計畫」，在期程持續發展上提出比較研究。惟郝院長任職不久，即行調職，亦未能終其任親睹六年計畫之成果。以後歷任院長，或各展抱負、各有新猷，惟卻未能連續發展國家累積之成果，使經濟建設計畫繼續發展。

## 五、檢討與展望。

㈠現代政府無不重視整體規劃，整體規劃包括三方面：1.在期程上有長、中、近程計畫：2.在時間上有持續不斷的計畫，即如四年經濟建設計畫有一至九期計畫；3.在層次上有上層、中層，基層計畫。

㈡李前總統登輝之「廢省」，對綜合開發計畫、區域計畫影響極大。因都市體系，權責單位等多已變更，推行不易。例如「八七水災」、「九二一大地震」、以及「七二水災」，其搶救效果，即判然有別。

㈢目前虛設之省府，既毫無功能，又未澈底調整，功能不彰。由於不同政黨主持之縣市政府，區域發展之整體功能幾已化為烏有，協調問題更費周章。各縣、市多難以國家利益、人民利益為前提。而以政黨狹隘觀念為政爭。台北市、縣若干所發生之事項，可為明證。

㈣既有「綜合開發計畫」及「區域計畫」，因若干因素影響，既不能適時修訂（原訂五年修訂一次），又未能嚴格執行。致在應加保育之地區，不僅未能善盡保育之責，更因濫墾、濫伐、濫殖等情事，迄未遏止，影響水土保持關係至大。

㈤數十年來，無論在經建計畫，或歷次重要建設計畫，或政府年度施計畫與預算之中，均列有龐大之治山防洪經費。惟實施效果不彰，主管機關亟應切實檢討。

㈥筆者過去從事研究或為文，數度呼籲政府雖已訂有「綜合開發計畫」與「縣市綜合發展計畫」，但尚未制定「國家綜合開發計畫法」及「縣市綜合發展計畫法」。又過去所制定之「區域計畫法」與「都市計畫法」，經過多年變遷，亦應澈底加以修訂，以切實際。

㈦經濟建設計畫仍宜恢復成為一項持續性計畫，逐期發展，使國家經濟能賡續進步。

# 附錄：有關單位致作者邢祖援將軍函

**一、中國國民黨政策委員會**

先生致　連主席大函惠附「對國土開發計畫之正確認知」大著乙案，已奉交本會。對先生獻身旗旗、保衛國家；奉公服務、建設國家；桃李春風、作育英才等士志於道的松柏風範，謹致上深深感佩！大函已轉請立法院經濟及能源委員會全體委員同志及國家政策研究基金會研處、當前民生艱困，國務嚴峻，實須更切實努力，志士仁人，尚請持續發揮影響力，從家到國，凝聚眾志成城，以期維繫國脈民命及重振中華民國。

**二、財團法人國家政策研究中心（智庫）**

貴同志七月十五日致　主席之建言及大作對「國土開發計畫之正確認知」，主席辦公室已轉交本會研究。您對於國家發展與國土規劃的宏遠見地與關心，令人敬佩。

貴同志大作中闡釋的國土開發計畫內容與各項計畫體系沿革，不但完整說明了國土計畫的整體架構；提出的檢討與展望事項亦皆極富啟迪價值。本會永續發展組已將高見納入相關研究，並將其中攸關制度面及法律面的建議，則待進一步研議後，提供本黨立法院黨團參考。

〔原載二〇〇四、七、《中央日報》及二〇〇五、六、《六三通訊》第四一期〕

# 退休公務人員優利存款的背景和展望

任何一個上制度的國家，對退休公務人員（含軍人及教師），均有適當的退休俸給規定，以保障退休人員能於畢生奉獻國家，已屆年老退休時仍能有一個安定的生活，亦用以鼓勵年輕公務員可以忠心、安心為國家服務，將來退休後生活不虞匱乏。

在許多先進國家，特別是注重國民福利的國家，設計了很多方法來保障退休公務人員的生活，使其能維持一定的生活水準，事前鼓勵儲蓄，政府同時給付相對基金的年金制度等。一般來說，退休公務員與現職公務員的待遇，總能維持一定合理的差距，這是相當合理的。如果說退休人員退休後每月所得給與，尚較現職人員為高，亦欠合理。比較世界各國先進國家，如退休人員每月所領退休俸給，約為同職等人員的全部薪俸七十％—九十％，似乎均尚在合理範圍之內。如低於七十％則有欠合理。若以目前國內退休軍公教人員而言，其中公務人員又顯較軍教為低，此已為不爭之事實。其愈早退休者，所領月退俸，加上有限之優利存款所獲利息，若與同職等之現職公務人員全部薪給相比較，約僅達二分之一至三分之一之間，相形見絀可以想知。

如早年領取乙次退休金，存取優利孳息者，更難以維特生活。記得一位老長官陳雪屏先生，他歷任政府要職，他於民國六十年左右轉調國策顧問時退休，據他告知我當時全部將退休金一次領出，只有十三萬元，如非調成國策顧問，將無法生活。

公務員優利存款之產生，乃由於當年公務人員待遇委實偏低，且退休俸給又僅以「基本俸給」為計算基礎，「基本俸給」約僅占全部待遇二分之一至三分之一的比例，職務愈高，比例愈大；現職與退休人員待遇差距愈大，愈不合理。一次退休人員領取退休金後，存入銀行，政府給予優惠利息，當時勉力維持生活。無論一次領取退休金，或領取退休月俸者，除本俸外尚可領取保險等費用，亦可存入銀行併優惠利率，使退休人員稍有挹注，實為政府對退休人員的德意，亦為不得已之方法。乃考試院某新科考試委員，於上任之初，即以取消退休公務人員優惠之利率存款為建言，實對政府當時採取此項措施之背景與不得已之苦衷，完全未加了解。

退休人員給與規定，原係根據退撫有關法規，當時制訂此類法令，因有其時代背景，然其不合理之處，早為國人所詬病，茲略舉數點言之：

一、支領月退休俸僅以「本俸」為計算範圍，實極不合理，因此形成了早年退休人員與現職人員待遇差距愈趨拉大。且政府為避免龐大退休人員財政之負擔，歷年對公務人員待遇之調整，均對「本俸」調整幅度甚微，而援用各種加給，特別費用之大幅增加，以調高現職公務人員之待遇。因此，一面形成公務人員薪資結構愈不合理，一面對退休公務人員待遇，加以無情的壓制，真是退休人員情何以堪？

二、在退撫法規中，尚有「除本俸以外之其他給與，與現職人員之差距，由行政、考試兩院，會商研訂補助辦法」，此項規定多年以來亦迄未兌現，以後修法乾脆取消，因此，形成早期退休公務人員與現職人員待遇之合理差距，永難達成。

三、退休法規規定除退休人員以「本俸」計算外，尚有規定視服務年資分別予以七十六%、八十%、九十%等折扣規定，「本俸」原僅占現職公務員全部待遇之半數或三分之一，又再以年資打折，形成七折八扣，更難稱為合理。且現行國家多不鼓勵公務員終身服務公職，其目的乃在一面使中年公務員有轉入企業界服務的機會，以免屆臨老年難覓工作；一面亦可促進公務機關之新陳代謝，勿使無發展潛力之公務員濫竽公職。過去此項鼓勵公務員之終身服務辦法，早已落後，且公務員服務公職，有一定之績效考核制度，何能以服務年資決定待遇？又如若干從學術界、企業界借重轉調公務機關者，如瀕臨退休年齡，亦不能與從科員累積而退休者相比。尤其公務人員服務國家，無論時間長短，既然能合乎領取月俸之條件，起碼有十六年以上的經歷，其對國家的忠貞與貢獻，豈能以七十六%或八十%、九十%的本俸給與，來衡量其應得之待遇？又何況僅限於有限的本俸，並非現職人員待遇的全部，實非合理。

吾人如僅從退休公務人員優息利率存款的措施而言，它雖不是澈底解決退休公務人員的最好辦法，也不是建立退休公務人員健全制度的根本措施。然在這長達三十多年的過渡時期，卻對早期退休公務人員的生活，在當時獲得適當的彌補，對近期退休人員，獲致與現職人員待遇接近平衡。所以公務人員退休後所採優利存款措施，已確獲相當的貢獻。在這三十多年當中，政府主管部門以及學者專家，到目前為止，似乎尚未找到更好的代替方案。所謂逐漸規劃推行的年金制，似亦未能解決全部退休公務人員問題。至於近期退休公務人員，由所得保險等費能隨時間調整，水漲船高，能存入銀行享受優利待遇，使能與現職人員待遇接近平衡，亦使退休人員待遇較趨合理化，但對早年退休人員而言，卻未能使全部退休人員待遇制度化，至感遺憾。

總之，退休人員優利存款並非一個合理良善的制度，然而卻過渡解決退休人員待遇偏低問題。目前退休人員待遇由於早期與近期退休人員，能存入優利部分，差距愈趨拉大，實已面臨澈底檢討的階段。

其問題本質仍在於基本薪資結構，國家財政負擔，及退休法規限制退休人員止於以「本俸」為基準等三大問題。此三大問題又復循環產生相互的影響關係，非解決一環可能濟事。

因為此一問題有如此複雜的背景，優惠利率存款乃在此長達卅餘年時間，扮演了一個調和鼎鼐，安定退休人員生活的重要的角色。不過，它顯然是治標的，不是治本的。特別對早期公務員的生活已瀕臨生活困苦的階段。

目前我國已進入二十一世紀的已開發國家，亟應從公務人員待遇薪資結構方面建立合理單一薪給制，從公務員退休法規修訂合理的退休待遇，使早期退休人員、近期退休人員與現職公務員待遇，有一個合理待遇差距。至於政府財政問題，應不能老以此為藉口，且優惠利率部分係由台灣銀行所負擔，亦係屬於政府公帑範圍以內，「羊毛出在羊身上」，是統籌調配支應的問題。不過以上問題「牽一髮而動全身」，不是隨便講一句取消優惠利率即可實施的問題，所牽涉的面甚廣，必須周詳設計，妥為規劃，完成所有的配套措施，才能達成公平、公正、合情、合理的退休公務人員俸給制度。目前優息利率措施，實不能遽爾取消，以維退休人員最低限度的生活水準，進而促進社會的安定與祥和。

以上拙見，尚希政府主管機關參考並正視此一問題。

（曾函送銓敘部參考，並載於二〇〇二、九、《會計與管理旬刊》第一三七一期）

# 政府再造中公務員扮演的角色
## 5 "SR"和 "SERVICE"

### 一、前　言

在面臨即將進入公元前二〇〇〇年跨世紀的重要關頭，世界各主要國家為提高其競爭力，以求在當前多變而競爭激烈的環境中能繼續保持其優勢地位，無不致力於推動政府再造工作。行政院蕭院長萬長自就任以來即以推動政府再造為施政要點。行政院研考會秉此項政策研訂「政府再造綱領」，於八十七年元月二日經行政院第二五六〇次會議通過，並以引進企業管理精神，建立一個創新彈性，有應變能力的政府，以提昇國家競爭力為總目標。此項綱領經過通過頒布後加強推動，迄今已經一年又六個月。

政府再造又分為組織再造，人力及服務再造以及法制再造三大部分，均由主管機關分別組成小組，積極推動辦理。

政府再造乃是一項艱鉅的工程，由於其範圍涉及甚廣，層次涉及甚深、且為一長期的，全面的、持續的、深入的、澈底的推動工作，政府各主管機關又必須拋棄成見。劍及履及、始能計日程功，產生具體的效果。

基本上推動此項工作的還是要靠人——公務員，如果徒有良法而推動不得其人亦必難以見效。前月中央日報特別邀集若干學者專家舉行「如何啟動政府再造工程，創新政府理念座談」紛就組織再造，人力服務再造，法制再造三個層面踴躍發言，內容頗為豐富。其中特別以吳定教授提出如何扮演好政府的"SR"角色，來滿足民眾提高服務數量與品質的要求，亦即公務人員具備五個"SR"的基本條件。

立法委員劉光華先生則提出公務人員應具備的服務理念，以"SERVISE"七個字母來拆解說明，均頗饒趣味與意義。

茲就其所列舉具有代表性的英文字，由筆者加以申論之。

## 二、公務員應扮演政府五"SR"的角色

公務員應扮演下述五"SR"的角色

RESPONSIVENSS—回應性

RESPONSIBILITY—責任

REPRESENTATION—代表性

RELIABILITY—可靠性

REALISM—實際主義

(一) RESPONSIVENSS—**回應性，可包括：**

1.任何申請詢問必具體回復。

2.依現代資訊的發展系統投入，產出、回饋形成循環；

3.主動回報，充分交流溝通，毫無窒礙。

(二) RESPONSIBILTY—**責任，可包括：**

1.應具備充分的責任感，不爭功、不諉過。

2.上下左右之間權責必須劃分明確，清除三不管的死角。

3.盡職負責，責無旁貸，克盡厥職。

(三) REPRESENTATION—**代表性，可包括：**

1.所表達業務內容能代表本單位關鍵工作；

2.所表達的意見能充分代表本單位的意見（獲得授權）；

3.所表達的工作能充分說明本單位工作的特色。

(四) RELIABILITY—**可靠性，可包括：**

1.確實可靠—無虛、無欺、坦誠、確實；

2.精度與速度—先求確實、次求迅速、符合標準；

3.可信度—對服務對象取得信用、信托與信。

**(五) REALISM—實際主義，可包括：**

1.所有資料的真實性，不誇大，不杜撰；

2.所有服務真誠無欺，能否均予坦誠說明；

3.工作訂出嚴格標準，執行過程竅實驗收。

總之、我國面臨跨世紀政經情勢變遷、必須面臨各種挑戰，以順應世界潮流，將各級政府轉型為企業化的經營，要想滿足民眾提高服務的品質，公務員必須具備以上五個"SR"始克有濟。以建立民眾導向，績效導向，成本導向，市場導向以及服務導向的共同願景。

## 三、以"SERVICE"倡導公務員的新觀念

將"SERVICE"七個字母拆解如次；

S—SINCERITY—誠心

SPEED—迅速

SMILE—微笑

E—ENERGY—活力

R—RESPONSIBILITY—負責任

V—VALUABLE—價值觀

I—IMPRESSIVE—有感動、有尊嚴

C—COMMUNICATE—溝通

E—ENTERTAIN—工作愉快

**㈠ SINCERITY—誠心，可包含：**

1.存誠務實以對事—提高服務的品質；

2.誠心誠意以對人—提高服務的熱忱；

3.坦誠胸懷以律己—提高服務的意願。

**㈡ SPEED—迅速、可包括：**

1.以高速度促進服務的效率；

2.以準時性促進服務的信用；

3.以立即解決問題促進服務的信心；

**㈢ SMILE—微笑，可包括：**

1.以微笑的態度來做親切的服務；

2.以微笑的態度來做善意的服務；

3.以微笑的態度來做和諧的服務。

㈣ ENERGY—**活力，可包括：**

1.以蓬勃朝氣展現服務的活力；

2.以知識經驗培育工作的潛力；

3.以自強不息帶動運轉的熱力。

㈤ RESPONSIBILIY—**負責任（見前不贅）。**

㈥ VALUABLE—**價值觀，可以包括：**

1.推行一項政策措施必經評估具有價值；

2.推行一項為民服務的措施必須具有價值；

3.所謂價值觀必須在效益上，效果上，效率上均具條件，且非表面的，短暫的、而是深遠的，實在的。

㈦ IMPRESSIVE—**感人的，可包括：**

1.令人感動的服務，出自肺腑的語言和行動；

2.令人印象深刻的服務，使被服務的對象難以忘懷；

3.以服務代替控制，以協調解決問題。

㈧ COMMUNICATE—**意見溝通，可包括：**

1.瞭解別人意見，尊重別人意見，接受別人意見；

2.用協調溝通，舉行會議研討，共同商決結論；

3.努力說服當前政策，力求彼此充分溝通，務使心悅誠服。

**(九) ENTERTAIN—使快樂，可包括：**

1.公務員應敬業樂群，合作無間，提高服務觀念；

2.公務員應樂觀奮鬥、追求理想、永不氣餒；

3.在建立工作氣氛中，保有輕鬆愉快的氣氛，為服務的要件。

## 四、結　語

「政府再造」以提昇國家競爭力是當前國家施政的重要目標，吾人面臨即將進入世紀的新時代，更應戒慎恐懼，全力以赴。如以現代經營管理的角度來看，政府公務員都應具備善於服務的素養與條件。

吾人在政府再造的過程中，不僅要使體制再造，更要使體質再造；不僅要使人力再造，更要使素質再造；不僅要使組織再造，更要使品質再造。公務員原即是人民的公僕，政府施政良窳，服務影響甚鉅，自應加以重視。

〔原載一九九七、八、《會計與管理旬刊》第一二八二期〕

# 「臺灣關係法」廿週年的重要意義

## 一、前　言

回想到廿年前一九七九年元旦美國卡特總統宣布與中共建立正式外交關係，同時也宣布與我中華民國正式斷絕外交關係。當時我國在復興基地舉國上下正在努力發展經建，大力整備國防蓬勃發展之際，遭遇此一外交上的重大挫折，可以說是臺灣的生存發展受到非常重大的打擊和考驗。

依照美共建交的先決條件，接受中共所稱的三條件：即美國必須接受所謂「一個中國」的原則；美國必須自臺灣撤軍；必須廢止一九五四年簽訂的「中美協防條約」。此三者尤以後者廢止「中美協防條約」困難最大。因此一條約是經過美國參議院所批准的，其法律地位凌駕國內法之上。當時甚至有部分憲法學者認為，此項雙邊條約在杜勒斯國務卿與我外交部長葉公超簽字後，既先送參議院批准，再由艾森豪總統依法公布，即使卡特總統擬予廢止，也須經參議院同意才符合憲法精神。幸而當時美國民主、共和兩黨人士全力支持促成「臺灣關係法」的誕生，而使我國浴火重生，屹立不搖，更日趨壯大。

參據資深外交家錢復與陸以正兩先生身臨其境的說法，僉認當時卡特總統急欲與中共建交且不惜犧牲臺灣當時一七〇〇萬人的利益，完全為了意圖達成其競選總統連任的私利，但其連任目的並未達成。至於對「臺灣關係法」他不但未主動提出，甚至表示反對的意思；後來因兩院通過票數具有壓倒性優勢，才不敢自討沒趣。

際茲「臺灣關係法」制定整整廿週年紀念，吾人自應回顧並探討此一重要法規的意義和重要性。爰參考有關輿論資料，分析摘述。

## 二、美國重視「臺灣關係法」

今年三月初美國會眾院以四二九票對一票的壓倒性多數，通過了紀念「臺灣關係法」二十週年的重要決議案，重申美國對台軍售的堅定承諾，要求北京宣布放棄對台使用武力以及威脅用武，並要求美國政府每年均應做兩岸軍力平衡報告，以及應公開支持臺灣儘速加入世界貿易組織（WTO）。美國參院亦於稍早由外交委員會審查通過類似決議案，主張美國應支持臺北有意義的參與世界衛生組織（WTO）與合作計畫，並要求國務卿向國會提出報告，說明柯林頓政府採取那些具體行動來執行一九九四年對台政策檢討中有關臺灣參與國際組織的結論。

際此「臺灣關係法」屆滿二十年之際，美國參眾兩院表達對臺灣安全的關切，我國政府對美國國會持續關切在臺灣局勢的穩定，且立法與行政部門均具一定的共識，已表示感謝與肯定。

## 三、美國處理臺海兩岸穩定情勢的收獲

㈠協助兩岸維持信心的平衡：兩岸信心的平衡，以便台海兩岸能和本法應雙方互動的步調與範圍，促使台北能擁有防衛性措施，使雙方在進行對話的具有安全感。讓兩岸感覺美國的確保公平立場對待雙方。

㈡敦促雙方自制：要求兩岸彼此競爭又合作的平衡自行負責，而非由華府出面克制雙方。美國不會全盤否定台海任何一方，亦不會讓任何一方予取予求。北京與台北的競爭雖必然持續，但美國利益在於建立安全餘地，而非僅是限於緊張情勢的發展。

㈢促進兩岸直接對話：美國充分了解兩岸必須有充分的自信，才能進行建設性的有意義對話，否則很可能收到反效果。在此同時美國與兩岸關係改善的步調與範疇，自與此一問題在一種實際的關聯。

㈣亞太地區集體安全與穩定：對於東北亞與東南亞所有國家而言，維持持續的和平、繁榮與穩定，攸關美國利益至大。目前亞太地區尚未發展出正式的集體安全協定，正在成形的區域架構，應該認知到以和平解決糾紛乃關係到全體的利益。

㈤在美國國形成一種共識：在美國國內行政與立法部門就美國與中共及臺灣維持一套符合美國利益與民主政治可以運作的共識，雖並非全是困難，然而由於「臺灣關係法」的執行，已逐漸形成，當非虛言。

㈥面對不斷演化戰果發展導致的環境變化，考慮因素「臺灣關係法」的適用問題：美國必須不斷評估在戰略思想與科技發展中，隨時檢討「三個公報」與「臺灣關係法」仍能繼續適用，避免誤解、貽誤、漏洞而導致失卻海峽兩岸和平、安定、平衡的契機，為確保美國利益而早為補救。

## 四、意義益鉅、內涵益增、歷久彌新

### ㈠「臺灣關係法」意義益鉅乃基於臺灣自身的努力；

美國原與我訂有「協防條約」，為與中共建交美接受中共「三條件」至一九七九年底終止該條約、撤除駐軍。惟經國會兩院努力終於制定「臺灣關係法」公布實施，其內容的嚴謹足以代替實質的「防衛條約」立場與精神。

「臺灣關係法」公布初期並未受到重視，最重要的乃是靠我國自己本身的努力，這些年來臺灣努力經濟建設，被譽為經濟發展的奇蹟。另一方面是努力推行民主憲政、使臺灣真正成為面對共產彼岸的一座民主自由的燈塔，引起國際社會的重視，更獲得美國人民的友誼與尊重。

反觀彼岸中共在這二十年來的各種表現，徒增美國人的反感。例如迄未遵守以和平手段解決兩岸問題的諾言，反而不時以武力恫嚇冀望強迫就範。加之中共迄未放棄共產思想，壓抑人民自由，尤其「六四」事件證明「人權」迄未改善。因此美國朝野對我國信心益強，對中共的倒行逆施益感不滿，致對我加強「臺灣關係法」的執行與肯定更為各方面所努力的目標，也可說此時此地「臺灣關係法」

更具有重要與實質的意義。

## ㈡「臺灣關係法」內涵的充實與日俱增：

在「臺灣關係法」將屆二十週年前夕，美國主管東亞事務的助理國務卿陸士達連續三天在不同場合中述及美國對兩岸政策，強調加入 TMD 戰區飛彈防禦系統時，強調加入 TMD 是任何一個國家面對飛彈威脅時的正當防衛權利，美國不是 TMD 的主角，因為如果沒有中共與北韓的威脅自無須投資如此鉅額經費部署此一精密武器之說。而且更暗示臺灣參與 TMD 可按照以往同樣因素規範，意即指「臺灣關係法」而言。

近年美國國會得力支援臺灣，如參院共和、民主兩黨大老魯姆斯與陶瑞塞里聯合提出「強化臺灣安全法案」對美國行政部門而言，無異是對美國現行政策的當頭棒喝。此一法案如果完成立法，等於片面廢除「八七公報」，對美「中」關係打擊甚大。此一法案能否完成立法固仍存爭議之中，而美國行政部門為安撫國會強大的支持臺灣的力量，進而加強「臺灣關係法」自然成為無可選擇的餘地。

「臺灣關係法」的內涵能不斷充實與日俱增，實由於近二十年來我國推行民主改革不遺餘力，具體成果有目共睹，得以贏得美國朝野的信心，且與對岸中共壓制人權繼續實施共產專政，形成鮮明的對比。

## ㈢「臺灣關係法」歷久彌新：

回顧一九七九年美國承認中共與我斷交之時，若無國會的議員對卡特政府提出「臺灣關係法」對臺灣安全加以保障，其後果實難以想像。美國與日本、南韓、菲律賓均有雙邊協防條約，但對臺灣因無正式外交關係，現在通過單方國內法來協助臺灣的防衛能力，嚇阻中共對台的軍事行動，雖屬特殊，卻是二十年來臺灣維持和平穩定的關鍵因素。

「臺灣關係法」的安全條款有四：1.提供防禦性武器，使臺灣維持足夠的自衛能力；2.與中共建交乃基於期望臺灣問題未來以和平方式解決，美國關心任何非和平手段的使用；3.美國需維持能力以因應任何對臺灣的非和平行動；4.總統與國會依美國憲法程序，採取適當行動，對付威脅臺灣的情勢。

前項規定具有相當彈性，亦可能尚有相當模糊之處，其執行程度端視華府的態度而決定，由於國會對此法的重視與推動，美國政府也確認「臺灣關係法」的位階在「三個公報」以上。

過去「臺灣所要求獲得的各項精密武器系統，美國的承諾並不能滿足吾人的需求，然每當中共文攻武嚇之後，美國政府常祭出「臺灣關係法」以為抵擋。且每當臺灣海峽有事，美國即派遣航空母艦防衛系統，正足以說明美國對美國對亞太地區安全維護的承諾。

最重要的是「臺灣關係法」在扮演穩定台海和平上已經形成重要的角色，由於它是強調以和平的方式來解決兩岸未來的若干問題。既不促進速「統」，也不防止「漸統」；既不促進防「獨」，也不防止「漸獨」。在此「臺灣關係法」二十週年紀念之際，有若干中美學者專家舉行參觀研討會，對此一問題的回顧與前瞻，雖可供美國政府及台海兩岸的參考，然政治問題的千變萬化，仍非數學公式可以計算測量。總之，可以預見臺灣的均勢維持，可能在三年五年，甚至十年八年，難能有鉅大變化。

則「臺灣關係法」的持續存在、歷久彌新，將來內涵益趨充實，意義愈來愈大，是可以斷言的。

〔原載一九九七、一一、《會計與管理旬刊》第一二六九期〕

# 遏止社會奢靡風氣　嚴整貪污舞弊

## 一、前　言

推行行政革新，禁絕貪污舞弊，是歷任總統與行政院長就任時所宣布的施政要點，多年來推行此項政策，不能說毫無功效，然而虛心檢討，進步幅度不大，是可以斷言的。如臺北大學土地案，各種類型監守自盜案，尤其在此次九二一大地震中所暴露的因建商偷工減料導致大廈陷場，造成數百人死亡案，更是觸目驚心，令人髮指。

在選舉過程中，黑金與暴力，久為國民所詬病。此項劣質選舉文化，至今亦仍未能根絕。甚至有人傳言，「送紅包不一定能夠當選，但不送紅包絕對不能當選」。這幾年政府對此痛下決心，大力檢肅，雖也略有進步，然清者自清，濁者自濁，每次選戰時均難免黑金的出現。

我國經濟發展突飛猛進，一向以下一世紀進入已開發的現代化國家為目標。然而如果社會建設、文化建設不能同時跟進，則經濟建設雖然向前邁進，如果沒有現化的社會和現代化的國民，跟著經濟一齊向前並進，則不僅難蒙其益，更可能反蒙其害。在高經濟成長下所帶來社會奢靡風氣，往往造成許多罪惡的淵藪。

## 二、國際行賄指數評比值得警惕

德國柏林設有國際透明組織（簡稱TI）於一九九九年十月二十六日在華府、柏林、倫敦同步發表一項全球年度貪污賄賂情形評比報告。兩份報告都可以看出論行賄或受賄而言，北歐國家最優，美國居中，亞洲及東歐開發中國家貪污賄賂情形較為嚴重。

此一民間非營利組織委託給名聞國際的蓋洛普民意調查機構進行調查，可分為「行賄者指數（BTI）」（附表一）及「貪污印象指數（CPI）」兩個部分（附表二）。前者去（一九九九）年才開始發表；後者已發布了五個年頭。

表一　1999年19大出口國行賄指數排行榜

| 排名 | 國　　家 | 指數 |
|---|---|---|
| 1 | 瑞典 | 8.3 |
| 2 | 澳洲 | 8.1 |
| 3 | 加拿大 | 8.1 |
| 4 | 奧地利 | 7.8 |
| 5 | 瑞士 | 7.7 |
| 6 | 荷蘭 | 7.4 |
| 7 | 英國 | 7.2 |
| 8 | 比利時 | 6.8 |
| 9 | 德國 | 6.2 |
| 10 | 美國 | 6.2 |
| 11 | 新加坡 | 5.7 |
| 12 | 西班牙 | 5.3 |
| 13 | 法國 | 5.2 |
| 14 | 日本 | 5.1 |
| 15 | 馬來西亞 | 3.9 |
| 16 | 義大利 | 3.7 |
| 17 | 台灣 | 3.5 |
| 18 | 南韓 | 3.4 |
| 19 | 中國（包括香港） | 3.1 |

表二　1999 年國家受賄印象指數排名

| 排名 | 國家 | 指數 | 排名 | 國家 | 指數 | 排名 | 國家 | 指數 |
|---|---|---|---|---|---|---|---|---|
| 1 | 丹麥 | 10 | 34 | 突尼西亞 | 5.0 | 63 | 羅馬尼亞 | 3.3 |
| 2 | 芬蘭 | 9.8 | 34 | 南非 | 5.0 | 68 | 泰國 | 3.2 |
| 3 | 紐西蘭 | 9.4 | 36 | 希臘 | 4.9 | 68 | 瓜地馬拉 | 3.2 |
| 3 | 瑞典 | 9.4 | 36 | 模里西斯 | 4.9 | 70 | 尼加拉以 | 3.1 |
| 5 | 加拿大 | 9.2 | 38 | 義大利 | 4.7 | 71 | 阿根廷 | 3.0 |
| 5 | 冰島 | 9.2 | 39 | 捷克 | 4.6 | 72 | 哥倫比亞 | 2.9 |
| 7 | 新加坡 | 9.1 | 40 | 秘魯 | 4.5 | 72 | 印度 | 2.9 |
| 8 | 荷蘭 | 9.0 | 41 | 約旦 | 4.4 | 74 | 克羅埃西亞 | 2.7 |
| 9 | 挪威 | 8.9 | 41 | 烏拉圭 | 4.4 | 75 | 象牙海岸 | 2.6 |
| 9 | 瑞士 | 8.9 | 43 | 蒙古 | 4.3 | 75 | 摩多瓦 | 2.6 |
| 11 | 盧森堡 | 8.8 | 44 | 波蘭 | 4.2 | 75 | 烏克蘭 | 2.6 |
| 12 | 澳洲 | 8.7 | 45 | 巴西 | 4.1 | 75 | 委內瑞拉 | 2.6 |
| 13 | 英國 | 8.6 | 45 | 馬拉威 | 4.1 | 75 | 越南 | 2.6 |
| 14 | 德國 | 8.0 | 45 | 摩洛哥 | 4.1 | 80 | 亞美尼亞 | 2.5 |
| 15 | 香港 | 7.7 | 45 | 辛巴威 | 4.1 | 80 | 玻利維亞 | 2.5 |
| 15 | 愛爾蘭 | 7.7 | 45 | 薩爾瓦多 | 4.1 | 82 | 厄瓜多 | 2.4 |
| 17 | 奧地利 | 7.6 | 50 | 牙買加 | 3.8 | 82 | 俄羅斯 | 2.4 |
| 18 | 美國 | 7.5 | 50 | 立陶宛 | 3.8 | 84 | 阿爾巴尼亞 | 2.3 |
| 19 | 智利 | 6.9 | 50 | 南韓 | 3.8 | 84 | 喬治亞 | 2.3 |
| 20 | 以色列 | 6.8 | 53 | 斯洛伐克 | 3.7 | 84 | 哈薩克 | 2.3 |
| 21 | 葡萄牙 | 6.7 | 54 | 菲律賓 | 3.6 | 87 | 吉爾吉斯 | 2.2 |
| 22 | 法國 | 6.6 | 54 | 土耳其 | 3.6 | 87 | 巴基斯坦 | 2.2 |
| 22 | 西班牙 | 6.6 | 56 | 莫三比克 | 3.5 | 87 | 烏干達 | 2.2 |
| 24 | 波札那 | 6.1 | 56 | 尚比亞 | 3.5 | 90 | 肯亞 | 2.0 |
| 25 | 日本 | 6.0 | 58 | 白俄羅斯 | 3.4 | 90 | 巴拉圭 | 2.0 |
| 25 | 斯洛文尼亞 | 6.0 | 58 | 中國 | 3.4 | 90 | 南斯拉夫 | 2.0 |
| 27 | 愛沙尼亞 | 5.7 | 58 | 拉脫維亞 | 3.4 | 93 | 坦尚尼亞 | 1.9 |
| 28 | 台灣 | 5.6 | 58 | 墨西哥 | 3.4 | 94 | 宏都拉斯 | 1.8 |
| 29 | 比利時 | 5.3 | 58 | 塞納加爾 | 3.4 | 94 | 烏茲別克 | 1.8 |
| 29 | 那密比亞 | 5.3 | 63 | 保加利亞 | 3.3 | 96 | 亞塞拜然 | 1.7 |
| 31 | 匈牙利 | 5.2 | 63 | 埃及 | 3.3 | 96 | 印尼 | 1.7 |
| 32 | 哥斯大黎加 | 5.1 | 63 | 迦納 | 3.3 | 98 | 奈及利亞 | 1.6 |
| 32 | 馬來西亞 | 5.1 | 63 | 馬其頓 | 3.3 | 99 | 喀麥隆 | 1.5 |

表一「一九九九年十九大出口國行賄指數排行榜」是針對全球十九個主要出口國的重要企業進行調查，問卷設計的目的，即在用以評鑑那些國家的企業，在從事國際貿易時行賄的情形比較嚴重。從表一上可以明白看出最優的前五名是：瑞典、澳洲、加拿大、奧地利、瑞士。而較差的後五名是：馬來西亞、義大利、臺灣、南非、中國大陸（含香港），臺灣忝居倒數第三名。

表二「一九九九年國家受賄印象指數排行」，過去已有四個年度發表類此報告，去（一九九九）年共選出九十九個國家舉行此項調查，去年僅選出八十五個國家調查，今年比去年多選十四個國家。從附表二來觀察，全球最廉潔的國家前十名依次是：丹麥、芬蘭、紐西蘭、瑞典、加拿大、冰島、新加坡、荷蘭、挪威、瑞士。我國位居第二十八名，而亞洲四小龍中除新加坡高居前七名已知前述外，我國二十八名居次，南韓居五十名，大陸遠落第五十八名。香港則高居第十五名，如與大陸合併計算，亦將被拖落名次。

我國對於防止貪污舞弊，雖然已經採取很多措施，的確也有些進步，不過談到弊絕風清的目標，距離理想尚遠。不要說與北歐、澳、紐等國家相比，即與亞洲四小龍的新加坡相比，亦落後甚多。

前面兩項國際行賄指數評比，雖然不一定百分之百可靠，然而此種公諸於全世界且經過若干專家所評估的數字，仍有其相當的可信度。他山之石，可以攻錯，檢討自己，借鏡別人，才有進步。當「我們已經從開發中國家堅強的挺起胸膛，即將進入已開發國家之林的重要關頭，要想更上層樓，根絕貪污行賄、黑金暴力，已到刻不容緩的時候。所以我們不可忽視此一項國際評比的重要參考資料。

更不能忌疾諱醫，故步自封，反而形成進步的絆腳石。

## 三、檢討與策進

我國迭次推行行政革新，均將防止貪瀆列為重要項目，並屢訂多項方案，甚至調整組織，設置專管政風單位，各主管機關亦雷厲風行，然仍難以完全遏阻貪風，除政府採行措施外，特就淺見提供檢討與策進，淺見如次：

**㈠遏止社會奢靡，導向純僕風尚。**

由於經濟發展迅速，國民生活顯著改進，在工商社會中難免交際應酬，一席酒筵動輒數萬金。婚壽喜慶無論是否公務人員，每每席開百數十桌，所有親友、業務關係機構人員，網羅殆盡。聲色場所，燈紅酒綠，通霄達旦，其間藏污納垢，不在話下。社會生活趨於奢靡，往往消費非一般國民收入所能負擔。人性弱點容易攻破，行賄受賄漸成風氣。選舉熱季，黑金暴力頻傳，值得深切省思。過去蔣經國先生擔任行政院長時，大力倡導「公務人員十項行政革新」與「八項社會革新」，風氣為之一振。今天固然已進入更開放自由的社會，然較諸若干已開發的先進國家，其奢靡風氣似有過之而無不及。為消彌貪瀆的根源，遏止社會不良風氣，實應亟謀對策。

**㈡高低收入比例，差距愈趨加大。**

我國在經濟發展過程中，一再強調保持合理貧富差距為目標，其計算方法係以將國民所得區分為五個等級，在此五個等級差距之中，力求保持合理的比例。惟多年以來由於經濟發展迅速，此等差距愈益拉大。不談若干偏遠地區，以及弱勢國民生活難以維持，即中低級公務人員，每有終身積蓄難以購得一屋，早期退休人員與現職人員待遇差距愈大。每遇災難時從媒體上見到一些鏡頭，可證社會福利，尚難滿足貧困國民的需求。凡此種種，卻達到我三民主義節制資本，平均地權的均富目標，似尚有一段距離。

㈢移風易俗，存誠務實。

我國號稱「禮儀之邦」，好客多禮。惟歷代相傳，早已變質。我國人常說「禮多人不怪」，凡事「情、理、法」，又以「情」字居先，「理」字居次，「法」字殿後。常常認為送個「紅包」是人情之常，帶份禮品是必要的禮數。如果認為此類行為是普遍習俗，不以為意，則見微知著由小成大。而婚喪喜事，過份舖張，凡事不走正路而走後門，難免不是形成行賄受賄的主要原因。當然移風易俗，以及傳統的優良文化，已經扭曲走樣。如何糾正歪風，教育、文化、民教、社會等主管機關，自應檢討改進，

## 四、嚴肅官箴，標本兼施，根絕貪瀆。

近年以來輿論報導各種行賄受賄案件，大多可以預估而未能預防；可監督而未盡監督之責。得移送司法又可能一拖數載，即或予以制裁，已失時效。無論在治本或治標方面如何預防犯罪的發生；各

級主管人員盡到監督考核的責任，如何能夠嚴密各項作業程序，使無違紀犯罪的機會；及時懲治、連帶負責等各項措施。務求弊絕風清，使我國在國際社會中的政治與經濟的觀感更上層樓。

最後我們也向堅定崗位，廉潔公正的大多數公務人員以崇高的敬意，希望他們能作為標竿，帶動優良政治與社會風氣，邁向跨世紀、現代化國家的新里程。

〔原載二〇〇〇、三、《會計與管理旬刊》第一二八四期〕

# 絕不願觀賞在海峽上演的劇本

## 一、前　言

由於李總統登輝先生提出的兩國論，或特殊的國與國關係，所引發的海峽兩岸對話已近乎中止。我國政府自李總統起，以及連副總統、蕭院長、胡院長、蘇主任委員、辜董事長等，甚至支持此一論點的民進黨，雖一再解說，並低調此一問題，但終難為彼岸所接受。

大陸委員會，針對李總統於所提「兩岸關係是特殊的國與國關係」及辜董事長發表重要談話未為大陸海協會所接受後，完成一補充研究，其核心部份是以兩岸一九九二年達成的「一個中國，各自表述」的共識為出發點，首先表明我們反對中共「一個中國原則」在兩岸交流中矮化我方，並作為兩岸對話的前提，視我為「地方政府」，極力封殺我國際生存空間，使兩岸現有事實被忽視。談話特為「一個中國」之定義為「未來的，民主統一的新中國」，同時因為兩岸以往曾「各自表述」雙方立場，我方稱中華民國，對方稱「中華人民共和國」，也等於是「特殊的國與國關係」的另一種表現方式。

大陸能否為此事一再的解釋而改變其初衷，已不可能。吾人須知共產黨由鬥爭起家，是談判的能手，我們面對此一勁敵，遠非一般外交關係的談判可能比擬。更進而至於戰略政略、甚至謀略戰。如果雙方的主張可藉「各自表述」，又何必事先大張旗鼓導致難以收場呢。兵法說：「能而示之不能，用而示之不用，近而示之遠，遠而示之近，利而誘之。亂而取之，實而備之，強而避之，怒而撓之，卑而驕之，佚而勞之，親而離之。」自可引以為鑑。

## 二、中共以武力犯臺的時機

在海峽兩岸已面臨到緊張的時機，甚至中共曾使用過文攻武嚇等各種手段時，李總統登輝先生曾經宣佈，我們正準備好了十八個或十五個劇本，隨時可以上演。這是指為防止中共以武力犯臺，國軍已準備妥了各種防制的方案，依照狀況可以選擇其中某一方案來因應，可以說是完成戰備、以策萬全，不論中共採取那一行動，國軍均可應對無虞，不是虛應。用「劇本」二字是以幽默、輕鬆的口吻，讓國民安全放心的意思。

據報導，中共國務院副總理錢其琛在出席解放軍總參謀部長開的軍級幹部會議時，曾述及中共將於適當時機公布「解決國家統一問題方案」，重申兩岸的統一不能久拖不決。中共中央將於三、五年內公布「解決台灣問題方案」，並將鄭重宣布倘若出現以下五種狀況，中央即不惜以軍事手段實現國家統一。此五種狀況為：

第一、臺灣當局宣布「臺獨」或「獨臺」，脫離中國。
第二、外國勢力操縱或控制台灣政局。
第三、臺灣加入外國軍事組織、針對中國。
第四、臺灣當局製造核武器或由外國在台灣布署核武器。
第五、臺灣當局堅持兩岸敵對的狀態，拒絕以和平方式在「一個中國」前提下，解決國家統一。

就以上五種狀況來說，其實際性也非常之大，因為在某種狀況之下，端看對方如何解釋而定，因此，如果沒有「臺灣關係法」在美國維持臺灣均勢的情形下，可說中共可以任何藉口來對臺海挑釁。

## 三、應付海峽危機應對的可能劇本

我們稱海峽危機應對的作戰計畫方案為「劇本」，雖然幽默但卻不夠嚴肅因為軍事作戰計畫各項方案」想制敵求勝是要付出相當代價的，甚至是犧牲千百條的生命，這是一項很嚴肅的事。

就戰略戰術觀點及軍事參謀業務而言，我們因應對策可能發生的各種狀況，都可能訂定了計畫，過去作戰每個計畫都可能訂出甲、乙、丙、丁等方案。其實現代軍事科學資訊的應用，已經一日千里從電腦兵棋中可以產生幾百個方案，「兩害相權取其輕，兩利相權取其重」，我們可從戰略戰術正當的觀點選擇利多害少的方案，然而如此演變自可能不止十五個或十八個劇本了。

至於在軍事上所訂妥了的各種方案，究竟其內容如何，我們不能也無此必要加以臆測，然而國軍基於防衛立場及一貫國策，我們絕不會主動發動戰爭。主要是根據中共所發動的冷熱戰各種可能狀況來執行作戰計畫和因應方案。至於中共可能挑起的狀況，就當前兩岸情勢戰略戰術觀點判斷，不難作以下假設：

甲類：一般及特種情報戰

1.加強間諜滲透，蒐集情報與破壞社會治安；

2.有計畫破壞我後方水、電等重要能源設施；

3.以空軍、海軍加強海空情報搜索；

4.以小規模的戰鬥部隊行威力搜索。

乙類：封鎖或恫嚇行動

1.全面或局部對我海島加以封鎖；

2.大量漁船侵入我海域擾亂海峽安全；

3.在我四週發射飛彈以示恫嚇；

丙類：局部戰爭或先制性戰爭

1.砲戰（金門或馬祖）；

2.空降作戰；

3.空戰（預期或不預期）；

4.海戰（預期或不預期）；

丁類：突擊作戰，局部或全面戰爭

1.攻擊金門或突擊離島；

2.攻擊馬祖或突擊離島；

3.攻擊澎湖或突擊離島；

4.全面攻擊台灣本島（目前中共尚無此能力）。

以上僅就可能行動加以判斷，而在以上十五種假設狀況中，尚可能會時發生數種狀況，或一種狀況下演變出數種行動，所以可說千變萬化，不可勝數了。

雖然我們列舉出的中共行動可能的十五種狀況，然而國人不應庸人自擾，徒自驚慌，亦不應失卻危機意識，缺乏全民國防人人有責的觀念。目前在美國全球性戰略之下，堅守「台灣關係法」維持海峽均勢不遺餘力，中共卻冒此大不諱貿然犯台，亦不至於輕舉妄動。

## 四、結　語

美國助理國務卿陸士達近期在參院外交與國防委員會，討論有關「臺灣安全強化法案」的聽證會時說明：台灣目前究竟處於何種階段，關鍵是兩岸政府怎麼做。美國在過去四十八小時內（按指八月二、三兩日）不止一次、而是六次在華府、北京與台北間傳達同樣訊息，亦即希望兩岸自制，不要走向衝突，注意隨時可能發生的風險。兩岸如果發生衝突不符合任何一方利益，也不符合美國的利益，應該避免任何可能導致衝突的發生。

旨哉。陸士達先生之言。吾人不管兩國論或特殊國與國關係的動機如何，然其後果已可判見。總之，我們中華民國在臺澎金馬的每一位國民，一定絕不願意觀賞在海峽可能上演的慘痛劇本。「處變不驚，莊敬自強」，仍是我們的座右銘。

〔原載二〇〇〇、三、《會計與管理旬刊》第一二八一期〕

# ＴＭＤ戰區防禦系統的發展與因應

## 一、美國的飛彈防禦系統

此項戰略防禦系統包括下列各項：

㈠全國飛彈防禦系統，簡稱NMD（National Miasile Defence），美國計畫在全國五十個州部署反飛彈系統，以抵禦一些敵對國家可以長程飛彈攻擊美國。此一系統的造價約一〇五億美元。

㈡戰區高空防禦系統，簡稱THAD（Theater High-Altitude Area Defence），一種以陸上為基地的反飛彈系統，惟曾五度嘗試攔截一枚目標飛彈，但演習均遭失敗，仍準備繼續改進試驗中。

㈢海軍戰區系統，簡稱NTW（Navy Theater Wide），是一種以海上為基地的反飛彈系統，尚在計畫發展之中，以便與前者戰區高空防禦系統競爭，然後在二〇〇〇年底比較兩者的優劣，以決定以那一系統為預定在二〇〇七年時部署反飛彈的主要系統。

㈣中程擴大防空系統，簡稱MEAD（Medium Extanded Air Deftence System），是美、德、義之間軍事合作計畫，華府將在三年內提撥一億五〇〇〇萬美元來資助這項計畫的發展。

## 二、繼續發展ＴＭＤ戰區飛彈防禦系統

我們都知道在軍事思想上，沒有一種防禦的方法是可以獲得絕對安全保障的，而攻擊才是唯一可以制勝的手段。然而美國是民主陣營中的領導國家，向來遵守憲法恪守和平、人不犯我、我不犯人為基本立國精神，因此，花費鉅額國防經費來建立強大的國防武力，特別在防禦備戰方面，仍為其必要的方式。

從前節所述已經在執行或尚在研究發展試驗中的四種飛彈防禦系統而言，或以美國本土為主，或以海上為主，或以戰區高空為主，或以與歐洲國軍事合作計畫為主，但基於美國全球性戰略考慮，對於亞洲太平洋由東北亞迄東南亞的防線，仍屬極為主要。雖然近年與中共已藉著多項協議，諒解與共識，而北韓曾試射長程飛彈，中共最近在對臺灣部署的陸上地對地飛彈及未來數年計畫的數量已達到六〇〇餘枚，對於由日本、南韓、以迄台灣的防線的數量已受到威脅。因此，乃發動在東南亞部署TMD 戰區防禦飛彈系統的計畫，並促使有關盟國共同參與此一計畫，群策群力，建立聯防系統，一面加強盟國武器系統的研發能力，一面亦可節省美國經費負擔。

對於 TMD 的認知，也尚有不同的看法。我國外交部官員表示：TMD 就像防彈衣，好像家有惡鄰，整天把我家牆壁當成他打靶的地方，我們參與此一系統的研發，好像備有防彈衣保險。不過 TMD 目前仍在研發階段，我國是否參加，如何參加，亦尚在考慮之中，迄未定案。

據有關資料研析，TMD至少到目前為止尚不具備充分防禦飛彈攻擊的能力；而展望未來十年或更長的時間，TMD也只可能作為一種搭配嚇阻性能戰略武器。事實上，發展TMD或NMD的飛彈防禦系統，已在軍事思想上逐漸形成一種防禦性的嚇阻戰略。亦可謂當核武戰略武器提出裁減思潮之際，核武也已經發展到了極限；未來的國際核武戰略重心將轉移到比較那一方擁有防禦性嚇阻武器多寡的階段。

我們應該認清，TMD戰區飛彈防禦網是一套極為精密的而且複雜的科技組合，但不是購買幾艘神盾級飛彈驅逐艦，或增加幾枚愛國者飛彈即可濟事的。如進一步加以說明，戰區飛彈防禦系統不僅是飛彈本身，而是著重在衛星監視的嚴密性與地面上早期預製系統的密切配合。依專家的構想，反飛彈系統最佳的攔裁時間是在敵方導彈飛出大氣層外的時機。因在理論上此一時間較有充裕時間來推算其進行時速，可指揮地面攔截飛彈有效予以摧毀，否則成功的機會較小。美國除了部署監視衛星以外，更在地面上部署了預警系統，稱為雙保險的（double checle）多處X頻率（X-fand）雷達站來計算敵方飛彈的行程、位置，此乃發展反飛彈系統當務之急，此點我國科技尚落後很多。

## 三、中共對TMD的反應

雖然美國國防部長柯恩說明，TMD不會威脅中共，「TMD絕對不會對中共構成威脅，所以我不能接受中共指責發展TMD是鹵莽和不負責任的說法」。但中共一再表示，擔心規模龐大的戰區飛彈防禦系統，可能破壞此一地區軍事平衡，而且中共也對台灣可能納入保護網表示不滿。

**中共外交部發言人表示：**

「美國如將臺灣納入戰區飛彈防禦系統，將是嚴重違背國際法基本準則，違反中共與美國三個聯合公報原則的事態，必將為雙方關係的改善和發展設置障礙，亦對利於亞太地區的安全與穩定。希望美方不要向臺灣轉讓飛彈防禦系統以及相關技術設備，以免損害兩國關係」。

中共在香港喉舌的文匯報，更在一版頭條新聞中，引述中共權威部門官員談話說：

「美國若將台灣納入戰區飛彈防禦系統，等於是把台灣列入自己的安全合作範圍，是對中共主權的嚴重侵犯和干涉，中共必將作出反應，並作出相應的軍事調整。該權威官員還警告說，不要對中共將做出反應持有任何疑義，一九九六年中共在台灣海峽舉行的大規模軍事演習，就是這種決心和能力的體現」。

中共對美國TMD計畫的反應，不僅止於兩岸關係，而在畏懼多年來苦心經營的國防武力包括飛彈系統，一旦在美國TMD建立以後，再難逞稱霸的野心。

試觀當日本政府正式決定，將自一九九九年度開始參與美國TMD系統的研發，並計畫在二〇〇二年發射四顆軍事偵察衛星，作為TMD建設的一部分。日本之後宣布為發展軍用偵察衛星將撥款九七〇〇萬美元。中共立即發出警告，表示至為關切此等決定的軍事與政治內涵，以及對東亞乃至全球所產生的影響，更進一步希望日本信守防衛與和平政策，勿參與TMD計畫，以免引發軍備競爭恐嚇日本。

中共更進一步遊說俄國出面反對，而俄國國內經濟問題嚴重，一蹶不振，自顧不暇。且TMD目標係針對短程戰術彈導飛彈為主，並非涉及洲際飛彈，際此俄國尚在多方仰賴美國援助之時，自亦不願出面反對此一計畫。

總之，中共絕不贊成美國TMD計畫的研究與成功，以免自日本、台灣、南韓等都納入此一防禦系統，而喪失了中共的霸權主義。

## 四、我國因應之道

㈠華府應使台灣免於飛彈威脅，美國新澤西州民主黨籍眾議員安德魯斯巴歐函眾院，協助台灣人民的安全向為美國所關切，因此他已提第二十二號共同決議案，要求柯林頓總統尋求中共公開宣布放棄對臺灣使用武力。

㈡中共武嚇促使台灣尋求TMD：倫敦金融時報報導，過去中共向臺灣附近海域試射飛彈，已使區域安全受到威脅，今據美國國防部報導，中共現在已在臺灣對岸部署了二〇〇枚M—九和M—十一彈導飛彈並瞄準臺灣，並計畫在未來數年增加到六五〇枚左右。由於此種威脅日益增加，如台灣參加TMD計畫，不僅可以減少此項威脅，且可促進與美國關係與日俱增。

㈢國防部正詳細評估此決定是否參與：反對我國參與美國TMD者主要認為花費經費太多，目前兩岸正發展開兩會協商，免於激起中共的報復，無補於我國國防實力等理由。主張參與TMD者則認為中共迄未放棄武力犯台，台灣為美國太平洋防線重要的一環，參與後不僅在軍事科技發展上可獲裨益，即在政治上亦可藉以與盟國增進關係，且TMD本身亦以嚇阻為主要目的，當不致因此而導致戰爭。國防部當會作詳細評估再由當局決定。報載郝伯村將軍則認為無參與TMD的必要；筆者未盡苟同其意見，認為參與此一計畫初步評估似屬利多弊少，無論在政略與戰略方面，均可爭取主動的地位。

(四)純從政治方面考量我外交部已表達加入TMD明確立場：外交部表示，中美雙方針對我國加入TMD的議題，保持良好的協商及管道，美方對我政府的立場亦有相當的瞭解。我外交部已向美方提出三項原則：1.希望美國能實現過去承諾的六大保證；2.對於我加入TMD的意願，不對中共進行諮商，保持「選項開放」，此乃作為一個主權國家的決定，美國至今仍未承認中共對臺灣有主權；3.希望和平解決臺灣問題與美方完全一致，希望能藉由台灣經濟、民生成就及經驗，共同營造「三贏」的局面，以上立場已甚明確。

〔原載一九九九、三、《會計與管理旬刊》第一二四七期〕

# 施政計畫與中程施政計畫

## 一、前言

民國八十八年會計年度總預算已經立法院在民國八十七年五月三十一日審查修正通過，並經行政院頒布實施，新會計年度第一季已在開始執行。八十八年度行政院所屬各機關年度施政計畫亦同時核定實施。

行政院主計處會同行政院研考會等有關機關，正大力推動「中程計畫與預算制度」，其基本架構係依「長程國家建設綱領」之指導，發展「中程國家建設計畫」與「政府中程收支推估」；依序發展「中程資源分配」與「各部會中程施政計畫」；進而策訂「年度預算額度分配」與「各部會年度施政計畫」，形成國家建設整體規劃之計畫與預算制度。此一制度已於本（八十八）會計年度實施。筆者曾撰寫「政府推動中程計畫預算制度的展望」乙文在本刊一二一八期發表，主要說明對此項計畫制度之建立與發展，甚值肯定。在今後努力的方向中，亦提出五項建議供主管機關參考。

筆者研究施政計畫制度多年，十年前即曾撰文主張建立中程施政計畫制度。獲悉行政院主計處規劃建立「中程計畫與預算制度」時，即曾將拙見函請行政院主計處韋主計長參考，旨在厘清施政計畫之本質，與中程施政計畫之性質，若干觀點，多蒙韋主計長函復採納與重視。

本文將以說明年度施政計畫與中程施政計畫之正確涵義與特質為主要結論範圍，冀以避免將施政計畫與一般國家建設計畫混淆，并提供主管部門爾後發展中程施政計畫之參擇。

## 二、施政計畫的意義

從一般字面上的概念來說，凡屬於政府推行政策的計畫，無不全屬於施政範圍，這種廣義的解釋，實在容易引起誤解。

施政計畫有其特定的意義和法定的意義。

根據我國憲法第五十七條：「行政院有向立法院提出施政方針及施政報告之責」。施政方針乃施政計畫的前奏。

預算法第二條：「各主管機關依其政計畫初步估計之收支、稱概算；……」，此處施政計畫即指年度工作計畫。

中央政府總預算編審辦法第二條：「中央政府各主管機關應遵照施政方針擬定施政計畫，根據計畫編製歲出歲入概算，前項施政計畫之策訂及概算之編製，應依中共暨地方各級政府預算收支方針之規定，就下一會計年度應興辦之事項，通盤考量，妥為規劃，把握優先次序辦理」。

行政院年度施政計畫編審辦法中：「行政院為使所屬各部會處局署及省市政府年度施政計畫之編審作業有統一之準備，特訂定本辦法」。「行政院審度國內外情勢，並衡酌總資源供需趨勢與國家建設需要，策訂年度施政方針，呈報總統核定後，分行各機關，作為厘訂施政計畫之依據」。

另從學者專家及美國軍方對施政計畫之意義例舉如次：

「施政計畫乃行政行為的方案，係用在規定時間內如一個年度，達成所預定目標」。

「施政計畫乃某單位在在特定會計年度內，所主管業務的一種行動計畫」。

「施政計畫是單位主管用以表明年度工作方案的主要工具，依其發展與執行，使能達成該單位所負使命」。

「施政計畫是一種衡計單位作業速率的計畫，藉由此一計畫的執行，以顯示該單位如何從現在地位（年度開始），以達到奉核定的目標（年度終了時）」。

如就英文"program"一字含義而言，譯為「計畫」或「方案」似無所謂「施政」之涵義在內。美軍將"oprating program"定為「年度施政計畫」，國人譯為「作業計畫」或「工作計畫」，韓國政府則稱為「運營計畫」，亦所相當於我國之「年度施政計畫」。

雖然政府所有計畫皆為貫徹施政目標，推行政策與政令，卻非屬施政計畫特定範圍之內。如國土開發系列，經濟建設系列，文化建設與社會建設系列等，各皆有其個別之系統與涵義，似難以廣義的施政計畫來涵蓋，如果以國家整體規劃的觀點而言，施政計畫不過是整體規劃體系中的一個部分。

## 三、施政計畫的功能

㈠在國家整體規劃體系中為重要的環節：依據國家目標與政策，發展中、近、程計畫，依據長、中程計畫發展中程與年度施政計畫，緊密結合，形成整體規劃體系。

㈡在施政計畫與預算作業過程中，提供各項指導準則：如年度施政計畫編審辦法，總預算編審辦法，以及在計畫與預算審查會議中所產生的各項指導準則，以供計畫發展與執行的準繩。

㈢在施政計畫與預算作業過程中，產生各項重要文件。如施政方針，施政計畫先期作業概算、年度施政計畫、中央政府總預算等，構成整個施政計畫與預算完整制度。

㈣對年度內平時施政活動予以有系統的組織與指導管理：依據施政計畫將年度內應辦事項，明定具體目標、實施要領、權責區分、預算分配、執行進度等，可循序實施。而非臨時想到什麼再辦什麼。

㈤透過施政計畫制度，使計畫與預算能密切結合，有效運用，并能持續執行，使長、中程計畫亦能逐度付諸實施。

由以上施政計畫的各項功能言，可見其具有特定的意義，而非泛指政府所有計畫皆屬施政計畫之範圍。

## 四、中程施政計畫

施政計畫既有其特定的意義而有別於政府其他計畫，則中程施政計畫自亦有別於政府其他中程計畫。參考有關國家資料，政府各類建設計畫與施政計畫之關係概念示意如次圖：

從前者觀之，中程施政計畫與年度施政計畫在國家整體規畫體系中自有其特質與地位。然而中程施政計畫既有別於政府其他一般中程計畫，更不是五個年度施政計畫相加，或將原有年度施政計畫內容延伸為五個年度。吾人欲瞭解中程施政計畫的內容與作為方法，不妨參閱其他先進國家的模式。

美國國防部及各軍種視中程施政計畫為整體戰爭計畫制度中的重要一環。稱為「施政控制計畫」（Control Program）或主要施政計畫（Major Program）。其主要內容係將其他戰略性計畫目標，化成所需的兵力、設施、物質、研究發展、通信電子、訓練等中施政計畫。一面將戰略性目標數量化，一面確知分年度支援的數量與方法，以利年度施政計畫的策訂與增進其可行性。

比照前項原則，進一步研究行政院所屬各機關現有數百個中程計畫，似不妨依主管機關訂出下列中程施政計畫：

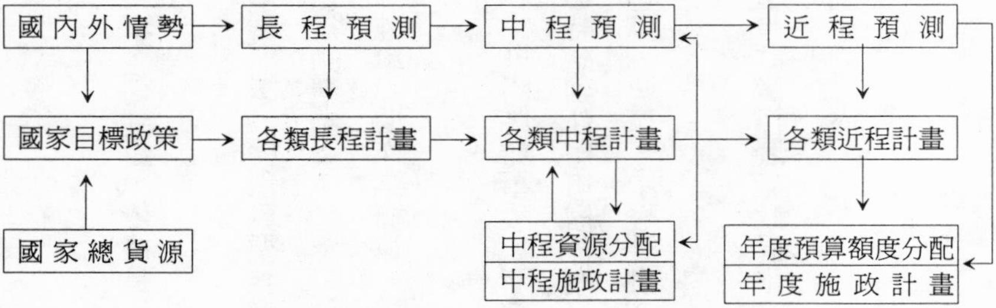

、
㈠組織員額中程施政計畫——依各項中程計畫統籌本機關五年增加之組織員額。
㈡土地及建築中程施政計畫——統籌五年所需之土地建築。
㈢車輛、油料中程施政計畫——統籌五年所需車輛油料。
㈣增添設施中程施政計畫——統籌五年所需增加之各項設備。
㈤資訊系統中程施政計畫——統籌五年所需增加電腦及器材。
㈥科技統籌中程施政計畫——統籌五年所需科技儀器。
㈦教育、訓練、出國深造、考察等中程施政計畫。

以上列舉僅供參考，建立前項計畫制度，則對於一般中程計畫的各項需求得以統籌，將來審查年度計畫預算時亦有所準繩，在提倡建立中程計畫預算制度」時，可供參考。

〔原載一九九八、一一、《會計與管理旬刊》第一二三三期〕

# 中程國情展望與施政計畫制度

## ——為推動中程計畫與預算制度重要之一環——

行政院主計處為推動建立中程計畫預算制度，已積極研討有關辦法，並已逐步試辦之中。今年三月一日為行政院研究發展委員會成立三十週年大慶，舉辦研考分類業務學術研討會。其中由綜合計畫處主辦者為「中程國情展望制度」暨「中程施政計畫制度之建立與展望」研討會。此兩制度之建度對「中程計畫與預算制度」之實施與推動，具有密切相連之關係。而擔任引言人之政治大學鄭興弟教授，經建會李高朝副主任委員、行政院主計處劉三錡副主計長、研考會張聰明副處長，均係學驗豐富之學者專家，引言內容至為精闢。筆者對有關文件詳加研讀，提出對以上制度之看法與意見具申，願供引言人、主管機關及有關讀者之參考，如有可供採納之處，則幸甚矣。

### 一、關於中程國情展望制度部分：

#### ㈠政大公共行政系鄭教授與第引言部分：

鄭教授搜集美、日方面相關資料，論述國家情勢展望未來發展之方向，引用若干現代新知，不僅對於國家情勢之展望更具有前瞻性之世界觀，其看法至為正確，且可對本制度未來之發展具有相當之誘導作用，至為敬佩。惟對於中程國家情勢展望之實際作業，似尚難有幫忙。

㈡行政院經建會李副主任委員高朝引言部分：

李副主任委員不僅為一經濟學家，更對於經建計畫之研究、理論、實務具有多年經驗。由其引言中所敘述之中程計畫的重要性、國家建設計畫的特質，以及新世紀的國建計畫發展方等內容，無不以經濟設計畫為背景，作為探討未來方向的依據。此等多年經驗之寶貴經驗，自值珍惜與參考。惟中程國情展望制度，與經建計畫之經濟預測、軍事計畫之判斷（或研判）極為接近，惜未能對經濟預測方向提供理論與實務之資料，俾可作更進一步之借鏡。然強調整體規劃，長中近程計畫的關係，尤其使中程國情展望制度、中程施政計畫、中程預算制度，以及長程國家建設展望與中程國家建設計畫等能在整體規劃中，建立一套明確、密切的整體關係。至表敬佩。

㈢研究意見具申

參閱鄭、李兩位先生論述及「行政院所屬各機關中程（八十八至九十一年）施政計畫編審作業注意事項」，深悉研考會綜計處對此項作業已殫精竭慮，週詳設計，細密規劃，能達成如此作業已屬極為難得，特申敬佩之意，仍就拙見提供下述建議，以供參考：

1.關於「中程國情展望制度」其重要性已不待言。過去國家安全會議每年均提供「國家情勢研判」致送行政院作為擬訂年度施政方針之參考。筆者由院調往國安會服務時即擔任主撰此項文化之責任，直至八十年度國家建設委員會撤銷為止。由當時二十位研究委員（如李模、薛錡、許家棟、張植珊、李建興、芮正皐、丁中江等均係一時之選）提供資料，亦曾分發行政院部會，不無參考價值。

2.美國國防部軍事戰略計畫體系中，均列有長中近程之「戰略情報（包括敵、友、我各方面）判斷」，以為策訂各期程戰略計畫之依據。且長程即為「長程戰略判斷」，中程則稱為「戰略目標計畫」，近程則稱之為「戰略能力計畫」，而施政計畫與前述戰略計畫另有區別。

3.參閱「施政計畫編審作業流程圖」所列「函請各機關提供撰擬環境總體『分析』相關資料」⋯部分：

(1)「環境總體分析」似宜正名為「中程國家情勢展望」。

(2)由各機關提供相關資料，似宜正名為：

「中程國際情勢展望」—外交部

「中程大陸情勢展望」—大陸會

「中程科技發展情勢展望」—國科會

「中程國家主要策略發展展望」⋯—研考會

其他（客觀與主觀情勢），

使能成為一個部門的正式文件，而非僅提供「資料」而已，最理想的是由研考會綜合策訂一項「中程國家情勢展望」文件。分發各部會參考發展以求各項計畫，以免流於形式。

## 二、關於中程施政計畫制度之建立與展望部分

### ㈠行政院主計處劉副主計長三錡引言部分

劉副主計長多年服務於主計部門，復為推動「建立中程計畫與預算作業制度」之主辦機關，長期參與此項制度之研究與推動建立作業，對於有關狀況了解深入自值敬佩。引言中對此項制度建立之緣起、重要性、基本架構等說明甚詳，更進一步提出建立此項制度之相關問題，以促進各機關配合發揮整體功能，使與會人員能對本案經過有進一步之認識與了解，有助我爾後之研討，深表敬佩。

### ㈡行政院研考會綜計處張副處長聰明引言部分

張副處長以研考會主辦機關主管，提出「中程施政計畫之建立與展望」。在背景與問題分析中，除分析相關情勢外，並提出當前我國計畫制度所存在之問題，頗能切中時弊。尤其蒐集美、加、荷、紐等國家有關資料，用為研究之參考與借鏡，旁徵博引，甚富價值。事實上此項制度已在研考會綜計處彙處中，張副處長全力規劃下，訂頒「行政院所屬各機關中程施政計畫編審作業注意事項」，並舉辦講習及推動內政部、教育部、交通部、經濟部四個機關試辦，已完成中程施政計畫報院。且在近年之中，主管單位對於有關中程計畫及年度施政計畫作業，亦不斷研究改進，訂定有關作業辦法與規定，成果頗為豐碩。對於引言人之學養有素、深入研究、為建立國家計畫制度所作之努力，良可敬佩。

### ㈢研究意見具申

基於筆者過去多年服務計畫部門及教學之經驗與認知，深切體會此項整體規劃體系對國家計畫未來發展關係至鉅，爰略申淺見，以期更臻完善。分述如次：

1.研究施政計畫認知上容易困惑之因素

(1)「施政計畫」一詞，以國人善用修詞來指年度計畫而言雖屬善甚，然常被人誤會加以廣義的解釋，認為凡政府為推行政務一切之計畫莫不屬於施政計畫範圍，乃導致一般計畫與施政計畫之混淆。其實施政計畫已成為與預配合之年度計畫之專有名詞。至於中程施政計畫，參考國外資料，亦有其特定涵義，與一般計畫有別。如將所有 plan program 等均譯為施政計畫，則大有研究餘地。美國國防部則將行政性、年度性等計畫用 program；將戰略（策略）性、戰術性計畫用 plan。如年度施政計畫稱為（operating program；中程施政計畫稱為 Control program 或 majer program；中程聯合戰略目標計畫稱為 joint & tratogic objective. plan。可供參考。又施政計畫一詞在預算法上既已明列，亦足以說明其具有特定性的涵義。

(2)各類別業務計畫體系，如綜合開發，區域及都市計畫系列；經濟計畫系列；軍事計畫系列；企業計畫系列等各有其特質，各類專業人員對計畫之認知亦不盡相同。目前欲使政府各部門、各類業務之計畫納入統一之整體規劃之下，自亦屬不易，主辦機關推動此項工作具有相當成果，良可敬佩。

2.目前規劃中之中程施政計畫制度，尚待研究釐清之問題，分述如次：

(1)年度及中程施政計畫是否應將其視為具有特定意義的計畫，而不宜以廣義的一般看法將政府有推行政務的計畫均視為施政計畫。此點依個人研究淺見，認為是肯定的。亦為建立中程施政計畫制度與年度施政計畫之基本認識與前題。

⑵施政計畫是否屬於策略性抑行政性計畫？此點參照引言人論述資料，似以認定偏重策略性計畫為主。固然任何計畫均離不開策略或政策，然施政計畫均係綜合其他計畫臚列目標與預算，並為與預算密切關聯之文件，其為兼具行政性與目標性計畫，較之策略性更為明確。而經濟建設計畫與中程施政計畫性質迥異，其具有策略性與目標性則至為明確。

⑶中程施政計畫在整體計畫體系中之位階問題，似仍有商榷之餘地。參閱中程計畫預算制度或面架構圖中所列「各部分中程施政計畫（含主要經建、科技及重要行政計畫）」係依據「行政院中程施政要點（或方針）及中程國家建設計畫」等，則彼此之位階仍感含混。僉認「中程施政計畫」之目標與預算既係依據「中長程重要經濟、科技及重要要政計畫」而產生，則其位階應在經建等計畫之次階，使彼此指導、依據關係能夠明確。且重要經建、科技等計畫，自亦與施政計畫有別。

⑷中程施政計畫之內涵問題，參閱研考會所訂編審作業注意事項所附格式草案已頗完備，此一由無到有之工作已屬不易。惟各部會中程施政計畫雖已明列四個年度分年度之分項目標並預估財務報表，為便於年度計畫預算審查，該機關需要增加多少編制、員額、建築、土地、車輛、設備等仍宜列入，以作為估算審核經費之依據。如「中程施政計畫」與其他相關計畫彼此指導關係明確後，則格式中所列若干部分似尚可予以簡化。

〔原載一九九四、四、《會計與管理旬刊》第一二五〇期〕

# 政府推動中程計畫預算制度的展望

## 一、前　言

拜讀行政院韋主計長端，在《研考雙月刊》第二〇一期所發表的宏文「論如何有效推動中程計畫預算作業制度」至表敬佩與肯定。其內容說明行政院主計處於八十五年八月，會同有關機關組成「中程計畫預作業制度推動小組」，舉行四次會議，經就政府現行計畫與預算作業，慎加檢討結果，完成「中程計畫預作業制度基本構想及架構」，其重點包括「長程國家建設綱領」及「中程國家建設計畫」為制度架構之主導中心，再由各主管機關據以制訂「中程施政計畫」。「中程國家建設計畫與「中程施政計畫」之執行，應與「中程財政收支推估結果」及「資源分配作業」相結合。並輔以「中長程重大建設計畫」之加強審議及額度控管等，如能全面實施，則國家之建設與發展，可按既定之中長程目標，循序作中長程之規劃及配合編列預算辦理，並使目前分散於各機關相關計畫與預算作業，得以有效整合，提升行政效能。

## 二、中程計畫預算制度之基本架構

由於原本頗長，茲僅摘其「中程計畫預算制度基本架構」如次圖，當可一目瞭解。筆者為便於說明起見，特將其中關鍵部分。亦即所謂主導核心加以粗線表示之；另將各相關作業加以編號。如最高指導之「長程建設綱領為A，新發展之「中程國家建設計畫」等系列為A、a1、a2、a3等；政府施政收支推估等系列為b、b2、b3、b4、b5、b6等；至於原有各種「中長程重要經建、科技及行政計畫等系列為B1、B2、B3等增加A與B1間之協調聯系線。

除發展體系及程序，已可顯示外，對資源合理分配部分，茲再補充如次：

㈠根據「中程財政收支推估」，設定「政府中程概算歲出規模，收支差短，支出成長幅度」。

㈡參酌長中程國家建設宣導與目標，以及各主管機關相關資料，擬訂中程資源分配方針」。繼而進行下一年度「歲出概算分配作業」。及以後三個年度「預算編製基本原則」，以利中程施政計畫與概算之規劃。

㈢前項方針與原則，經向院長簡報核定後據以擬訂「中央及地方各項政府預算收支方針」，提報院會核定後，再一併提報年度計畫及預算審查會議後首次討論決定，分行各主管部門據以辦理。

㈣以八十八年度作業為例，已參酌以上各項原則，除依例核定各主管機關次一年度歲出額度外，對於以後三個年度之概算額度，并加原則性規範，以利規劃中長程計畫之概算。

# 中程計畫預算制度基本構想圖

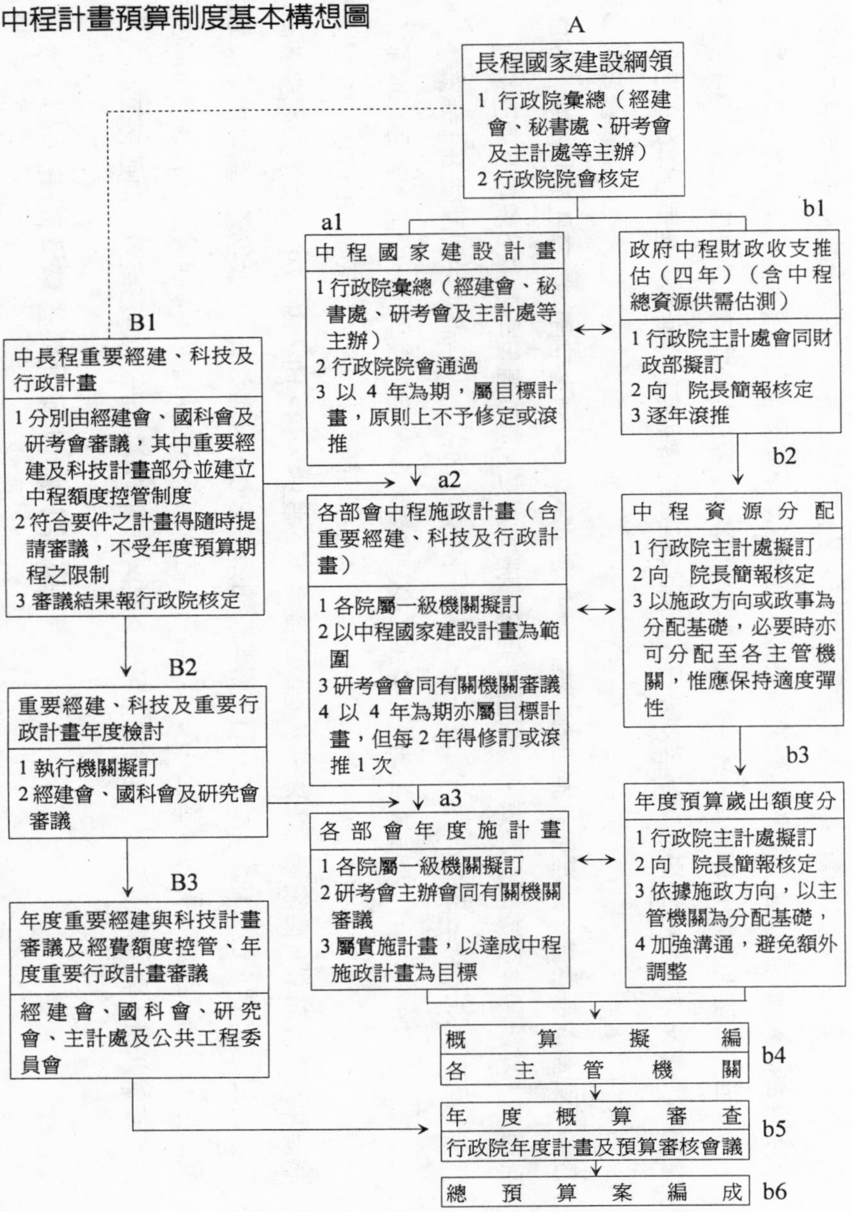
A
長程國家建設綱領
1 行政院彙總（經建會、秘書處、研考會及主計處等主辦）
2 行政院院會核定
a1
中程國家建設計畫
1 行政院彙總（經建會、秘書處、研考會及主計處等主辦）
2 行政院院會通過
3 以 4 年為期，屬目標計畫，原則上不予修定或滾推
b1
政府中程財政收支推估（四年）（含中程總資源供需估測）
1 行政院主計處會同財政部擬訂
2 向　院長簡報核定
3 逐年滾推
B1
中長程重要經建、科技及行政計畫
1 分別由經建會、國科會及研考會審議，其中重要經建及科技計畫部分並建立中程額度控管制度
2 符合要件之計畫得隨時提請審議，不受年度預算期程之限制
3 審議結果報行政院核定
a2
各部會中程施政計畫（含重要經建、科技及行政計畫）
1 各院屬一級機關擬訂
2 以中程國家建設計畫為範圍
3 研考會會同有關機關審議
4 以 4 年為期亦屬目標計畫，但每 2 年得修訂或滾推 1 次
b2
中程資源分配
1 行政院主計處擬訂
2 向　院長簡報核定
3 以施政方向或政事為分配基礎，必要時亦可分配至各主管機關，惟應保持適度彈性
B2
重要經建、科技及重要行政計畫年度檢討
1 執行機關擬訂
2 經建會、國科會及研究會審議
a3
各部會年度施計畫
1 各院屬一級機關擬訂
2 研考會主辦會同有關機關審議
3 屬實施計畫，以達成中程施政計畫為目標
b3
年度預算歲出額度分
1 行政院主計處擬訂
2 向　院長簡報核定
3 依據施政方向，以主管機關為分配基礎，
4 加強溝通，避免額外調整
B3
年度重要經建與科技計畫審議及經費額度控管、年度重要行政計畫審議
經建會、國科會、研究會、主計處及公共工程委員會
概算擬編
各主管機關
b4
年度概算審查
行政院年度計畫及預算審核會議
b5
總預算案編成
b6

㈤報載八十八年度總預算籌備工作，在經過四個月審慎評估後，已於二月二十五日由行政院向總統提報，裁示結果歲出總額，一兆二七一四億元，較上度僅增加三．八%，總預算赤字較前大幅下降，經常收支低於資本支出五．五%，收支差短與債務比較上年度大為減少。咸信能確切針對施政要點，國家長期以來運用總資源供需方式監控與支援財經發展，已具實效，值得加以肯定，獲得總統嘉勉。

## 三、建立中程計畫預算作業制度應予肯定

㈠使國家中長程資源分配得以規劃預籌

我國多年來從事政治與經濟之建設，成就非凡，可謂屬開發中國家之翹楚。近廿年來，逐漸從短期，應急之規劃，步向中長期建設規劃之推行，如仍僅保持年度總資源供需估測，實難應乎當前與未來之需要。否則，如不能建立中長程計畫預算制度，則中長期各項建設計畫之可行性，資源之獲得性，則必相對降低。

㈡促進國家階層之整體規劃

我國為推動各項建設，雖共有十項、十二項、十四項以及六年建設等計畫；此外再發展聯合開發、區域、都市等計畫；而經濟建設計畫仍四年一期向前持續推進，惟就整體規劃之特性系統性，前瞻性，期程性，持續性等而言，仍感不足，各自為政亦所難免。中程計畫預算基本架構，又顯然是向

此一方向努力，并向前推進一大步。

㈢建立中程施計畫制度，使施政計畫制度更臻完備，我國政府早已建立年度施政計畫制度每年二月向立法院提報次一年度施政方針。行政院研考會并於成立之始即加強改進，復於民國六十年代後期再加整體修訂，惟迄未建立中程施政計畫制度，實為遺憾。現納入由中程計畫預算制度，更能臻於完善，尤以運用滾進方式之計畫週期適時修訂，更增加計畫之可行性與適應性。

㈣使計畫與預算逐漸趨於平衡

政府計畫與預算趨於平衡才是一種理想，欲達到此一理想，必須建立健全的總資源估測制度，過去雖已建立年度總資源估測，但對各種中長程建設計畫，所分列在年度施政計畫中的項目，以及中長程的計畫與預算基礎不健全，影響年度計畫與預算每難以獲得平衡，今建立中程計畫預算制度，對促進中程計畫期間與預算平衡發展，至有裨益。

㈤年度計畫與預算審查有所準備

行政院每年對計畫與預算之審查，常須經過大小會議數十次，尤其對於中長程之建設計畫與房舍、車輛、設備等增置，往往滿天要價，就地還錢，討價還價全無根據。既建立中程計畫預算制度，依中程國家總資源估測，所訂的中程施政計畫，自已具有相當可行性，則年度施政計畫與預算既係依中程計畫與預算為基礎，則審查工作亦有所依據，進行自較易事。

以上各點，均可對本制度之建立加以肯定者。

## 四、今後尚待努力研究之問題

㈠原有與新建計畫體系之接合問題

從前表中可以看出A以下之a1、a2、a3及b1、b、b2、b3之計畫系統，目前似仍屬並行，且具有指導關係者。表中a1之中程國家建設計畫」，是行政院由b1「中長程主要建設計畫」等摘要彙編而成。a1為期四年，b1期程不等，且據統計計畫約有三百餘個，此項接合遞嬗工作似頗不易，自宜繼續研究因應。

㈡「長程國家建設綱領」之性質與內涵問題

表列A「長程國家建設綱領」，應視為本制度基本架構中最高之指導文件，此項文件太抽象則無作用，如太詳細則範圍過廣。我國過去均將「台灣地區綜合開發計畫」，視為家最高層次計畫，此點與世界許多先進國家相同，今後「長程國家建設綱領」之性質與內涵，亦宜深加探討研訂。

㈢施政計畫之明確定義尚待商榷

「施政計畫」一詞，就字面言之，似包括政府一切施行政務之計畫在內，事實則不然。因目前「年度施政計畫」僅係指年度配合預算所編製之年度工作計畫而已。此一計畫實際為一綱要性計畫，列舉其部門工作之類、項、目、子目，說明其目標，實施要領與配合預算數而已，內容簡要，並無詳細計畫內容，依據國防部引自美軍制度，亦係從"Prog ram"一辭翻譯而來，與其他業務性之建設，投資等計畫大異其趣。而依照美軍「中程施政計畫」有其特定的意義，將來準備執行之「各部會中程施政計畫」（a2）如照現行年度施政計畫方式為翻版，僅將其從一個年度延長至四個年度，可能並無甚大意義。

㈣「中程國家建設計畫」之彙總編製如何使其有效

依據「長程國家建設綱領」（A）之指導，及根據現有數以百計之「中長程重要經建，科技及行政計畫（B1），所將換而彙總編製之「中程國家建設計畫」（a1），由於前者期程，類型錯綜複雜，一時將換為統一，目標性，四年期計畫，初期作為，勢將遭遇許多困難，如何克服此項困難？使其具體有效，亦當為計畫主管部門努力之目標。

㈤計畫週期與會計年度問題

吾人研究計畫理論者，常將持續性計畫之修訂延續之時間稱為「計畫週期」，而「計畫週期」又區別為「滾進式」（rolling）與「直線式」二種。在本制度構想中，已將「政府中程財政收支推估」（四年）（b1）訂為逐年滾推（兩年滾推進一次）之方式，可謂我國在計畫與算作為方式上之一大進步。如能同時應用於「中程國家建設計畫」（a1）及「各部會中程施政計畫」（a2）方面，則更可產生全面配合之效。

總之，中程計畫預算制度之基本構想與做法，值得肯定，惟推行伊始，如何對舊有基礎予以調整配合，以及促進政府整體規劃更加勵進，以上愚者一得，或有可供主管機關參考採用之處。

〔原載一九九八、六、《會計與管理旬刊》第一二一八期〕

# 對中程施政計畫制度之研究意見

## 一、前　言

上（八十八）三月適逢行政院研究發展考核委員會成立卅週年大慶，此次慶祝方式除循例舉辦展覽及慶賀茶會與簡單儀式外，另舉行學術研究會，區分為六大主題分組研討，對綜合規劃、管制考核、政府出版品、資訊管理等分別由學者、專家提出專題論文報告，再深入予以研討，期能使研考業務配合政府再造、提高國家競爭力等當前施政目標更上層樓，此一措施值得讚揚與肯定。

本文將僅就「中程施政計畫制度」部分提出研究意見，以供主管機關參考。政府為建立「中程計畫預算制度」在行政院主計處主導之下，研究規劃不遺餘力，現已逐步付諸實施，對於有關機關的密切配合努力以赴，為政府建立整體規劃體系之雛形，其成就殊堪敬佩。其中「中程施政計畫制度」係由行政院研考會主辦，推動至為積極，且已訂定「行政院所屬各機關中程（八十八～九十一年度）施政計畫編審作業注意事項」先指定內政部、教育部、交通部、經濟部、研考會五個機關試辦，將配合九十會計年度預算編審全面推行。主管機關對此項工作之研究規劃與努力推動，值得欽佩。

筆者對「中程計畫預算制度」與「中程施政計畫制度」方面，曾數度為文提供拙見，此次有辛參與盛會，得窺全貌，除對主管單位深表敬佩外，仍發現若干尚待商榷研究之事項，未敢緘默，僅以一得之愚提出淺見，以期國家整體規劃體系能臻完善。

## 二、中程施政計畫制度之初步設計

「中程施政計畫制度」初步設計要點如次（參照原報告）：㈠計畫為期四年，第一個年度為預算年，俾與年度預算編審密切結合。

㈡提供各部會「中程國情展望」及「國家中程施政方針」之政策性資訊。

㈢各部會依宏觀性策略分析，評選優先發展課題並檢討既有策略，依部會策略性中程施政目標，主要策略及施政重點，進行中程實施計畫之選擇立案與組合，必要時得調整既有中程施政計畫項目及資源分配重點，而非彙編所有經常性計畫。

㈣各機關「中程施政計畫」內容包括：「環境情勢與優先發展課題」、「既有計畫及執行成效檢討」、「中程發展目標與策略」、「中程施政計畫內容摘要」、「中程財務總表」及「中程施政計畫關聯表」。

㈤年度施政計畫及其先期作業仍維舊制，至各機關中長程計畫專案則採逐案報院核定，以落實中程施政目標之達成。

(六)推動「中程財政收支估測」，訂定中程財政目標、資源分配、方針與各年度收支成長規模，妥為規劃各部會中程財務總需求，有效結合中程施政計畫評估、決策與中程財政收支管理。

(七)各部會所提中程施政計畫，由行政院研考會協調財政部、主計處及相關幕僚機關進行分審，並恭請院長指流政務委員主持審查；審議過程強化相關部會之協調，整合及中程額度控制。

(八)各部會中程施政計畫皆採滾動式規劃途徑，每年修訂檢討一次，使維持四個年度。

## 三、關於「中程國情展望制度」部分

(一)關於「中程國情展望制度」，其重要性已不待言。過去國家安全會議每年均提供「國家情勢研判」致送行政院作為擬訂年度施政方針之參考。筆者由院調往國安會服務時即擔任主撰此項文件之責任，直至民國八十年七月國家建設委員會撤銷為止。由當時二十位研究委員提供資料已如前述，亦曾分發行政院各部會，不無參考價值。

(二)美國國防部軍事戰略計畫體系中，均列有長、中、近程之「戰略情報（包括敵、我各方面）判斷」，以為策訂各期程戰略計畫之依據。且長程即稱為「長程戰略判斷」，中程則稱為「戰略目標計畫」，近程則稱之為「戰略能力計畫」，而施政計畫與前述戰略計畫另有區別。

(三)參閱「施政計畫編審作業流程書」所列「可供各機關提供撰擬『環境總體方針』相關資料」……部分。

1.「環境總體分析」似宜正名為「中程國家情勢展望」。

2.由各機關提供相關資料，似宜正名為：

「中程國際情勢展望」—外交部

「中程大陸情勢展望」—大陸會

「中程科技發展情勢展望」—國科會

「中程國家主要策略發展展望」—研考會

其他（客觀與主觀情勢）。

使能成為一個部門的正式文件，而非僅提供「資料」而已，最理想的是由研考會綜合策訂一項「中程國家情勢展望」文件，分發各部會參考，發展此次各項計畫，以免流於形式。

## 四、關於「中程施政計畫制度」部分

基於筆者過去多年服務於計畫部門及教學之經驗與認知，深切體會此項整體規劃體系對國家計畫未來發展關係至鉅，爰略申淺見，以期更臻完善。分述如次：

㈠研究施政計畫認知上容易困惑之因素

1.「施政計畫」一詞，以國人善用修詞係指年度計畫而言，然常被人誤會加以廣義的解釋，認為凡政府推行政務一切之計畫莫不屬於施政計畫範圍，乃導致一般計畫與施政計畫之混淆。其實施政計畫已成為與預算結合之年度計畫之專有名詞。至於中程施政計畫，參考國外資料，亦有其特定涵義，與一般計畫有關。如將所有 plan，program 等均譯為施政計畫，則大有研究餘地。美國國防部則將行政性、年度性等計畫用 program；將戰略（策略性、戰術性計畫用 plan。如年度施政計畫稱為（operation program）；中程聯合戰略計畫稱為 Central program 或 major program；中程聯合戰略目標計畫稱為 point strategic Objectwes Plain。可供參考。又施政計畫一詞在預算法上既已明列，亦足以說明其具有特定性的涵義。

2.各類別業務計畫體系，如綜合開發區域及都市計畫系列；經濟計畫系列；軍事計畫系列；企業計畫系列等各有其特質，各類專業人員對計畫之認知亦不盡相同。目前欲使政府各部門、各類業務之計畫納入統一之整體規劃之下，自亦屬不易，主辦機關推動此項工作具有相當成果，良可敬佩。

㈡目前規劃中之中程施政計畫制度，尚待研究澄清之問題，分述如次：

1.年度及中程施政計畫是否應將其視為具有特定意義的計畫，而不宜以廣義的一般看法將政府所有推行政務的計畫均視為施政計畫。此點依個人研究淺見，認為是肯定的。亦為建立中程施政計畫制度與年度施政計畫制度之基本認識與前題。

2.施政計畫是否屬於策略性抑或行政性計畫？此點參照有關引言人論述資料，似以認定偏重與策略性計畫為主。固然任何計畫均離不開策略或政策，然施政計畫均係綜合其他計畫臚列目標與預算，並為與預算密切關聯之文件，其為兼具行政性與目標性計畫，較之策略性更為明確。而經濟建設計畫與中程施政計畫性質迥異，其具有策略性與目標性則至為明確。

㈢中程施政計畫在整體計畫體系中之位階問題，似仍有商榷之餘地。參閱「中程計預算制度基本架構圖」中所列「各部會中程施政計畫（含重要經濟、科技及重要行政計畫）係依據「行政院中程施政重點（或方針）及中程國家建設計畫」以及「中長程重要經建、科技及重要行政計畫」等，則彼此之位階仍感含混。僉認「中程施政計畫」之目標與預算既係依據「中長程重要經建、科技及重要行政計畫」而產生，則其位階應在經建等計畫之次階，使彼此指導、依據關係能夠明確。且重要經濟、科技等計畫，自亦與施政計畫有別。

㈣中程施政計畫之內涵問題，參閱研考會所訂編審作業注意事項所附格式草案已頗完備，此一由無到有之工作已屬不易。惟各部會中程施政計畫雖已明列四個年度分年度之分項目標與預估財務總表，為便於年度計畫預算審查，該機關需要增加多少編制、員額、建築、土地、車輛、設備等仍宜列入，以作為估算審核經費之依據。如「中程施政計畫」與其他相關計畫彼此指導關係明確後，則格式中所列若干部分似尚可予以簡化。

〔原載二〇〇〇、四、《會計與管理旬刊》第一二八四期〕

# 整頓基層金融維護正常發展

## 一、背景說明

基層金融機構包括：農會及漁會的信用部門等，多年以來發展迅速，徧佈台灣全省各城市鄉鎮，與民眾已發生密切的關係。過去經常提供資金給弱勢團體、農民、漁民改進其生活。由於存放便捷，長期以來對區域經濟的繁榮發展，扮演了重要的角色，其貢獻豈可諱言。

然近年以來，基層金融機構的經常發生擠兌，派系傾軋，挪用資金，監守自盜，管理不善等諸多違反營運常態事件，難免使民眾對基層金融機構失去信心，因此民意代表及主管機關均認為加強整頓基層金融機構，以重建信心，促進金融體系的正常發展，為刻不容緩之事。

一般而言，基層金融機構面臨的問題，包括淨值比例偏低，逾期放款偏高，金融人員素質不齊，專業知識不足，債權催收困難，至於信用部的權責不清，基層金融機構定位仍未明確，以及金融紀律未盡嚴格遵守等均為導致當前異常現象的主要原因。

茲參照輿論反映及學者專家意見，略加檢討。

## 二、因應金融自由化新銀行競爭必須力爭上游

根據有關統計，民間八十七年底全部農漁會信用部總資產常為一兆四八四九億元，負債為一兆四一一〇億元，淨值七三八億元，存款一兆三四九五億元，放款八二三〇億元；回顧民國八十三年底資產一兆二三一五億元，淨值五二六億元，存款一兆一六九三億元，放款八一七三億元。兩相比較資產、負債、淨值、存、放款業務均表現成長趨勢。

不過在開放新銀行加入經營以後，基層金融機構的農（漁）會信用部市場占有率即有逐漸下降趨勢。如八十三年放款市場占有率原為八．二三％，八十七年降至六．二一％；存款占有率原為一〇．三二％降為八．二七％；農會八十三年度逾期放款比率則由八十三年底三．六％，又攀升至八十八年三月底一三．一％，較前增加一一．五％。逾期放款比率超過六十％的即超過七家。由以上說明其影響甚鉅，若不澈底改善其體質，勢將繼續惡化（參考桃園縣政府財政局資料）。

## 三、釐清信用部權責增進管理效益

依法規層面而言，農漁會信用部的設立及管理，係分別依據「農會法」第五條第三項及「漁會法」第五條三項所規定：「為辦理會員金融事業之需要而設立，並視同銀行業務來管理，其管理辦法由行政院訂定，制定「農漁會信用部業務管理辦法」，因此法規適用的優先順序，依次為「農（漁）

會法」、「農漁會信用部管理辦法」、「銀行法」。信用部既像農（漁）會組織的一部分，自無「法人」資格。其有關人事任免、財產處分、業務的稽查考核等，均僅適用「農（漁）會法」相關辦法辦理。由此視之，因管理機構的多頭馬車，自然形成權責混淆不清的現象，管理機制確有檢討必要。

## 四、促進現代化、制度化管理

基層金融機構的人力、素質、設施等遠不如公營及民營金融機構，行政與作業效率難以提昇。而多年來政府推行的金融國際化、自由化、制度化，尤其在制度化方面，更未能有效建立，經營業務往往受人情、黑金、包袱等影響，使制度難能有效執行。

金融為一專業知識，無論理監事，總幹事，尤其各級作業人員，均應充分具備此項專業知識與技能。如何對現有各級人員，分層加以專業在職教育與訓練，汰劣存優，新進人員更須嚴加甄簌，以提高人員素質，惕勵服務品德，以增進效能。

提升理監事的任用資格，考核理監事的背景，以提昇理監事會功能，使能切實產生理監作用。總幹事權限過大，且無一定任期，不僅獨攬大權甚至操縱理監事選舉。亟宜制定明確權責劃分，並規定任期制度。

## 五、區域銀行與合併問題

現代企業及金融業經營多講求合併經營，將若干小型而經營成效欠佳者予以合併經營，一面可以集中人力與設備，一面亦可節約人力與物力。基層金融機構如農（漁）會信用部亟應向此方向進行。惟作法仍應配合實務而難從依理論而行。若干農會信用部經營不善，逾放比過高，形成呆帳，不一定讓人能接受與其合併。亦有認為都市型基層金融機構，可優先考慮合併者；事實上若干都市如三重、新莊等幾乎已很少農（漁）民，似可考慮先讓都市型農（漁）會優先合併，成為信用部合作社或銀行。總之基層金融機構合併為必然趨勢。

至於成立區域農民銀行承擔風險的建議，亦為亟待考慮的研究方案。依基層金融機構為都會型或鄉鎮型，採取不同的因應方式。推動以縣（市）所轄單位為原則，參照現行「台灣地區各級農會合併方案」進行合併，以擴大其經營規模，提高資本適足性，強化風險承受能力，對於經營不佳的農（漁）會合併如發生阻力，在恢復股金制的前提下，可從資產現值評估分配股金方式辦理。再配合基層金融機構合併，把少數能符合條件的都市型農（漁）會信用部改制為區域銀行。

## 六、強化內部管理統一督導事權

內部管理範圍甚廣，僅略述以下三項：

1. 規定理監事應具有一定的資格，其中應具有金融專業知識者，至少應占三分之一。
2. 農（漁）會負責人及其利害關係人貸款若發生逾期或造成重大虧損，應依法停止其職權或解職。

3.對虧損逾事業資金及公積逾三分之一以上者，除應補足外，否則應要求讓與資產負責或合併。

4.加強地方政府管理權責，全面限制跨區及贊助會員放款業務，儘速訂定存款與淨值的比率。

至於在統一督導事權方面，據悉目前在行政院審查中的「農會法」修正架構下似仍以二元分下由農委會及財政部分別為主管機關及信用部審查之責，亦即在農會與信用部仍屬一綜合事業體的前提下，似宜先研究強化農業金融決策系統，考慮採中央銀行的農業金融策劃要員員會撥歸財政部主管，以發揮主動策劃的功能，其委員人選應綜合農業，金融各方面的人才，以促進農業金融的發展。此外亦應促進土銀、農銀、合庫對農業金融的分工與合作，在財政部與中央銀行的統一政策、制度督導下，增進其功能。（參考資料中央日報學者專家座談會）。

〔原載二〇〇〇、一二、《會計與管理旬刊》第一三〇八期

# 香港新機場開放發生瓶頸的殷鑑

## 一、新建機場歷經坎坷

位於香港赤鱲角的國際機場，已於一九九八／七／六啟用。此被譽為全球最先進機場之一的雄偉建築，負有香港經濟復甦的艱鉅使命。開始營運即產生眾多瓶頸，發生種種未能預期的困難，容後再為詳述。

回顧此一機場於籌劃興建過程中歷經坎坷，主要由於英國與中共之間，一面為香港未來經濟發展，一面迎接香港回歸中國，難免仍有歧見。

新機場於一九八九年十月一日宣佈興建，於今年七月啟用，歷經兩位總督，含規劃時間歷經十年之久。照英方說法啟德機場到公元二千年即達飽和，難再負荷日漸增加的航運量。而其動機主要有三大意義：㈠使港人留下永久懷念英人統治的恩惠；㈡所需鉅額資金花光庫存免予移交中共；㈢大部工程由英商承包，肥水不落外人田。此一工程原為振興香港經濟「玫瑰圈計畫」的一部分，全部計畫評估升高達二千二百億港幣。另依中共估計，將耗盡歷年政府盈餘七一〇億元港幣，尚需挪用三百億元外匯，發動商界投資五百億元，另仍須向銀行貸款九百億元。照後者計算中共收回香港後將背負千億港幣的債務。這使中共收回香港後，受到英國的掣肘，為此中共即持反對態度。

後經多方磋商，始於一九九一年九月發行了「關於香港新機場建設諒解備忘錄」，英國大幅度讓步。主要在機場建設的鉅細問題上，港英政府均必須先與中共磋商；同時中共在財政上要求港英政府保留外匯儲蓄二五〇億港幣以上，獲得英方的保證。所以此一機場籌建經過，可說是歷經坎坷。

## 二、開始營運一片混亂頓現瓶頸

香港赤鱲角新機場於七月六日正式啟用開始營運，國泰航空CX八八九航機由紐約飛香港，於上午六時二十一分率先抵達，香港政務司長陳安方親臨歡迎，至為隆重。

惟由於首日啟用，狀況頻傳，除了電腦程式出了問題發生當機外，上下飛機使用的長梯竟感不敷使用，導致旅客在機上枯候多時。行李輸送帶為旅客輸送行李的重要工具，然發生故障，行李輸送滯留不能暢通。甚至旅客觀看班機起落時間的看板，也出了問題，使旅客與接機人員無所依循。一度看板形成空白，旅客詢問管理人員，竟答稱亦不知何故。第二班由羅馬抵達香港的旅客，則對港府安排國泰由紐約飛港班機為首一班，致使前者在上空盤旋半小時餘始准降落，且抵港後經過一小時餘仍無法領到行李均大表不滿。由於電腦當機及旅客不熟習環境，因而延誤登機時間，致使香港飛台北班機延遲兩小時後到達。更因地勤作業混亂，發生旅客行李多未隨機抵達之狀況，甚至一班飛機只有幾位旅客拿到行李。又因香港機場使用「條碼式」的行李分送系統，惟因電腦故障，加以大陸尚無使條碼設備，致使行李系統功能，完全不能發揮。

又據報導：負責香港八．五%航空貨運的香港空運站有限公司，在七月九日深夜宣布，除鮮活貨物、新開物資、救急用品和貴重貨物外，由於號稱全球最大的超級一號貨運站發生電腦故障及其他障礙，因而全面停止處理所有進出口貨物，至七月十八日晚上十二時止，估計此一連串措施將使香港經濟發展的損失，至少達三百億港元。

總之，此一號稱全球最先進，設備最新穎且現代化的機場，在開始營運初期，竟瓶頸百出，一片混亂，不僅當地旅客抱怨，甚至波及到台北班機亦遭池魚之殃。

香港特區行政長官董建華，已坦承由於事前準備未週，所以形成此次新機場開始營運而發生之混亂現象，并已決定速即成立一獨立小組，調查發生問題責任歸屬，探討癥結所在，迅即改善。

## 三、我國中正國際機場開始營運的回憶

我國中正國際機場之興建，為政府號召十大重要建設工程之一，當時亦號稱設備現代化為亞洲先進機場之一。原來構想係以因應未來經濟發展估計民國六十四年入境旅客為一一三萬人次，六十九年成長為二一五萬人次，七十九年成長為四六〇萬人次，八十九年為七二〇萬人次。空運貨物是亦相對成長。即以十年為一期，分為三期擴建，第一期工程預定民國六十九年十二月完成開放營運。事實在

六十七年十月三十一日即提前開始營運。

筆者因任職行政院研考會主任秘書兼管制考核組主任，職司所在，對於工程進行瞭解深刻。時在六十七年九月亦即開始營運前一月，以十大運設接近完成，乃邀集行政院所屬各部會及省市政府研考主管，集體分至各建設工地參觀訪問，藉以增進瞭解，交換經驗與心得，由余任領隊。

抵達桃園中正國際機場時，蒙主辦機關熱情接待，引導參觀，並由各主管人員詳為介紹說明，部分設備，更試用操作，對於建設之宏偉，設備之現代化，操作人員素質之優秀，各項程序訂定之詳盡，均深表敬佩，嘆為觀止。

於參訪完畢後即舉行座談會，由桃園中正國際機場航空副站長前空軍擊發來襲米格機之戰鬥英雄歐陽漪棻主持，詢問各機關代表參觀後之意見，各代表均備加讚揚，感表敬佩之意，最後余以領隊發言，除表示感謝接待及敬佩之意外，特誠意提出以下意見：

「余以一退休將軍過去從事計畫、作戰、演習等經驗，略申淺見。對於此一國際機場各項建築工程之品質，各項硬體的設施與軟體的設計，均屬一流，惟最後之操作仍在於人為。現開始營運在即，茲有一較笨但實際的設想，建議邀請軍方派一個師士兵，或某大學支援一萬人學生，來中正機場試作旅客進出亦即實際可行性測驗，以考驗各項作業是否完全順利流暢，藉以發現問題預防改進」。

事後證明此項意見，並未被重視接納。以後中正國際機場於十月三十一日先總統蔣公誕晨日隆重宣布正式開始營運，翌日大批旅客及貨運湧入機場，流程不能立即適應，自動化失卻效能，機場運作幾陷癱瘓，以後經過專案小組督導，費時一月，才逐漸改善。所發生之狀況幾與香港新機場所發生之混亂情形如出一轍。亦竟為余不幸而言中。

## 四、經驗教訓可為今後殷鑑

今日之香港新機場與二十年前之我國中正國際機場開始營運所遭遇的狀況，竟然如出一轍。雖然在不同的背景，時代、環境、地理形勢之下，有很多的各別因素，然而以下兩大原因卻完全相同：

**第一、未經過最後階段的可行性測驗，潛伏問題形成瓶頸：**一項重大的公共工程，除在計畫初期，必須加以可行性評估外，在計畫中期，尤其是工程初竣將開始營運以前更須加以各種可行性的評估與測驗。例如軍事作戰計畫，初期有各種可行性的「判斷」，中期要運用沙盤和兵棋推演，最後還要舉行實兵演習，檢討缺失以謀補救。如台北捷運測試達數月之久，開始運行始獲保證。台北河流的防洪閘門，平時不加測驗演習，颱風來時或無人管理，亦有打不開閘門者，使民眾在水患來時受害無窮。所幸現已注意及此。

**第二、工程完成開始營運之時間應由專家來決定：**香港新機場施工進度可能並未完成百分之百。其所以急切開始營運，實由於香港回歸中國，適滿週年，大陸領導人江澤民、美國總統柯林頓，均於當時先後蒞臨，香港政府難免急切表功而提前開幕。反觀我國中正機場，原訂於六十七年十二月底完工，由於紀念先總統蔣公，乃提前選定總統華誕十月三十一日宣布啟用，其政治意義亦難免超過技術層面兩者均提前開始營運，對於準備未盡週延，此亦有相同之處。

我國經濟建設正蓬勃發展，尤其未若干年為刺激景氣復甦，尚有若干大型公共建設工程亟待推動。在今日資訊高度發展時代，無論硬體、軟體，甚至若干人為因素，概可須加研判，採取各種測驗應加預防。前事不忘，後事之師，撫今思昔，足為殷鑑。

二〇〇五年四月重整此文時，正值興建高速鐵路，政府宣佈必須在今年十月完工之時，鑒於此一高科技之重大交通建設，更應事先由專家嚴密評估測驗，務求安全可靠，才能宣佈完工，開始營運，免蹈過去的覆轍。特加附記。

〔原載一九九八、一〇、《會計與管理旬刊》第一二三二期〕

# 震災復建他山攻錯團隊精神效率第一

## ——苦難生信心、挫折生勇氣

### 一、前言

九二一大地震是臺灣百年以來最嚴重的災害，對國家、社會及民眾所帶來嚴重的傷害，可以說是無法補償的傷痛。經過行政院主計處的正式統計，可分為兩部分：第一部分是可以貨幣化的損失總計達二九二〇・一億元。其中包括資產的直接損失二三〇四五・五億元，又區分為建物設備二一四六・六億元，交通設施一五七・九億元；營收損失，農、工、服務各業損失六一五・六億元。第二部分是無法貨幣化，亦即難以補救的包括：死亡及失蹤同胞二三七八人，受傷八七二二人其他自然生態損失，古蹟損失、訂單損失、商譽損失、受災國民心理傷害等，都是無法加以估計的。

發生這次大地震以後，上自政府、下至全國國民、甚至國際友人無不感到十分沉痛。而災變發生後，政府各級官員，各黨派、社會人士、亦無不積極投入災區，有錢出錢、有力出力，象徵了全國大團結，充分表現民族情感與道義，來全力搶救災區同胞，許多事例、非常感人。然而我們也不可否認的，在災變發生三週內，救災工作熱心有餘、組織、管理、效能、部分仍不夠理想，也受到外界的不少批評。有許多先進國家對地震災害的救災與復建都做很好，值得借鏡的地方很多。

## 二、救災與復建的階段與體系

從輿論的反映來觀察，政府應付此次大災變，初期雖是稍有忙亂，但已逐步予以組漸化，階段化、程序化、使政府與民間所投入的大批人力、財力、物力、加以有效運用。

**專家就事實與理論共分為幾個階段：**

第一階段屬於事前預防階段：災變既然已經發生，雖然立即進入第二階段，然而因大地震所波及的若干危險地帶，以及不斷的餘震，均可能繼續帶來重大傷害。故如何化災後緊急救援的同時，繼續提高警覺，加強預防、以減少更大的傷害，是這一階段的重要任務。

第二階段是災難後的緊急救援，自九二一大地震發生以後，到九月底止，其最重要的工作是救人第一及時安置災民。此一階段可能是最迫切，最困難、時間分秒必爭，災區千頭萬緒，在可能斷電，斷訊、斷水的狀況下，來救人、救災，發生了多少可歌、可泣、可感、可痛的事例，不勝枚舉。

第三階段是災民安置與災區管理，這一階段範圍甚廣，包括：受困地區災民的救援、交通、通訊、電力等公用設施的恢復，災民安置、救濟、保健、就學，各種資源的有效分配，死亡災民的喪葬等，可說百廢待舉，如不能在迅速且嚴密的調查，有組織的推行，有系統的管理之下來規劃與執行，則難以奏效。估計此一階段如可能要需兩個月的時間。

第四階段是災後重建階段，前面三個階段可說是都在應乎急迫需要的狀態之下而採取的行動，是一面做、一面想、一面規劃、一面行動。而第四階段災後重建，經經建會說明包括公共建設，產業振興、生活復健、社區發展整體規劃等多方向。必須從整體規劃到部門規劃，以至分項分目規劃。其規劃和執行完成的時間，亦可能須時三至五年。假定以三至六個月完成規劃，自亦須釐行優先次序，加以管制與考核，計日程功，以期早日實徹執行。

更有進者，是依據這次救難復建的教訓與經驗，建立長遠性，制度性的整套防災體系，以防患於未然。許多先進國家已具有寶貴的經驗，足可取法。參考證外學者，或新聞從業人員的資訊，分於以次各節敘述。

## 三、洛杉磯大地震應變有條不紊

一九九四年洛杉磯大地震，死亡五十九人，受傷九千餘人，受損建築逾萬棟、公路、港口均受波及，財物損失二三〇億美元（約合七千億以上台幣），災後重建至今仍在進行。惟因事前有備，所以災區重建能順利進行；尤其是當時的救援工作，協調周密，分工合作、有條不紊，可為借鑑。

**洛城設有「社區重建局」表示：**

㈠地震發生後，有關單位反應迅速，事權統一，責任明確，無各自為政現象。

㈡災民救濟早有法令規定，「就業發展局」立即發給災民失業救濟金每人美金二十萬元。

㈢災區危樓及公害清除，建屋損壞程度鑑定，除有主管單位辦理，並徵召退休職工及動員民間專人協辦，以補人力的不足。

㈣徵收土地規劃新社會區。

㈤總結經驗，并建議國內災後復建可採取的措施摘述如次：

1.設置國家級的「地震安全委員會」，負責制訂法規及推動。

2.設置國家級的「救災管理機備」，及縣市的「緊急服務辦事處」，提供機動服務。

3.設置經常的「地震調查研究機構」，提供資訊。

4.建立救災復建法規體系。

5.區域及都市計畫等納入地震考慮。

6.修訂建築法規，加強防震措施，及緊急時期簡化建照。

7.強化資產保險制度，平衡保險公司及受保人權益。

8.修訂稅法，使災區民眾獲得減免或優惠。

（以上輿論建議，大部分政府已經採行）

## 四、土耳其震後重建的借鏡

在一九九九年八月十七日，在馬爾馬拉地區發生七．四強烈地震，死亡一五八〇二人，受傷四三八七二人，二十四萬四三八三棟房屋損燬，情況至為慘烈。其救災的緊急措施與復建規劃要點如次：

㈠政府與民間合作發放帳蓬一二．四四五個，分區成立一二一個帳蓬城市，每天供二十萬人份的熟食，以應急需。

㈡災後重建包括建築物、水電道路等整修，重建社區環境等到恢復正常生活，約需六十－一百億美元。

㈢經費來源包括世銀、國際貨幣基金，歐盟捐款約達四十七億五二〇〇萬美元，另外世銀貸款三十餘億美元。其他各方面捐款包括各項物質，由「總理府危機處理中心」，「外交部」與「社會福利部」彙整資料，每週公布、鉅細靡遺，以昭公信。

㈣政府規定以一年時間，為災民等建永久住所；冬季前先建組合屋，進而完成各項共用設施。

㈤政府對受災地區居民，而以各項免稅及災後重建補助措施，重建補助金區分為「家庭安置補助」及「重建補助」二種。

㈥重新調整國家建設計畫，以災區重建有關者為優先，其餘優先次序挪後。

㈦聯合國有關兒童福利及衛生部門與相關部門合作，特別注重災後心理復建工作，以減創痛。

## 五、阪神大地震經驗可為殷鑑

一九九五年一月十七日阪神發生七．三垂直大地震，死亡六千四百餘人，住宅全倒及半倒二十五萬棟，災民三十一萬七千餘人，死傷枕藉，觸目驚心。不過日本對於地震具警覺性，其各項措施許多可以借鏡之處。

㈠平時訂有「地域防災計畫」，惟避難仍感不敷，乃緊急徵用各項公共場所達一一五三處，並設置帳蓬開放收容災民。又在各避難所設立「服務站」，編造災民名冊，提供各種服務。以上均建立嚴密組織，以便管理與服務。

㈡除運用消防隊、自衛隊外、並發動義工七千人次，就其專長，透過組織至災區服務。

㈢建立應急醫療體系，擔任醫療服務。

1.建造十二萬五千戶臨時住宅，費時三年完成。惟在一個月左右即在神戶建造臨時住所二三三三〇戶，在尼崎建造二一八六戶，在西宮建造五五一四戶，工作效率極高，值得讚佩。

2.地震後日本首相府成立「阪神、鐵路復興對策本部」，負責復興計畫的軍方，計畫中概括：⑴防災與國土維護設施的充實；⑵土地利用合理化；⑶都市復興事項；⑷公鐵路、港灣、機場及通信復興事項；⑸住宅復興；⑹產業復興；⑺文教設施復興；⑻衛生、保健、社會福利與復興；⑼職業安定有關事項；⑽稅制與財政支援事項。

## 六、結論—苦難生信心，挫折生勇氣

以上各國對地震的救災與復建，都是以血汗所結成的寶貴經驗，可以取法借鏡之處甚多。我國對九二一大地震所採各項措施，輿論褒多於貶。日本眾議院議員小池百合子來台訪問後，則讚譽我國應變迅速，並提出以下三點：第一、肯定政府首長在緊急事態中的領導力與應變能力；第二、及時動員軍隊參加救災，具有組織及效率；第三、發動緊急命令，解除部分法律限制，增加政府運用彈性與活力。

〔原載二〇〇〇、一、《會計與管理旬刊》第一二七七期〕

# 口述歷史引起訴訟之檢討

## —制度可肯定方法待檢討—

最近由於溫哈熊將軍之口述歷史，涉及蔣經國先生女公子及婿俞頌揚先生，內容純屬私事，鬧上法庭，已開庭調查。原告俞頌揚夫婦以造成傷害過大，對中研究及溫哈熊以加重誹謗罪控告，並不接受和解調停，堅持告訴到底，但最後未穫平反。

首先，個人對中央研究院近代史研究所近數十年來，對國家政、經、軍、文化各界之資深官員或學者，舉辦口述歷史制度，從非官方檔案中，獲得甚多寶貴史料，用以彌補正史之不足。此項口述歷史資料纂輯成書。公開發售或贈送，使歷史見證更能多元化、活絡化、趣味化，值得肯定。除中央研究院近代史研究所外，其他政府史政單位，如國防部史政編譯主管部門，亦有相似比照辦理者。

筆者閱讀過多位前輩口述歷史紀錄。由於曾服務行政院單位主管，亦曾在報請長官核可後，為前輩向行政院檔案室蒐集百頁以上之檔案史料，作為口述歷史之準備。本人為退休將軍，且曾在青年軍與國防部長期服務，故近年亦曾兩度被選為口述歷史之對象。復曾應中國青年軍協會之邀，為青年軍三十位，被邀口述歷史人員，對其文稿擔任審查工作。且提出修正意見甚多，幸蒙採納，現已輯印成冊。

筆者對俞頌揚與溫哈熊，因當時已近入司法程序，未便表示意見。惟對溫哈熊將軍一生受經國先生之提攜，關係之深毋庸置疑。竟然發生此一事件，不無感慨，亦深表遺憾。

筆者除對口述歷史制度，仍深表肯定外，根據本人閱讀及親身參與此項工作進行之經驗，仍覺在實施方法上有若干值得檢討之處，茲略舉於次：

第一、口述歷史雖非正史，然亦絕非是「內幕新聞」可以比擬，自可斷言。其所欲留為史料者，當屬於政治、軍事等重大之沿革與變遷，探索真正事實之經過與原因，評論正誤與是非，甚或對爾後發展之影響，應非涉及個人生活之隱私。

第二、口述歷史者，當係依據訪問人員所提出之問題而有問必答，如此次對溫哈熊將軍之訪問，其目的係以溫個人之功業為主，抑以經國先生之家庭狀況為主，或兩者兼而有之，不得而知。然涉及私生活部份，究非學術研究或史政機構所宜探索之重點。

第三、學術機構所採訪之口述歷史，事前應有訪問之目的與設定之範圍，甚至將所預定之問題，事先告知被訪問者，以使預為準備。由於訪問人員多屬較為年輕，與被訪問者完全屬於兩個不同之時代背景。因此訪問人事前必須對被訪問者之經歷、背景、與相關史料，有相當了解。如訪問某將軍指揮之戰役，即應先熟讀此戰役之歷史。否則信口發口、信口答覆，不僅可能偏離訪問之主題，亦可能有不符史實之事所發生。

第四、被訪問之官員，或為功成名就、實至名歸者；亦可能為宦途多舛、事業並不完全如意者。如訪問前者，自多能暢敘其個人成就與事功，猶如錦上添花；如訪問後者，自難免牢騷滿腹，藉機發揮，甚至由於恩怨，對其長官同僚表示不滿情緒，或加以指責評論者。然事實究竟如何？訪問人員與主辦單位，可能亦未加查證、自難加以判斷；難免引起若干是非。此種狀況，如留存史冊，將來勢將落人話柄。

第五、主辦學術機構或史政單位之訪問人員，於訪問紀錄整理妥善，再送被訪人員審閱後，即可作為定案。主辦機關對口述歷史內容之態度，以完全尊重個人口述之意見為主，不便隨意修改，固然尊重口述人之意見，可能為求真、求實、且文責自負。但如口述歷史內容確有謬誤不實，或待斟酌之處，恐亦勢難加以改正。因此，事後留為重大遺憾，自亦非無有可能。

第六、筆者曾應中國青年軍協會之邀請，審閱三十位將校口述歷史整理稿時，竟發現對同一背景之事實有完全相反之敘述。如對某軍參加某一戰役，甲謂「戰況激烈，將士用命，犧牲慘重」。乙謂：「士氣低落，指揮官無心作戰，部隊各散」。又如對名震中外之孫立人將軍，所創辦之某軍官訓練班，曾在此受訓之軍官數人，所提供口述歷史之內容，對其訓練方式、生活與管理，完全作兩極之評價，可見主觀之成見，差別如此懸殊。此外尚有被訪問人員，其位階如果較低，對高層次之決策、計畫、處置，並不十分了解，致其所舉述之史實，亦難免發生錯誤。以上情形，在筆者審查過程中幸能以超然立場，予以導正。

以上略舉數端，用以說明口述歷史之制度，行之多年，值得加以肯定。惟執行方法，似尚有值得加以檢討改進之處。例如，事前確定訪問之目標，明確規定訪問之範圍；對於被訪問人之發言，亦須加以規範與約束，至於訪問內容不得涉及個人恩怨、避免藉題發揮、尤其以學術機構或史政單位主辦時，更不宜談及隱私。更重要者，口述歷史中，對重要史實如發現有問題時，即應向有關部門查證，主辦機關有修正之權。

以上各點，在筆者於民國九十四年，接受國防部史政主管單位口述歷史訪問時，已大有改進。如訂定詳細訪問時程、計畫、重點、範圍等，並事前予以約定溝通，充分交換意見，以求口述歷史制度更臻完善。亦藉此對國防部史政編譯處主管表示對求精、求進的讚佩之意。

# 肆、鄉梓淮陰

# 對淮陰市改爲淮安市的心聲

## 一、前　言

在大陸中共建國以後，淮陰附近各縣市行政區域的調整與更易，有兩次重大的改制。一次是將原來的淮陰縣改為淮陰市，並統轄有關縣、區；二是最近又將淮陰市改為淮安市，將原來的淮陰城區附近，改稱為清浦區。這次改制的詳細區劃，主要原因及意義，在本輯文獻中有多篇宏文詳加報導。而這些宏文多承現在淮陰、身歷其境，主管市政、學養有素的鄉長，賜文撰述，內容豐富詳盡，足資拜讀和參證，不再贅述。茲以早年離開淮陰，多年旅居海外的淮陰人，對此次改制與名稱更易，略表感想與心聲。

## 二、老淮陰人的懷鄉情緒

我們長年寄居在海外，或遷徙到其他省市的老一輩子的淮陰人，無論過去生長在淮陰城區鄉區，在這塊土地上從出生到成長，以及接受教育，多半已有十幾二十年的時間。以後離鄉背井，遠走他鄉，多半是因為戰爭因素。然而我們這一輩子人，對家鄉淮陰的記憶與懷念，都無時或已。也因為我們對家鄉留有很深刻、難以磨滅的印象，自然產生了一種深厚的感情。因此，凡是有人提到有關故鄉淮陰的人、事、地、物，無不加以殷切的關注。也常告訴我們的子孫後輩，我們是淮陰人，更以淮陰人為榮。有時還講一些家鄉的地理、歷史、風俗、習慣、家族、世系、流傳的故事，來加深他們的印象。他們有些人曾經回去過淮陰探親、掃墓、訪遊，也有很多人從未去過淮陰，但是他們永遠牢記著是籍貫淮陰的人。

依照深深烙印在我們難以磨滅的印象中原籍淮陰，仍係涵蓋五個區，一個直屬鄉的範圍，茲重述其區分如次：

第一區：包括城中鎮、十里鎮、城東鎮、馬頭鎮、韓侯鄉、窯汪鄉、大河鄉等七個鄉鎮。

第二區：位於縣城西南，包括五豐鄉、小橋鎮、順河集、張圩鄉、淮風鄉、吳集鄉、陳集鄉、舊縣鄉等八個城鎮。

第三區：在黃河故道以北，包括王營鎮、振興鄉、朱集鄉、袁集鄉、丁集鄉、大興鄉等六個鄉鎮。

第四區：包括楊莊鄉、湖底鄉、三顆樹、新民鄉、漁溝鎮等五鄉鎮。

第五區：包括五里鄉、徐溜鄉、湯集鄉、河澗鄉、平安鄉、老張鄉等六個鄉鎮。

直屬縣政府：老子山鄉。

## 三、感想與心聲

首先，應該在基本上加以說明的，我們這些老淮陰人，不論是離鄉多少年，寄居海外或遷徙到何地，我們的一切身份證明、履歷表、自傳等等，都永遠記載著是淮陰人。我們的子子孫孫也都認定是淮陰人。可是，行政區域及名稱幾經更改以後，不僅原隸淮陰的五個區，一個獨立鄉，已經四分五裂，重加區劃，連淮陰縣城改為淮陰市以後，又忽然改為淮安市，真可說是面目全非了。將來我們的後輩回歸故里，可能完全不知道我們的原籍，老家、故鄉、舊居，究竟是在那兒了。

其次，雖然目前淮陰縣只維持了一個較小的特定範圍，其餘老淮陰所屬區、鎮、鄉，多改屬其他現制的市、縣或改易名稱，但是我們絕不可能再將原來淮陰藉貫，改成現行縣、市名稱。包括我們後輩子孫在內。其原因有二：一方面我們個人對原籍已根深蒂固，不想更動；一方面我們居留地也有許多法律限制與規定，不能依照大陸的更動而任意改變。我們海外數十萬眾的淮陰人，無不嚮往祖國，無不希望早日統一中國，然而我們這些海外遊子，都難免有點無鄉、無家之感，自難免以慨嘆繫之了。

第三，聽說這次將原淮陰市改名為淮安市，主要是為紀念中共偉人周恩來總理，是由國務院朱鎔基總理親自決定的。以周恩來總理對國家的貢獻，原無可厚非。然周總理原生長於舊淮安縣城，即新改的楚州區，並非生長於舊淮陰城內，即現清浦區。如為求真實，似應將舊淮安區即現楚州區，保留為淮安縣區，或在此設淮安市。更可改為恩來縣，或升格為恩來市，較能名副其實。現將舊淮陰城改為淮安市，設淮安市政府，反易導致周總理的真正出生、成長之地的誤解。如國父孫中山先生生於廣東香山縣，後改為中山縣，現改為中山市，仍在香山縣境，此理至明。

第四，在海外或外省地區同鄉，多有淮陰同鄉會、聯誼會等組織，無不冠以淮陰縣同鄉會的名稱；其他如淮安、漣水、泗陽、沭陽等縣，亦無不如此。同鄉會亦多編有「文獻」、「通訊」等刊物，自亦均冠有淮陰二字，其他縣市亦同此理。自淮陰改制易名後，部分同鄉亦有是否隨之易名，或改為「兩淮」、「淮淮」、「淮浦」等擬議。惟經詳細研究後，無論照以上擬議易名，或隨大陸新調整的地名易名，均屬不妥。因如淮陰、淮安，均有各自獨立的同鄉會組織，亦各有出版的書刊，不可能加以整合。又如依照住在地（臺灣）的法律規定，各縣市同鄉會名稱，亦不可能按大陸目前改制名稱隨之改變。同鄉會為一人民團體的組織，必須依照「人民團體組織法」規定組成。所以在當前狀況下祇有維持原名，亦即老淮陰人概念中的舊淮陰縣制轄區的概念。如仍用初期改制的淮陰市名稱，在泛指淮陰的概念下，尚可實用；如今再改為淮安市，實有難以適用接受的感覺。

第五，論者以為淮陰市改為淮安市，不過是一個地名的改易，習慣即好，無傷大雅。此種看法勢難苟同。回顧過去歷史上雖然淮陰（清河）與淮安（山陽），有數度互改隸屬，然其隸屬關係雖有時有變易，惟其縣治地名淮安（山陽）仍為淮安（山陽），淮陰（清河）仍名淮陰（清河），似從未有將淮陰（清河）改名為淮安（山陽），或將淮安（山陽）更名為淮陰（清河）者。因淮陰、淮安均具有悠久的歷史和文化，張冠李戴，恐非確當。前項已說明今將淮陰市改為淮安市，淮安地區改為楚州區，反使周總理的出生地易被誤導。又如漢朝開國名將淮陰侯韓信，真正是淮陰縣馬頭鎮人，如今改為淮安市，豈非將淮陰侯韓信，也要改為淮安侯嗎？這是要向歷史負責的。

第六，再就地理觀點而言，我國的地名與地理關係甚大，且容易辨明。如河南、河北，係指在黃河的南北；湖南、湖北，係指在洞庭湖的南北等，不勝枚舉。我國很多地名有陰陽二字，依照考據，陰是指太陽不易照到的地方，也指山的北面、水的南面而言。如華山之陰稱為華陰；淮水之陰稱為淮陰。陽字則相反的指山的南面，水的北面而言，如信陽、汶陽、洣陽、泗陽等。我國具有悠久歷史文化，取地名都有一定的原則可循，不是可以隨意更易的，願主政者慎之。

第七，行政區域的重劃，與市縣、區、鎮等地名的更改，乃一大事，非有重大原因與必要，似不宜輕率從事，因為地方名稱涉及問題甚多。尤其國人重視祖籍與鄉情，而每人的籍貫又以縣（市）為準繩，如凡屬淮陰縣的各區城鎮，均視為淮陰籍。如今遽加改易，不僅數十萬戶縣（市）民的戶籍省份，以及一切有關戶籍、地籍、檔案等須加改動，即電信、郵政等，恐一時尚不易完全掌握調整。據悉目前已發生有若干誤投、遺失、退回等情事的發生，此項狀況恐將會延續數年之久。

第八，以上各點多從海外淮陰人立場來觀察，容或仍有差距。惟近期接觸多批由海外返鄉探親、訪遊之鄉親，據告至家鄉後，接觸不少親友，對此次將淮陰市改易為淮安市，多表不滿怨言難免。可見以上觀點，均有同感。

〔原載二〇〇三、六、《淮陰文獻》第六輯〕

# 淮陰地形及沿革概況

## 一、前言

吾鄉江蘇省淮陰縣地處江蘇省之中部，所謂中部不僅以江蘇南北區分而言，即其風俗習慣物產等亦皆居南北之中。如以江蘇北部而言，北迄徐海，南迄揚鎮，淮陰又居蘇北之中。淮陰之語言，如以徐洲、海洲較之，則近南方語言；如以蘇州、常州較之，則近北方語言。鄉人兼食米麵，大致鄉區愛食麵，城區愛食米，城之北鄉固均為麥、豆之盛產地，而縣城之東南亦有部分稻田。綜上觀之，吾鄉稱為「南北和」當不至言過其實也。

過去交通未便，城區人未必到過四鄉，而南北東西遙遠，北鄉未必到過南鄉。加之抗戰、內戰兩次離亂，鄉人有少年離家迄未返里者，至於在外繁衍之後輩，大多未曾返里。職是之故，對鄉梓之地形區域等多逐漸忘懷，或毫無印象。前年同鄉任光宇鄉長，以聯勤總部於民國四十八年根據美國陸軍製圖局資料，所印製之二十五萬分之一比例尺彩色地圖見贈。爰依此圖對鄉梓地形、區域、位置等作一簡介。

## 二、地形與位置

淮陰係淮河流域之一廣闊平原，由於舊黃河、淮河、運河、右鹽河貫穿其間，加之西南臨洪澤湖，南臨寶應湖，故多河流，尤以縣之西南為甚。因之船舶亦為主要之交通工具。

淮陰南北縱長六〇餘公里（一二〇餘華里），東西橫寬約三〇餘公里，最狹處僅約二〇公里。故地形呈一縱長形，即南北長而東西狹。其面積約為一、七〇〇餘平方公里。

淮陰縣與安徽省之盱眙縣分界於洪澤湖中，亦即為江蘇與安徽之省界。洪澤湖之大部分屬於江蘇省之淮陰縣與泗陽縣，僅一小部份屬於安徽省。洪澤湖之南端蔣垻附近，形成一南山河，與其以東約四十公里之寶應湖相連接。

以淮陰縣為中心，其西偏北約三十五公里為泗陽縣城；其北偏東約三十公里為漣水縣城；東南約十五公里為淮安縣城；東南約四十五公里為寶應縣城；東北約八十公里為阜寧縣城。西南距洪澤湖最近處約為三〇公里；正南距寶應湖約為九〇公里。以上可知淮陰與鄰近各縣之距離與地理關係。

## 三、河流、道路交通狀況

運河為縣境最大之主要河流，自西北由泗陽流經淮陰縣城城北（如護城河然），向東南經淮安、寶應、高郵、揚州入長江。此為淮陰對外重要交通孔道，經常有小火輪行駛其上，南至鎮江約需兩天，不過兩百多公里。

運河民間悉稱之為運糧河，其實隋煬帝南遊之後，即有運河之名。今日之運河，北自河北省之通州，南迄浙江省杭州。古時僅為山東江蘇一段，名之為泗水。以後連接而成為我國南北唯一縱貫河流。

古之泗水，出自山東泗水縣陪尾山。四源并發，故名泗水。自泗水縣歷曲阜、滋陽、濟寧、鄒縣、魚臺、滕縣、沛縣、徐州、邳州、宿遷、桃源縣（今之泗陽縣）南下而入淮。此禹跡也。今其故道，自徐州以南，悉為黃河所占。其故道自徐州以南，舊云南清河；其北為大清河，又名北清河。金、元以來，嘗為黃河所占，舊兗州，徐州二府之間舊漕河及舊徐州、淮安二府間之淤黃河，皆為其故跡。今之泗河，歷泗水，曲阜，滋陽，濟寧東流入運河，乃古泗水之上河。明萬曆以前舊漕河，自徐州歷沛縣而北即泗水也。其支流與汴水合。自萬曆二十二年，開迦河以避黃河水險，由是泗轉入運，不復達淮。此運河之由來，僅概述之。於蘇北一段，又名之為裏運河，清季設裏河廳於淮陰西圩門內，專責管理。

淮河，古之四瀆之一。四瀆者：江、淮、河、濟也，何謂瀆，發源注海者也。按江、淮、河、濟四水，皆獨流入海。今淮奪於運，濟奪於河，四瀆僅存其二矣。

淮河源出於河南省相柏山，東流入安徽境，瀦於江蘇安徽間之洪澤湖。其下游本由清河口東北行自安東（漣水）入海。金、元以來，黃河自淮陰縣西南清江（清河）入淮，淮水下游，遂為黃河所占。清咸豐初，黃河北徙，淮水下游亦淤，其幹流遂自淮陰合於運河。

舊黃河遺址經城北五公里王營鎮東行，已祇見河道遺跡，黃色泥沙積滿河床，不見當日輝煌雄風。

此黃河乃元、明以來第四次決口改道，奪汴、泗，二水入淮，（今說可謂奪運或清河而入淮）經安東（漣水）入海。

鹽河，為運海鹽之河道—昔時有海鹽、蘆鹽之分。海鹽產於海州，沿鹽河可直達海州，航運大宗主要貨殖，厥為食鹽，此河故名鹽河。

洪澤湖最長處約六十公里，最狹處僅五公里，百分之八十水域屬於江蘇省，百分之二十水域屬於安徽省。在江蘇省境內百分之八十水域，其中百分之七十均屬淮陰縣境。

至於道路方面，在戰前全縣至各重要鄉鎮為縣道，餘則為鄉村道路。至各縣均可通汽車，但僅係碎石路或泥土路而無高級路面。原有至海州運鹽火車，後已廢止。

## 四、重要鄉鎮

茲以縣城為中心用幅射的方法，說明四鄉重要鄉鎮名稱如後。惟加申明者，以係照二十萬分之一比例尺地圖引述，遺漏之處在所難免，如有錯誤之處，仍祈諸鄉長予以指正。

縣城東南縣境最狹，距離甚短，有山陽行，王庄、孫家庄、黃家庄，至板閘鎮已屬淮安縣境，不過七公里。

縣城東北至漣水方向，有李家庄、蔣家庄、周家庄、吳家庄、朱集鎮、三楊庄、小張集等，約十五公里即入漣水境內。

縣城正北，經淮陰農業學校至王營鎮、西壩鎮、小營、尾巴庄、劉家庄、范家庄、陳家庄、黃河庄、胡家庄、杜家庄、劉家庄、大興庄、壽家庄等，距離約二十公里。

縣城西北有：沈庄、袁家集、谷庄、東蔣庄、三顆樹、文殊庵、陳庄、徐庄、漁溝鎮、丁集、五里庄、徐家溜、宋家集等，距離約三十公里。

縣城正西有：草閘、二堡、楊家鎮、周家庄、金闕、金家圩、周家庄、豆瓣集、孫庄、王家庄、南新集等，距離約二十餘公里。

縣城西南最為縱長，距離約五十公里，有戴庄、中馬頭、王趙庄、馬頭鎮、陳家集、周庄、楊庄、孫庄、余庄、蔣家庄、張圩、趙集、小王集、丁場、順河集、高良澗等。

縣城正南亦甚縱長，有錢家庄、黃家庄、季家庄、李家集、嚴家集、小王庄等。

## 五、行政區概述

淮陰行政區之劃分，茲據民國三十六年資料分為五個區，一個直屬老子山鄉。城區為第一區，含七個鄉鎮：為城中鎮、十里鎮、城東鎮、馬頭鎮、韓侯鄉、窯汪鄉、大河鄉。二區在縣城西南，共分八鄉鎮：五豐鄉、小橋鎮、順河鎮、張圩鄉、淮風鄉、吳集鄉、陳集鄉、舊縣鄉。三區在黃河故道以北，區公所設在王營鎮。此地為古時南人北上，捨舟登陸之首鎮，直達四區之漁溝鎮道路，昔人謂之官道。三區有六鄉鎮：為王營鎮，振興鄉、朱集鄉、袁集鄉、丁集鄉、大興鄉等。（四、五兩區三十六年新編鄉鎮，尚待證實），（再為補敘，今僅述其重要鄉集市鎮）。四區有楊鄉庄、湖底鄉、三樹鄉、新民鄉、漁溝鎮等。五區有五里鄉、徐溜鄉、湯集鄉、河澗鄉、平安鄉、志張鄉等。

## 六、置縣始末

淮陰縣，今知民國以清河縣改置，屬淮陽道（古用「陽」）治。又秦置淮陰縣於淮河以北，元廢。故城在今縣西南。漢封韓信為淮陰侯即此。淮陰縣在歷史上，曾為郡西，乃東魏置。齊廢。隋初之置。尋廢。在今縣城東南之淮陰故城，即郡治也。

清河縣舊城，在大清河口。宋、咸淳（註：宋慶宗年號）九年，淮東制置使李庭芝築。即唐昭宗時淮南節度使楊行密大破朱全忠於此之地區。元、泰定（註：元時年號）中河決，城圮。縣尹耶律不花，請遷於河南岸甘羅城，地僻水惡，居民鮮少。天曆（註：天時年號）元年，達魯花赤（蒙古語，掌印官職名）哈麻再遷小清河口之西北，無城。至元（註：元時年號）十五年起築土城三面，南方缺。此即今稱之舊縣也。

今之淮陰縣治所在地，稱清江浦。清江浦命名之由來：緣出於清江即清河之謂也。浦者瀕也。又風土記大水有小口別通曰浦，自清河入運東北行，由安東入海由清河口別通南下，而知清江浦之名明矣。

今之馬頭鎮河西諸地，在歷史上，諸水橫流，元、明以來，黃河奪汴、泗入淮，水險重重，既大且洶，但不及於山陽縣，故名淮安。淮陰因縣治初置於淮水之北而名之。

又淮陰古稱袁江，以手中載籍，尚未見袁江之名，茲以往古所傳書錄之，袁術，漢獻帝時汝陽人，字公路，據壽春，領揚州事，僭稱帝二年，糧盡兵散，北走青州，為劉備所擊，復歸壽春旋死。傳言袁術曾在此飲馬，後稱之為袁江。今淮陰城東門內，大街北側，有一巷，名大源巷，在淮陰城內外巷子有楣額者極少，此巷獨有，額有漢隸石刻四字「源遠流長」，字體渾重敦實。巷尾有一小學，名「袁江小學」，校後有死水池塘，相傳迄今，袁術飲馬於此。

## 七、結　語

弱冠離鄉後迄未返籍，屈指近五十年矣。我國近代史中，對日抗戰與國共之戰兩大戰爭，固為民族復興之契機，亦為歷史上之浩劫。經過此五十年來之變遷，不僅在人物、社會、政治等方面，即屬固定之地誌方面，可能亦有不少變化，筆者僅就五十年前青年時代之些微記憶，與手頭可供參考之少數資料，略述鄉梓區域地形與沿革之概況，恐遺誤之處必多，尚祈諸鄉長不吝補正。瞻望錦繡河山，但冀統一和平，俾期重反故土，一溫童年舊夢，能償其願足矣！

**補充資料：**

在「淮陰文獻」第一輯中，筆者曾為文對「淮陰地形及沿革概況」加以介紹。並就搜集到的一張十萬分之比例尺的地圖，將其影印縮小附在文後。對淮陰一般地形和重要村鄉鎮的位置，雖可一目瞭然，惟原圖並無明確的縣界，更未將縣屬各行政區的界域標出，幾經辨認，亦未敢隨便區劃，甚感遺憾。以後《淮陰風土記》重印問世，細閱內容，發現書後附有五張地圖，即第二區、第三區、第四區、第五區及老子山鄉等五幅。原圖係十萬分之一比例尺。由於缺少第一區部分，且以當時製圖技術而言，自難十分精確。尤其第二區與第四區之間，比例尺顯難吻合。

筆者勉強將此五張圖加以拼合，補上了第一區部分，又將第二、四兩區間不能接合部分，設法加以補救，成為一張稱較完整的淮陰縣行政區域圖，曾在《淮陰文獻》第二輯發表，附於文後，以供參考。

尚須補充說明者，有下述數點：

第一此圖係「淮陰風土記」印行時，民國二十五、六年時代的狀況，與目前情形可能變更甚大。

第二、原圖概為十萬分之一比例尺，經併合補繪後，在影印機上兩次縮小影印，每次縮小〇・六五倍，估算約為二十萬分之一左右。

第三、原圖係早年手工繪製，各村鎮間距離位置不一定很準確，僅可供參考。

〔原載一九八五、十、《淮陰文獻》第一輯〕

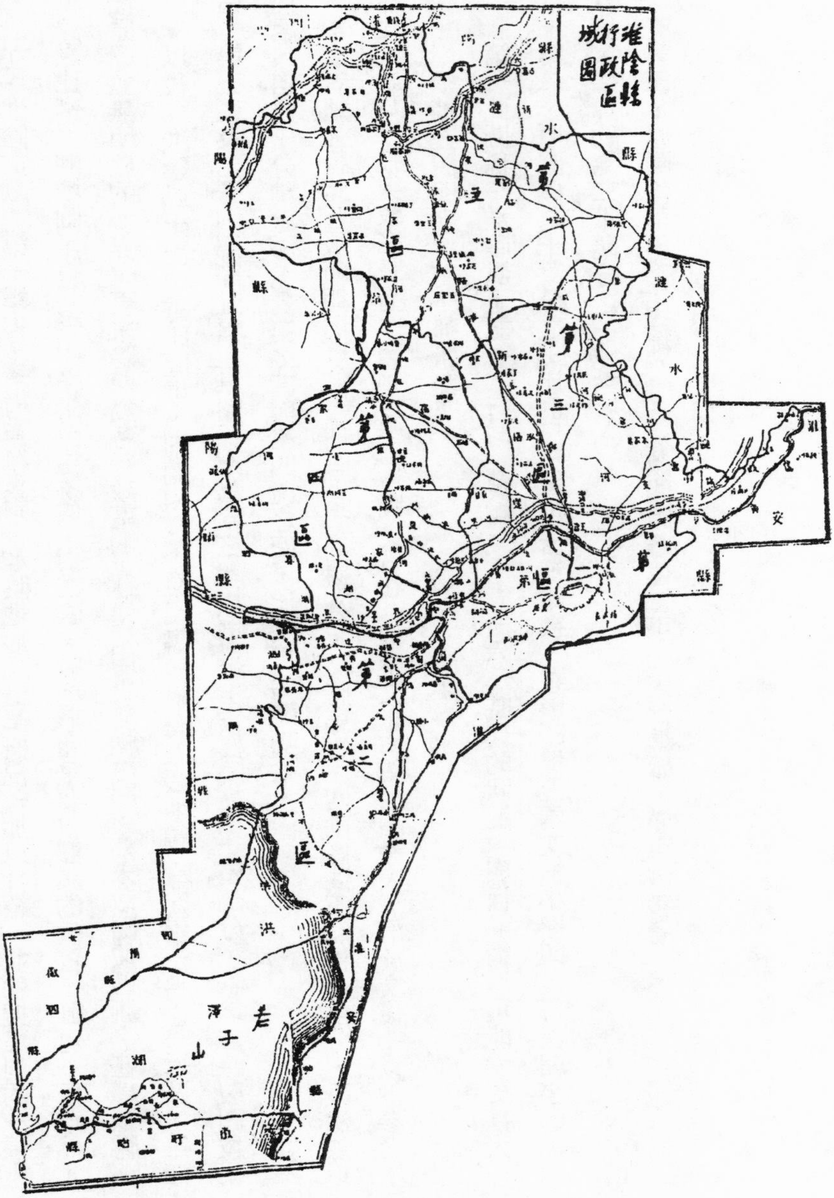
淮陰縣行政區域圖

# 江蘇法政首屆同窗點滴

《淮陰縣誌續編》中列有早期江蘇法政專門學校第一屆畢業學生名單如次：

第一班法律本科：卞斌、鄭延昌、邢立堅、彭仰文、汪開元、邱宗岳、吳引萇、鍾錡（原籍浙江嘉興縣）、陸武（原籍浙江杭縣）。

第一班政治經濟科：丁承愈、吳其鉞、趙象仁、袁斯琳、王光祖、杜憲熙、張震南、張震歐、張維炎。

以上諸公以與先父同屆、同鄉、青年時期又同窗負笈南京，部分以後又在淮陰同時執行律師職務，故交誼甚深。在當時民初時代，文學根底多已深具基礎，詩詞唱和，文字來往，亦均時有所聞。其實以上所列僅系淮陰縣籍者，其他附近各縣如淮安、泗陽、沭陽、宿、邳縣、鹽城、阜寧等地，甚至江南諸縣，亦有同窗不少。由於淮陰首先設立江蘇高等法院分院，二審司法案件，必須在此辦理，因之附近各縣同學，不少來此執行律師職務。

猶憶筆者少年時代，常翻閱法政畢業同學錄，先父每為之一一介紹，某人現任何職，現在何處，印象頗深。亦發現江蘇法政同學除江蘇省籍以外，尚有其他各省人士。

當九一八事變以後，由日本軍閥扶植之傀儡政權，偽滿州國宣布成立，且發表內閣人員名單，其中列有鐵道大臣呂榮寰其名，先父閱及報紙，即告知此人乃法政同班同學，東北籍，熱中政治，且展示同學錄以證明之。惟以此公甘為漢奸，頗為不齒。

其中在司法界任法官者亦不少，如淮安何公志侯，當時即已任司法行政部參事高職，並兼任部編譯室主任。如當時外放，即可能為一省之高等法院院長。抗戰前曾引荐先父至該部任職一段時期。

在前列第一班法律本科及政治經濟本科名單中，合計十八人，因多曾與先父交往密切，筆者亦均相稔識。彼等子女輩亦不少因在淮師先後同學而相知者。如鍾湘、鍾翰；邢祖援、邢祖環（象超）；丁如蘭、丁汝蘭、丁祖壽、丁祖同；王同宇、王光宇；呂榮莊（呂公心泰公子，邳縣人，亦為法政同學）；謝子敏、謝子敬（謝公天然女公子，謝公亦為律師，係上海法學院畢業）；李詠藻（趙公象仁之甥女公子）等。而父執輩法政同學中祇有丁公承愈，係前第六師範第一期畢業。因淮陰設有律師公會曾任會長者，有丁公承愈、卞公斌等，每於年會時聚餐、攝影，且攜子女參加。有時承先父之命前赴某府致送文物禮品，或代表其參與婚喪喜慶等事。

亦有外縣籍法政同班同學某公，調派至淮陰高分院任推事者，某公到職以後，當地律師界同學，擬邀請聚會歡迎，或有訴案相托，均一律謝絕，亦不回拜任何本地律師界同學，以示避嫌。僅於兩年後調職時寫一文意懇切之辭行函，說明公職在身，未便交往，務請原諒等語。對於前輩風範，實可欽敬。

在法政同班同學中，亦有不願離鄉，謹守家園經營祖產或兼任教育者。如吳公引萇在大興莊，趙公象仁在小營鎮，長侍其尊翁吳公仲谷、趙公玟叔，與先父均至友善。

另從事文化教育者，如揚州中學名國文老師，《淮陰風土記》著者張公震南；律師兼任教職者，如王公光祖兼任淮師國文老師，且曾為筆者授業，汪公開元亦兼教職，曾為筆者補習數學。

讀先父所著【復廬詩草】中，刊有與同班同學律師界酬和詩數首，爰錄如次：

## 劍龍餞別靜遠草堂戲贈旆青　邢耐寒

依舊蕭疏澹宕姿，同嬉竹馬更英奇。低回共按西涼曲，放浪爭傾北海巵。一片秋懷偏觸座，萬方多難復臨歧。酡顏一笑維摩室，老眼看花樂未疲。

註：鍾公旆青名錡，與先父法政同班同學，由詩中可見童年即為相識摯友，青壯年時期，更風流倜儻，以詩抒情，其景如繪。

## 題復廬隨筆　陸武嘯吾杭縣

高文典雅輯叢殘，酒後茶餘子細觀，讀到有關名教處，敢同說部等閒看。漫言忠孝總無憑，文獻流傳尚足徵，值此斯文將絕日，微言褒貶讓君能。

## 白門寄懷天然　邢耐寒

經月離群滯石城，城南芳渚倍關情，遠違夙契豈吾願，頗愧浮名累此生。夜半猶聞開舞扇，時艱誰復請長纓，遙知籬畔添秋色，小坐攤書日正晴。

## 和耐寒寄懷韻

註：謝公係上海法學院畢業，以居處近，交誼深，常相往來。　謝璜天然

三更街柝滿霜城，悔卻棲遲未了生，萬里烽煙縈短夢，廿年親誼見交情。浮家且妥殊可況，轆轤常慳半日晴，聞道北風胡正健，我將投筆請長纓。

## 題秋懷室【淮陰風土記】　邢耐寒

禹跡茫茫孰與論，舊時風物幾多存，明清六志攻同異，區野重經認劫痕。卓犖英才歸馬帳，辛勤著述擬龍門，知君不負千秋業，珍重名山好立言。

## 七月二十七趙園看菊寄叔丈守之兄　邢耐寒

疏柳長河警暮秋，倚樓人醉冷相浮，虛心對菊胸襟淡，彈指看花歲月周。大隱從來無境界，高懷亦自有山邱，勞君酌酒還相送，歸寫詩章紀勝遊。

註：趙公守之名象仁，與先父法政同班，其尊翁玟叔公以藝菊名於鄉梓。《淮陰文獻》前輯有專文記載。

## 春日與朗齋昭民遊蛇山南樓小羅浮岳王亭諸勝　邢耐寒

縱目晴川散旅愁，蒼茫身世此登樓，千秋明月舒長嘯，三鎮雄風據上流。好固金甌存奧略，誰將玉笛擬羅浮，會當共飲黃龍酒，莫遣山靈笑白顏。

註：張公朗齋名菊生，泗陽人，與先父法政同班，亦在淮陰執行律師職務。抗戰初即離淮，此詩係在武昌同遊時所撰。後轉軍法，來臺後曾任國防部高級法官，病逝臺北。

## 輓陳厚齋丈　海澄尊人　邢耐寒

周舍元龍數少年，椿聞早識太丘賢，膏盲經史傳先範，砥礪機雲著祖鞭。一室琴尊斜日暮，九秋風雨角星躔，椒酳欲獻江律阻，緬想方徽倍惘然。

註：陳公海澄阜寧人，與先父法政同班同學，曾任首屆立法委員，並曾兼任秘書長，逝於臺北。

此外，尚有王公繩之，係睢寧縣人，亦為先父法政同班，在淮陰執行律師職務。王公性情豪爽，善於辭令，談天說地亦滔滔不絕。聞先父述及約在民國十六、七年，因事旅遊某地，在途中遭土匪洗劫，又見其身材魁偉，出言不俗，仍俘押至山寨。匪眾甚夥，然頗有組織紀律，見匪首時詢問各節，亦侃侃而談，不僅毫不畏懼，且多善言規導。匪首乃親解其縛，禮貌有加，並堅留在山寨盤桓數日，誠邀其入寨並掌理文書帳目。每日大碗酒肉，相聚甚歡。王公終以家小眾多，思歸心切，且亦無志於此，乃堅辭賦歸，以誠相感，終獲諾准。臨行又盛大酒宴，派武裝護送，離開山寨鳴放一排盒子砲，以示歡送，護送直至安全地區，才殷殷握別。王公闡述此事，心悸猶存。又王公嗜藏古幣成癖，當時收藏甚豐，且藏有漢代之刀幣名為「金錯刀」，甚為名貴。

猶憶在民國七十年代，某日同鄉王傳書兄來訪，謂有要事相託。並告知，彼在家鄉與原配結婚時，曾邀請兩位大律師為其福證，一為應公鴻、一為令尊邢公耐寒，此在當時淮陰已得風氣之先。現其長公子即將舉行婚禮，特來敦請兄為其證婚，務請勿予推辭等語。余欣然允諾。爰亦記述其事，留下兩代父子福證之佳話（註：應公鴻未列入江蘇法正首屆淮陰籍名單內，尚待查證）。

以上多為六、七十年前點滴記憶，雲泥鴻爪，前輩風範留供懷思。

## 附：讀後感言　鍾湘

祖援兄所示邢伯父戲贈先父詩，實為先人交往可貴的情誼表現。從先輩童年幼年「竹馬嬉戲」，到青年時先父喜吹竹笛，「共按西涼曲」，先父不勝酒力，每飲少許即臉紅，所說「酡顏」更為真切。猜想這詩是在公元一九三七年或一九三八年所寫的。地點還是在道署街的我家住址吧？以後不可能在那個地方了。

我珍惜這首詩，一定珍藏起來，如果我能去南京的話，一定把它在先父墓前誦讀，但不知我能否作長途旅行？

為表達祖援兄能體諒先輩的深厚情誼，特胡謅幾句如次：

七十年前先輩情，難得兒輩惜真心，但願英靈能常在，放歌天上永年青。

本文作者奉和俚句兩首：

一、躍然紙上表友情，詩篇如繪敘歡心，七十年前往事在，祈祐綿衍萬載青。

二、兩代同窗世誼情，詩篇可貴表衷心，先賢典範恒留在，遙祝遐齡比柏青。

又文中所記之戲贈詩，其時間雖無正確記載資料，惟以先父一九三六—三七年間，係服務於南京司法行政部，判斷可能在一九三五年以前，謹加註記。

〔原載二〇〇三、六、《淮陰文獻》第六輯〕

# 憶故居

「憶故居」是先父遺著「復廬詩草」中一首懷鄉的詩，原詩敬錄如次：

映戶晨曦舊隱廬，藤花搖曳紫羅裾；
金鱗容與澄波活，翠羽啁啾景物舒。
燈下攤書眠弱息，膝頭誦佛戀貍奴；
此行不羨湖魚美，日日臨江憶故居。

這首詩是在民國二十七年抗戰開始後不久，旅居武漢時思家心切所撰寫的，以他老人家當時心情，自然是希望早日回鄉，由於出乎至性，發乎至情，所以能將我家故居的生活環境描繪的非常生動，猶如躍然於紙上。對照著這首詩再回想到五十幾年前的居家生活，真是回味無窮。

我家世居在淮陰縣城內南區，原稱史家橋，後來正式名稱叫太平橋街門牌一號。雖然名稱叫「史家橋」或「太平橋」，然而這座「橋」究竟在那兒？小時候也從未加以考據過。而且我家住在此街的中間，又何以編為太平橋街「一號」？是否以南巷為界，南巷以西稱為太平橋，以東稱為史家橋，小時候既未弄清楚，大了也未去深究。

「南巷」在淮陰內卻是一條非常出名的巷子，提起此巷真是無人不知無人不曉。此巷由太平橋街一直通到舊縣政府附近大街，長度約兩百公尺，巷內還有許多分支巷弄，如青雲巷、仁和巷等，巷內更居住了不少知名之士。我家住在南巷南方正對著的一條閉塞的巷內。所以過去有人問我們家住在那兒，其實我家並不真正住在「南巷」以內。

這條閉塞的巷子，長度並不很長，全長剛好等於我家房子縱深。巷內也只住了兩戶人家，斜對著門。對門這家姓浦，原來人口眾多，後來慢慢都去世了，也沒有傳有後人。巷子頂端有一塊「泰山石敢當」石碑豎立著，這一巷道空地，也是鄉人兒童遊樂之處，如跳繩、踢毽子、滾鐵圜、滾銅錢、抖螺等。

我家房子不算很寬大，但在當時城內，也算中上人家。面積推算，約有五十公尺縱深，九十公尺橫寬，照臺灣習慣，以坪來估算大概約有一百坪左右。大門朝東，主房座北朝南，中間留了一個「T」形的院落，區分為前後兩進，前進包括廂房、廚房、過道、下房；後進主房就佔據了「T」字形的頂端。

我家的住處很為明顯，因為先父在抗戰前執行律師職務，在臨街的牆上和大門口，均懸掛有藍底白字洋瓷燒成的律師事務所的招牌。記得這種洋瓷招牌，在當時還算很時髦的，是先父至友李五叔鳳巢先生在上海訂製贈送的。

我家大門是古色古香的，上面用黑漆為底，再上朱紅漆成的對聯，黑色隸書上下聯各五個大字，是家鄉名書法家王老先生所書，上聯「忠孝傳舊德」，下聯「勤儉安所居」。大門上面裝了兩個銅製的大門環，用以敲門時叮噹作響，那時還沒有電鈴的裝置。抗戰開始，家人逃離鄉間避難，曾請水泥工將大門用磚砌塞，以防宵小，共實這也僅是防君子不防小人，結果後來還是被劫一空。大門跨過一道高門檻，進入過道，再進入二道門，或稱為屏門。此門共有兩扇，頗為高大，是用乳白色油漆的，中間兩扇門上用綠色油漆漆了一付正楷對聯，上聯是「忠孝留有餘地步」，下聯是「和平養無限天機」。大門後面有兩道木門閂，雖然很為牢固，但仍在門後兩側各置一個大鐵環，準備晚上關門時再加上一根又粗又長的橫木棍，插於兩環之中，以策安全。除此以外還有一根長木棍，縱的支撐在大門後面，另一頭抵在二道門的門檻上，這樣看來真是紋風不動，風雨不透，萬無一失了。

過道的兩側，北側為廚房，南側為下房兼柴房。廚房內有三鍋，柴灶一座，用以煮飯抄菜，灶上供奉灶神，神龕兩側貼有「上天言好事，下界保平安」對聯一付。旁側放一煤球爐，專供燒水燉湯之用。

過道的對面一排是廂房，家人又將之區分為大廂房、小廂房，中間為大廂房，兩側為小廂房。大廂房中掛滿了名人字畫，記得中間掛了一幅清代名家渾南田彩色牡丹圖，兩旁是翁同龢所書行書對聯，上聯為「無事此靜坐」下聯為「有福方讀書」。這兒是招待客人的大客廳，平時父親執行律師職務均在這見商討案件。下午則多半有三兩好友在這兒品茗談天，亦常有對奕圍棋以資遣興的，多半都是一些父執輩的常客。

大廂房南北兩側各有小廂房一間，北側完全隔間，早年招待客人住宿之處，如程恒表姊，祖聲、祖榮堂哥均為住此常客。南側則僅以帷幕隔開，我們兄弟長大了，則由我們分住。抗戰前有一段時期，父親到南京司法行政部任職，母親及兩妹均隨往任所。我讀高中住校，前院廂房就整個請表姊程恒與表姊夫吳引蒼來住用，二弟一人住在後院。

「T」形庭院的南端，亦即前院緊靠南端鄰接浦宅牆邊有一兩層高的磚砌花壇，上面種了一顆紫籐樹，搭了一個與外簷齊高的大花架，此花係屬木本成長極為迅速，在抗戰前幾年已經長成一個大的花篷，幾乎佔了前院的一半空間，夏秋之間，紫籐花盛開，隨風飄蕩，清香撲鼻。紫籐花架下放了兩隻大沙缸，裏面飼養了許多紅色、龍眼、鳳尾的大金魚，水面上長後不少水草，魚兒在裏面遊來遊去，是家人欣賞的一大樂趣。紫籐花架下掛了兩三籠小鳥，或為黃綠色的密鳥，或為百靈鳥，或為沙溜鳥，都是非常會叫的鳥，而且鳴聲抑揚，聽來非常悅耳。所以先父詩中有：「映戶晨曦舊隱廬，籐花搖曳紫羅裾，金鱗容與澄波活，翠羽啁啾景物舒」的句子。

在「T」形庭院的縱長院中，中間隔了一道屏門，上面用波浪鐵皮為頂，向兩側斜坡形建蓋，可以遮蔽日曬與防止雨淋。下置六扇屏門，漆成深黃色。此一棚下，是我們夏天全家在院中吃飯乘涼的地方。到了夏天晚飯以後全家都在院中納涼，有睡籐椅的，有睡竹床的，手持芭蕉扇搖來搖去，真是怡然自得。

「T」字形庭院橫院的東側，是用青石塊舖砌的，頂端為陰溝，一切污水由此排出。一側種有幾顆夾竹桃，此花不像在臺灣容易生長，幾年就成為叢林了。蘇北氣候較冷，長了多年，還不及人高，但是每年紅花盛開，也算是不容易了。

「T」形庭院西側緊鄰葛宅牆邊長了一顆枇杷樹，這顆樹是何時何人所種，還是無心丟下一顆種子而發芽，已無法知曉，起碼我們小時候，就看到這顆樹，到抗戰前已相當高大。家鄉氣候非常寒冷，這種枇杷樹很難生長，在淮陰可以說是「稀有植物」，所以遠近知名。因為枇杷樹的葉子是中藥的一項重要「藥引子」，用時要將上面的毛刷乾淨，所以常常有人來索取，我家也儘量與人方便，凡來取的人無不慷慨贈送。枇杷樹下也有一個花壇，裏面長滿了金絲荷葉、山藥、草花等。值得一提的是靠近主屋旁邊種了一株月季（臺灣統稱「玫瑰」），長的極為茂盛，已超過一人多高。花是粉紅色的，花朵很大，開時一瓣一瓣逐漸向外開，中間的蓓蕾要到最後才放開，所以每朵花開放時好像蓮花座上坐著一位佛像一樣，因此先父將此花命名「蓮花寶座」。此花開花時間很長，所以全家人都喜愛，澆水施肥，自不在話下。

主堂屋坐北朝南，門首有三層石頭台階，另外還有一座門檻。兩扇黑漆大門，在晚上睡覺時才關起來；冬天另加一道風門，門上掛著厚厚的棉門帘可以避寒風，也可以隨時開關。大門右下側牆下，留一貓洞，專供貓兒夜間出入大小便之用。兩側臥室窗上，經常種植葫蘆，秋高氣爽，結果纍纍，非常有趣，父親有一本隨筆，即因此題名為「匏窗漫記」。堂屋大門外四週，在秋天也爬滿了「剪秋蘿」，這是一種俗稱為「牌樓松」的植物，開著深紅色的小花朵，晨開夜閉，非常可愛。

堂屋正面放著一排「老爺櫃」，是供奉神佛，祖先之用，中間懸有觀音菩薩像，一排香爐臘蠋檯，西側供奉祖先龕。東側高處屋樑附近，懸掛一長形黃布袋，裏面放著祖父母的遺影畫像，每逢過年即張掛起來以供拜祭。櫃下容量很大，放置許多物品，以請客用整套瓷質餐具為主。屋內兩側各置一張八仙桌，配了幾張太師椅。年節時桌上放置供祭物品，椅桌均加掛綉花圍墊，以示隆重。平時堂屋中以接待內親為主，除了夏天外，全家人也都在這兒用餐，早年內眷不到前院，外客也不入後院，將內外分的很清楚。

堂屋兩側為主臥房，房內設有書桌，父親寫作撰稿多在其內。值得一提的，臥房上面有一閣樓，樓上存放很多祖宗遺物。由於祖父是武官，有些官服頂帽花翎以及槍矛之類遺物，也有三寸金蓮的綉花鞋，古錢等，幼時常爬上來把玩半天。這些古物曾被學校（淮師）借去作為展覽之用。

先父詩：「燈下攤書眠弱息，膝頭誦佛戀貍奴」句。

家中藏書很多，大都是經子史集的線裝書，其中有整套箱裝的「資治通鑑」，各種史書、詩詞隨筆、通俗演義，亦有印象較深的「點石齋畫報」、「鴻雪因緣圖記」、「芥子園畫譜」、「桃花源棋譜」、還有若干新文學如魯迅、郭沫若、徐志摩等作品，至於法律書籍，以職業與治學之用，更不用談。

父親好學深思，平時手不釋卷，低聲吟哦；或則埋首疾書，從事撰述。嘴上含著著菸，菸灰盈寸，冬天流著清水鼻涕，不時揩拭。有時疲倦了，攤著滿桌的書就伏案假寐片刻，他老人家那種執著的治學精神，至今難以忘懷。此時家人均輕手輕腳不敢吵醒他老人家，還記得父親曾一度患過失眠症，難以入睡，在他老人家睡時，母親如將剪刀放在桌上，都要在下面先墊一塊毛巾，可見小心翼翼了。至於桌上所放書籍之稿，家人也不敢亂動它，以免他老人家醒來不高興。

至於談到燈光照明，在民國二十年代淮陰地區人家都用煤油燈，鄉間多用豆油燈。煤油燈上加以玻璃燈罩，佣人每天擦燈罩、剪燈蕊、加煤油是一項重要工作。那時電廠供電量很小，只能供應部分機關、學校用電，到了民國二十四年，已可供部分民間用電，但民間裝設電燈者甚少，我家則率先裝設，全家一共裝了七盞電燈，全室通明，比起煤油燈又光亮多了，記得在當時淮陰城內裝電燈的人家還不算多呢。

先父一生崇信佛教，且對佛經亦有相當研究，有些經文都能背誦。

其次要談貓咪了，家鄉人家沒有不飼養貓咪的，一來用牠捉老鼠，一來當做寵物來飼養。平時常常依偎在人的膝頭，冬天夜間睡在床腳頭，不過牠的警覺性甚高，一聽到風吹草動，就竄下床去捉老鼠了。一般貓咪的顏色有貍花的、有黑白相間的、有黃色的、有全白或全黑的，也有玳瑁色的。對門浦家是養貓的名家，經常養有兩三隻，體型肥壯，系出名種，記得當時兩隻母貓一隻是玳瑁色的，一隻是全白捲毛純波斯種的獅子貓，相當名貴。我家的貓都是浦家供給的，因為有時也會走失或為別人抱走。

記得我家在民國廿二、三年間，養了一隻全白捲毛獅子貓，長的非常可愛，不幸走失了，全家都很為懷念，而且想來想去都找不到走失的原因，先父竟然請了位精通「圓光」的蔡先生（小學教員）來「圓光」追查。在接待蔡先生晚餐以後，蔡先生就燒香拜佛，畫符唸咒，並在客廳牆上貼了一張白紙，令未結過婚的童男女注目向紙上觀看，我們幾個孩子和鄰家孩子均注目這張紙上，但我們都看不出什麼，只有鄰家一個女孩，能看到紙上漸漸出現了白光，以後就有人物出現，由她一一講出，其中曲折離奇，有如觀看電影長片一樣，甚至偷貓的人如何偷走，經過那些路線，他的家住在那兒，門上的對聯和門牌號碼均一一清楚出現，真是奇妙無比，令人無法加以解釋。我們得知這一經過以後，並未進一步追究，也就算了。

先父詩後兩句是：「此行不羨湖魚美，日日臨江憶故居」。其實當時先父離家不過僅僅一年，就如此懷念故居，如我輩離家五十餘年，那懷念老家的情懷，就更不用說了。前接舍妹來函說，曾在民國六十年返家乙次，故居已經依稀難辨。去（七十八）年淮師同學高志藻兄返鄉，他在少年時期與舍弟初中同班同學，常來我家，當即托他順便到我家故居去看看，希望能照張像片留給我一點聯慰相思的回憶，然而他回來後卻告知我遍尋附近竟無法覓得，實因變化太大，難以辨認，滄海桑田真是感慨萬千。這也是我寫這篇「憶故居」的動機之一。

寫這篇文章的另一動機，是藉此報導介紹淮陰在民國廿年代中產階層的家庭、生活、習慣、房屋建築等情形，回想當時中產階層，尤其是士大夫的家庭，在那種蒔花、養鳥、吟詩、誦佛、仰觀飛馬，俯視游魚，貓兒依偎著身旁，夏日院中納涼，冬日圍爐閒話，此種怡情悅性的生活，若與現代居

住在都市高樓大廈的公寓中，終日忙碌中的生活比較，又不可同日而語了，回憶往昔，仍不勝欣羨而神馳呢！（附詩）

〔原載一九九一、二、《淮陰文獻》第二輯〕

## 附詩、感賦寄懷弟妹

民國六十年代兩岸尚未開放通郵探親，舍弟象超試向旅居美國之劉同聲表兄探詢余況，並附函轉來告知家中狀況。適同聲以美籍身份赴北京，乃托帶照片數十張，賦詩寄懷弟妹，尚未敢以署名函件通信。爰予刊出，留為紀念。

烽煙仍遍地，睽隔數十春，人生如逆旅，晃然逾半生。每念故鄉月，感傷不自勝，思鄉情又怯，親故卜亡存。遠客傳竹報，豈止值千金？悲喜交相集，覽時淚沾襟。雙親已大去，不孝罪孽深，手足情意重，成就各一方。血肉原相連，隔世久不聞，昔日杜工部，離亂詠詩章。古今同一轍，傷心勝古人。猶憶春申別，堂上細叮嚀。弟妹交相詢，何時歸閭門？雙親竟永訣，音訊久斷聞。此情何以堪？造物故弄人？山樓瀕遠眺，雲天隔斷魂。者番鴻雁便，略抒鬱鬱情，尺素苦紙短，握管難盡申。手足連心意，諒當會苦心，雙親別兒去，未盡奉養心。此恨長綿綿，誠意禱上蒼，雙親靈安息，手足永康寧。後輩相繁衍，光我經德門。

# 《台北淮陰同鄉會通訊名錄》讀後

我淮陰同鄉旅台者，主要分為兩大批，一批是早期離開家鄉在政府或軍隊服務，隨著政府撤退來的，一批是三十八年前後因大陸變色而轉進來台的。這祇是概括的講，事實由於許多不同因素和管道來台的人數亦復不少。

概略的估計，約有兩千人左右。這一估計亦非毫根據，除少數個別來台的以外，有很多結伴來台、或團體來台的，很難分析統計。但其中由第二區區長陳惠身兄率領家鄉子弟投入軍隊編成一個營，以後隨軍撤退來台，人數就近千人。這些鄉親們到台灣以後，大多結婚生子，甚至已有了第三代、第四代；由其他管道來台的，也同樣的道理，生生不息，如果累積起來，說在兩千人以上，誠非虛言。

淮陰同鄉會雖然成立了幾十年，但對同鄉的調查工作，始終不易達成。其中也牽涉了不少的因素，如在軍政機關服務的，在早期尚未開放時代，有些人不便將個人資料公諸於冊。還有同鄉們也有點淮陰人的傲氣，個人事業十分顯赫，或不甚得意，均不願與同鄉連絡。過去歷屆同鄉會執事先生，也因為許多顧慮，就始終未能調查編冊。自然是一件很遺憾的事。

我很佩服這一屆理事長吳延玫先生，克服了許多困難，總算編印了一本《淮陰同鄉會通訊名冊》，在今（九十二）年七月二十二日會員大會上分發給各與會人員，並說明這只是一個初步的調查，還希望各位同鄉根據此冊，再加以校正補充，以期更為完整。

我對這本小冊子做一個初步統計：

總其蒐集二百廿八位同鄉的資料，看起來似乎人數不多，不過如果每位家中有五人計算，也超過一千人以上。以姓氏來區分，總計有七十四個姓，這並不代表淮陰人只有七十四個姓，主要是調查的資料，還不夠詳盡，可能遺漏的很多。這七十四個姓，包括丁、于、王、方、尤、石、史、左、任、仲、朱、吳、邢、汪、杜、何、把、李、宋、沈、尚、金、岳、周、季、夏、洪、胡、馬、范、姚、施、俞、姜、倪、唐、秦、孫、徐、耿、袁、高、陳、陸、張、華、郭、程、單、傅、黃、董、楊、趙、鄭、齊、蔡、薛、潘、劉、蔣、霍、盧、歐、錢、闕、鍾、謝、戴、韓、蘇、顧、嚴、端木等。其中王姓八人，吳姓二十人，李姓八人，陳姓十一人，蔣姓十人，均屬較多，與家鄉家族分布比例接近。

談到我們中國人的姓氏，參考大陸新華網報指出，根據專家最新研究發現，中國人的古今姓氏，已超過二萬二千個以上，這是歷史以來最多統計的記錄。不過，又據研究報告，這二萬二千餘個姓氏，也包括歷代屬於中國版圖的少數民族的姓氏，經過漢譯過來的。又經過比較精確的研究，隨著時代的變遷，不少姓氏已經消失了，目前仍在使用的漢姓約在三千五百個左右，較之我國家喻戶曉的百家姓來說，仍多出數十倍。

另參考北京國家科學院遺傳與發育生物學研究所研究人員指出，我國所有姓氏中最大的三個姓氏是李、王、張，其中李姓佔總人口七·九％，王姓佔總人口七·四％，張姓佔總人口七·一三％。此三大姓的總人口達到二億七千多萬人，為世界上最大的三個姓氏相同的人群。我們真敬佩這三個姓氏的宗族綿延繁衍，也更希望屬於首位的李姓的子孫不要數典忘祖才好。

又據報導，最常見的一百個姓氏，約佔大陸人口八十七％。其中有十九個姓氏，各佔全境人口百分之一以上，分別為、李、王、張、劉、陳、楊、趙、黃、周、吳、徐、孫、胡、朱、高、林、何、郭、馬等。

淮陰同鄉會成立的目的，不僅在增進鄉誼，促進連繫，更基於民族的血緣、感情。為鄉梓同仁多半沾親帶故，或互有各種世誼、鄉誼、學誼、鄰誼等多種關係，這更是我中華民族千秋萬世，源遠流長，世系繁衍，居於全球最悠久，最偉大的民族的地位，歷經五千年而屹立不搖的主要原因，今後同鄉會自應繼承歷任理事長、理監事的貢獻，在吳理事長延玫（筆名司馬中原）先生領導下，擴大其應有的功能。

現在僅就這本通訊名冊來說，在會員大會上主席已宣布作以下努力：

第一這本通訊名冊係屬初建，編印倉促，仍有未週、遺漏之處，在所難免。應用同鄉會再將這本名冊補寄給今天未能與會的鄉長，並請所有鄉長提供修訂、補充的意見，送同鄉會再加以補正。

第二、為使同鄉會能薪火相傳，目前在台或在海外的中生代同鄉，多半在學業、事業上已有相當成就，為了解其狀況（包括姓名、通訊處、主要學經歷、現職、關係人姓名、關係等），即由同鄉會發表函請調查，彙整後繼續編印成冊。

此外，建議在以後文獻中，鼓勵同鄉撰寫有關家族世系、源統等文稿，字數以五千字左右為限，以增進後代對家族世系的認識和了解。在淮陰文獻第四、五輯中，曾經發表過的《謄印淮陰吳氏宗譜記》及《鴛湖鍾氏近世概況摘編—以淮陰宗系為重點》等文，可資借鏡。

〔原載二〇〇三、六、《淮陰文獻》第六輯〕

# 《清江城裡的女強人》讀後

我的老同學陳惠齡兄，是過去淮陰城內各震蘇北的敏記稻香村食品店的小老闆。他於淮陰師範畢業後，又到上海美術專科學校深造，對於繪畫造詣甚深，特別專心致力於漫畫，作品甚豐，參加多次展覽，已成大陸少數成名的漫畫家之一。

記得我們還是十幾歲在中學同學的時候，他就是一位非常文靜、品學兼優的好學生。那時他就特別流露出生動的親情和回念；更將六十年前有關淮陰老城，創建並不斷更新的一項食品工業和經營的成就，詳加敘述。這是一篇值得讀的好文章，因為這篇文章，不僅是為惠齡兄個人親情和家世，留為一段值得記念的佳話；也可以作為淮陰食品工業史上一項可供參考的寶貴資料，更足可鼓勵後人對工商經營奮鬥成功的例證。

我是一九一七年在淮陰出生，於一九三七年離開淮陰，在這整整的二十年中，可說是一個土生土長的淮陰人。對於淮陰社會的狀況，自然相當瞭解。稻香村是很負盛名的一家食品店，而且比較其他食品同業來說，可說是更具創新，更具規模。比較其他較傳統、較守舊的同業，稻香村已能把上海、蘇州，甚至西點的風味引進，而不斷改進產品，然而多年以來，我們只知道稻香村的食品品質優良，產品種類多，卻不知道惠齡兄的令堂，是在幕後親手操持，艱苦創建，而且如此有眼光、有膽識、有手藝，更具有經營長才的女強人。

遠在六、七十年以前，淮陰古城還是一個相當封建守舊的時代，那時的婦女，多半未受過教育，更少在工商業發展，除了居家相夫教子，處理家務外，足不出戶，一切遵循老祖宗的傳統，不能有分毫差池。像惠齡兄的令堂—李永年女士，不僅能吸收新的知識技能，親自操持產業的生產與改進，又能經常親赴大江南北，採購原料，吸收新知，振興事業，稱之為女能人、女強人，可謂當之無愧。其實她不僅振興了自己一手建立的稻香村，也更帶動了淮陰故步自封、極端守舊的食品工業，有一個帶頭示範、創新更進的作用。因此對惠齡兄的令堂不禁肅然起敬。

寫到這兒，又不禁想起了稻香村的美味食品，令人饞涎欲滴，我們家人都非常喜愛這兒的食品，除了年節應時的月餅、年糕、雲片糕、綠豆糕等不在話下。說到月餅我們最愛吃棗泥的翻毛月餅（翻毛是此間稱謂），又香又鬆口。另外稻香村的薰魚、甜豆子，更是在淮陰無出其右。初到臺灣我們主副食都發實物，尤其配了大量的黃豆，家中經常煮一鍋甜豆子，任孩子們取食，然而無論怎麼煮法，都做不出像稻香村那樣好吃、那樣好看，顏色是亮晶晶的深醬色。

還有好多淮陰美味的食品，此間都吃不到。例如氣鼓兒，即連大斤果、小斤果，此間雖有類似食品，卻完全不好吃。又如小麻花兒，更未再吃到家鄉味；其實家鄉沿街叫賣的又甜又酥的大麻兒，此間亦迥然不同，其硬度可以墊牙，既不甜也不脆。

幾年前兒輩返鄉掃墓，內弟堅問要帶點什麼回去？我在電話中說，什麼都不要帶，只帶兩樣東西，一為京江餚子，一為薄脆子。結果據告前者淮陰城內已不生產，特派人專車到淮安城裡去買。兩種各買一大包，返臺後到家急急打開包裝，忙著一嚐，結果完全不是過去家鄉那種味道，後者居然硬的難咬，真是大為失望。

〔原載二〇〇三、六《淮陰文獻》第六輯〕

# 《杜月笙傳》中的淮陰幫會

## ——高士奎與馮守義兩前輩——

拜讀狂叟鄉兄有關淮陰幫會的大作，不禁想起過去讀《杜月笙傳》時，記得曾記述過輩份甚高的清幫領導人物高士奎與馮守義兩位先生。特向圖書館查得原書，節載於次：

### 高士奎專輪走蘇北

民國十七八年，蘇北一帶，遍地盜匪，賊勢之盛，莫可與爭。陳調元當淮海鎮守使，走馬上任的時候，為了確保安全，要請出清幫大字輩前人，在運河蘇北各碼頭坐第一把交椅的高士奎，陪他一塊兒去。兩乘大轎，高老太爺在前，陳鎮守使在後面緊緊相隨。

由於盜匪多如牛毛，橫行霸道，蘇北各地交通幾已斷絕，商旅通過，除非預繳「保護費」，隨時都會被劫。同在一省之內，從上海匯錢到蘇北，一百塊錢的匯水高達二十元。盜匪使得蘇北貨不能暢其流，地不能盡其利，災歉頻仍，民不聊生。

楊管北有這個雄心壯志，想打開這個交通阻塞的局面（指創辦內河航運）。他請杜月笙約來了高士奎高老太爺，高士奎在清幫比杜月笙高兩輩，但是由於潮流趨新，情勢不同，老太爺不但對杜月笙很客氣，尚且也是口口聲聲的在喊杜先生。

高士奎一約便到，杜月笙告訴他說：

「有點小事體，想請高老太爺走一趟洪澤湖。」

洪澤湖，位置在蘇皖邊境，早先是蚌埠通往清江浦（淮陰）的要道，後來因為煙波百里，成了強盜土匪的淵藪。來往商旅，不但要結隊而行，尤其一出清江浦三十里路，就要請兵保護，否則的話，出沒無常的鐵板划子，一湧而上，鮮有一個能逃得過洗劫一空。

高士奎聽說杜月笙要請他走一趟洪澤湖，驀地興起懷鄉之念，他欣欣然的說：

「三十年沒有回過家了，既然杜先生要我去，我就走這一遭吧。」

杜月笙大喜，當下請問：

「什麼時候動身呢？」

「隨便，」高士奎答道：「反正我是閑人，明天後天都可以。」

送走了高老太爺，杜月笙又叫楊管北來，吩咐他送高老太爺三千塊錢的「路費」。

楊管北不在清幫，但是他跟清幫人物很熟，就在他的手下，大達公司大裕輪的買辦，眾人稱為孫大哥的便是一位大字輩，因此，他選大裕作為此行的專輪。

那年，曾任中央國術館館長，國府委員的張之江，在當江蘇邊區綏靖督辦，督辦公署的總稽察長朱信科，更是清幫前輩朱五太爺的孫子，朱家和楊管北時相往還，所以楊管北請朱信科當他的私人代表，代為洽商一切。當高老太爺所乘的專輪一出寶應，朱信科便向張督辦和參謀長請了假，乘小火輪來「陪同照料」。

高老爺抵步，消息傳遍清江浦，碼頭上黑壓壓的一片，數不清有多少人來迎接，——其實，還有不少清幫人物，一路遠迎到淮安以下，肅候老太爺在船上吃過了晚飯，輪船駛向淮安，再到清江浦接受盛大熱烈的歡迎。

被清江浦的朋友苦苦挽留了六天，晉見歡宴，不曾一刻得閑。六日後，高老太爺乘車往楊莊老家。

在楊莊，一住就是十天。高老太爺的老親老眷，街坊鄉鄰，一波一波的跑來向老太爺磕頭。高老太爺也忙著一家家的拜訪，敘闊，他家中存有三百石米，加上自己帶來的三千塊，一筆筆的送光為止。

到達楊莊的次日，高老太爺派人傳個話，叫高良澗和臨淮頭之間，亦即洪澤湖相隔最遠的兩岸，管事的大寨主吳老么來見。話傳過去，在第四天頭上，這位蘇北頂有勢力的大土匪頭子，揮槳如飛的趕到了楊莊。

一進高老太爺的家門，吳老么向上三跪九叩首，執禮之恭，出人意表。高士奎跟他敘一敘，這吳老么居然也是悟字輩，真是老太爺的孫子。

「你曉得吧？我這趟是特為找你來的！」高老太爺望一眼垂手肅立的吳老么說：

「老太爺，我怎敢當？」吳老么作了個揖，不勝惶恐的說：

「上海有個杜月笙，」高士奎問：「你聽說過沒有？」

「久聞杜先生的大名，」吳老么答道：「就是至今不曾瞻仰過。」

「這位朱信科先生，」高士奎伸手一指：「就是杜先生的要好朋友，楊管北請來當代表，和你聯絡的。杜先生和楊先生在辦大達輪船公司，大達的船要開闢蘇北航線。我找你就為這件事，——看到大達公司的船來，你要好生照拂。」

「請老太爺放心，」吳老么慨然承諾：「大達公司船只管來，他們船上要是少了一顆麥，統統由我賠償。」

## 強盜不搶航線通哉

就這樣，三言兩語，打開了蘇北航線，甚且遠遠伸展到蚌埠、清江浦之間。待高士奎回到上海，楊管北立即開始籌備「薛鴻記帆輪聯運公司」，並另行籌組「達通小火輪公司」，航行皖北蘇北各線，只載貨，不搭客。他設立各地分支機構，儘量起用清幫人物，譬如蚌埠辦事處請大字輩的夏金貴主持，清江浦有大字輩馮守義坐鎮，揚州、鎮江則以通字輩向春廷總綰一切。凡此清幫人物一概畀予經理名義，月支薪水大洋兩百元。但是實際業務，仍得另簡「經驗人士」負責辦理。

第一次航行，就出現了驚險鏡頭，達通小火輪公司的一艘船，駛到了柏樹灣，這一帶因為地形關係，運河曲折，成之字形，一向是盜匪出沒搶劫船隻之地，當時行駛於此一地區的儼然一條長龍，形成船隊。第一艘是揚子公司的輪船，第二艘是戴生昌的船隻，達通公司的火輪殿後，卻是一連拖了十幾條木船。

船隊駛抵柏樹灣，大概是夜晚九、十點鐘光景，週遭一片漆黑，伸手不見五指，突然之間岸上響起清脆嘹亮的槍聲，緊接著便有粗獷的聲音大喊：

「把燈熄掉！人回艙裡去，誰敢探出腦袋，謹防挨槍！」

月黑風高，碰到強盜，當時的氣氛，恐怖緊張，達於極點。達通拖輪和木船上的員工水手，一個個嚇得面無人色，混身發抖，可是他們耽驚受嚇了許久，竟然毫無動靜，祇聽到前面停泊的輪隻，哭喊之聲，不絕於耳。於是有膽子大些的，探首外望，兩岸靜悄悄，不見人影火光，心想一定是土匪得手以後就撤退了。當夜疑惑不定的各自去睡，翌晨一問，果不其然，揚子和戴生昌的兩條船，貨物和行李盡遭搜劫。唯有達通公司的船被匪徒們視若無睹，秋毫不犯。

達通公司等於是保了險的，託達通運貨，土匪不會來搶，消息迅速的在傳播，托運貨物的主顧，紛至沓來，一切因為兵災匪患被迫停歇的行業，如今運輸上的問題獲得解決，自此開始復甦。達通蘇北航線之建立，不但使大達公司的業務突然猛晉，盈餘直線上升，而且讓日趨萎縮的蘇北金融經濟，很快的恢復舊觀，貨既暢其流，地亦盡其利，交通、上海商業和江蘇省銀行，紛紛的在蘇北各地設立分行或辦事處。

楊管北的腦筋動得很快，利用杜月笙在銀行界的優越地位，跟銀行家們的私人關係，向上海商業銀行、交通銀行各借一千五百萬元，合計是三千萬塊錢，專做蘇北貨物押匯，特別以「薛鴻記帆輪聯運公司」的提單可以押匯。按照銀行規定，民船營運，不得抵押，以民營帆船押匯，更是史無前例，但是因為薛鴻記和大達公司的船一樣，途中安全，土匪不敢攔路打劫，貨物從不短少，反倒給銀行多做不少穩妥可靠的生意。

他們又創設大興貿易公司，專門代蘇北各地的商人，在上海採辦貨物，貨物價格，以上海新聞報的行情報導為準。蘇北商人委託大興的當時，只要繳付三成的貸款，其餘七成，由上海大興公司墊付；當貨物辦妥後即交大達公司，取到提單，立刻便向當地銀行分行或辦事處，連水腳（水路運費）一齊做押匯。因此不等貨主繳清貨款，他們墊付的資金已經收回。像這樣的做法，他們一共有運費、代辦費、利息差額（上海利率一分二，銀行利率九厘）三重的賺頭。

而蘇北商人，既節省了到上海辦貨的旅費和人力、時間，又絕無風險可言。定貨之初，只付貨款三成，另外七成又省了一筆利息。貨物很快運到目的地，貨主拿到提單，如果不急於一次提出，可賣出一件，還銀行一件的錢。在這種新穎而設計週密的制度下，最低限度，有三十萬元資本的商人，就可以做到一百萬元的生意。

此外除以上原文外，筆者尚有一小插曲，可以一提，然而事隔六十年，也只當故事聽。筆者在高中讀書時，先父執行律師業務。一日下午，適先父外出，有一貴客來訪，余應鈴聲而開門，見一鬚髮皆白老人，氣宇軒昂，舉止不俗，精神抖擻，謙和有禮。余見為長者，即鞠躬為禮，恭請進入客廳上座奉茶，然後垂手侍立一旁，請示老人家有何貴幹？彼以略帶魯音述及：「與令尊相諗，今來拜訪有一法律案件，擬請教高明。」余答稱：「適家父因事外出，可能非即刻返回，當俟家父返時稟告，改日回拜請益」。旋即面帶微笑與余寒暄，垂詢年齡，就讀狀況，啜茗品茶，十餘分鐘後興盡辭而去。余仍恭送至大門外，鞠躬道別，並致勞步及家父未在家親自接待之歉意。

當時淮陰幫會確頗風行，據悉某名報人、名中醫師皆為青幫弟子，並出其門下。家父返時余即稟告訪客情形，家父即稱：「此人來頭不小，為青幫大字輩，不可怠慢，余當翌日回拜」。

不意數週以後，有人向先父傳言：「某老太爺見令郎器宇不凡，待人接物，謙恭有禮，頗為欣賞，有意收為關山門弟子，以賢父子均屬讀書人，不識意下如何？」先父得悉後，即轉告與余，並互為商酌，均以正在就讀，志在升學，無意於此，後家父設法婉言相謝。亦尚有父輩友朋認為蒙某老太爺看得起，如此大好機緣，放棄實屬可惜者。姑追記其事，以博一粲。

〔原載一九九五、一二、《淮陰文獻》第四輯〕

# 伍、母校淮中（師）

# 母校的作育與成就

## ——敬祝母校百年校慶——

我世居在淮陰城內直到抗戰開始的時候才離開，從此也就一直沒有回過家鄉，然而懷鄉之情卻一天也沒有忘記過。我從淮師附小、淮師初中部、高中師範部畢業，一貫十多年教育，在小學常接受高師部的實習老師來教學，以後我在高師部又到附小去當實習老師，所以感受很深，印象也很深。對於母校的一草一木、一人一物、一房一舍，特別是對於母校的作育之恩，永遠難以忘懷。

我離開母校後曾經多次接受深造教育，也服務過多層面的工作。概括的說，我服務軍旅從基層軍官到將軍；轉任文官後擔任過簡任最高級職務；兼任大學教授及公務員訓練課程先後達二十年以上。然而不論在那一次深造教育或服務的過程當中，卻沒有忘懷母校的作育給我重大的影響和實際所收穫的益處。

當然我所印象的僅是六十多年前的母校淮師，經過半個世紀以上的母校，如今已有百年歷史，歷經戰亂、幾經憂患、幾度復校、篳路藍縷，從艱難中成長，成為更茁壯，更完善，更具水準，更有榮譽的淮陰中學。誠然，時代在進步，時代在蛻變，從科學、文化、社會、政治、經濟等各方面的快速發展來說，我們目前的時代，已遠非六十幾年前那個時代可比。然而不可否認的是歷史的軌跡，卻遺留著永不磨滅的記錄，所以我們非常重視和崇敬當前的成就，同時也更珍惜過去歷史的經驗和記錄。目前母校的發展和成就，更是進步迅速，一日千里，不僅在江蘇省列為名校，更被列為「國家級重點示範高級中學」。當此歷史悠久、建校百年、師生努力、千錘百鍊、成就非凡的重要階段，對於母校的歷史、沿革、成就等各方面，已有很多文獻加以報導，不須再加贅述。現在準備從另一個角度，就記憶所得將六十年前母校的作育與成就的特色，略加說明如後。

## 第一、激發戰鬥意識參加抗戰行列

我是剛好在一九三七年抗戰前夕畢業的，在抗戰前幾年大家對強鄰日本企圖侵略的野心已經有了很高的警覺，本校在全國高中加強軍事訓練與管理的要求下，不僅派有軍訓教官，加強軍訓課程，連學生班級的編組也編成中、區分隊，平日作息均用號音，早起升旗到晚點名以及學生制服，都接近軍中生活。高二下還規定全省學生到鎮江集中訓練三個月，完全按照新兵入伍及分科教育加以嚴格的訓練，結訓後授予陸軍步兵少尉預備軍官證書。返校以後不僅協助訓練同學的基本動作，參與駐軍實兵戰鬥演習，連學校所舉辦的暑期小學教師講習會，都由我們同學擔任管理幹部。高中三年我被推選為五個學期的級長，一個學期的副級長。因為我口令宏亮，凡全校的活動大部分都是我擔任指揮，這與我以後立志從軍影響關係很大。抗戰開始以來，不少老師、同學參加了抗戰行列，有些直接參與軍旅，有些參與其他行業，有些急切深造，有些在家鄉繼續執教，有些更直接擔負保鄉衛國的責任。無論以後成就非凡、或壯烈犧牲、或堅守教育崗位，能夠面對強敵，歷經艱辛患難，仍然能不屈不撓、奮鬥到底，主要就是靠著母校平時所灌輸的國家民族觀念和嚴格軍事管理所陶冶鍛鍊的精神和意念。

## 第二、各種教育學程奠定事業基礎

我永遠記住老師所講的杜威名言，「教育即生活」。如果認為學校所安排的各種教育課程，只是為著當一個小學教師所應用的，這種想法就未免太狹義了。我以後接受了各種層次的深造教育，擔任各種層面的職務，特別是主官、教職，無論對部屬、對同事、對學生，不僅是謹記著「有教無類」、「循循善誘」的基本教育原則；更經常運用教材與教法、心理學、測驗與統計，以及當時所開的論理學、倫理學等，以加強學校和在職教育或訓練，獲得顯著的成效。甚至無論在軍事、行政、企業、學術機構的領導者，對於帶人、用人、從事業務有關領域的社會調查和學術研究，都因為具備了這些基本知識做基礎，受到相當的啟發與幫助。記得我擔任行政機關主管時，剛分發來服務的多位研究所畢業的碩士，他們不僅對業務完全陌生，甚至對參謀業務一竅不通，經過在職教育的啟發、誘導、示範、習作等，以後不僅都成為高級公務員，目前已有幾位當到中央部會級的首長。因此，對一個師範出身的我，時時感到母校的培育和成就而引以為榮。

## 第三、蘊育學術風氣增進學習效果

母校一直有良好的讀書風氣，老師們都有相當高的水準，同學也都保持一定的素質。記得當年的老師絕大多數都可稱為「名師」，在江蘇省教育界學術具有相當名氣。他們講起課來滔滔不絕，如數家珍、引經據典、倒背如流，有時一枝粉筆，在黑板上龍飛鳳舞，史地的地圖、數學的圖形，隨手畫成，啟導比喻，務求貫連。而對學生視同子弟，親切關愛，溢於言表。上課的時候，不忘勉勵同學敦品勵學，很少疾言厲色，言詞不雅，更無當面責斥、體罰等情事，因此，名師風範至今不能忘懷。同學讀書風氣也就自然形成。尤其在高中師範部同學必須全部住校，除了教室和寢室以外另外有八人一間的自修室；息燈號以後仍不乏用功的同學在微弱的路燈下啃書的。當時的老師在抗戰後不少被聘為中學校長、大學教授、或擔任縣長的，可見人材濟濟。在同學方面，因為都具有良好水準，畢業後各校爭相聘用，以後繼續深造的在社會更多傑出的表現。

## 第四、優秀師資設備培育多方才藝

培養一個優秀的教師，必須是全能的，才能到鄉區小學擔任全面的教學。他要能講會說、能寫能畫、能唱能彈、能跑能跳，所以學校設置了音樂、圖畫、勞作、理化實驗等專用教室和完備的體育設施。並聘請了各門才藝老師，在音樂方面有聲樂、鋼琴、小提琴、舞蹈等專業，平時朝會、週會都由同學彈琴，鼓勵培訓；在圖畫方面有西畫、圖畫、雕塑等名流；在勞作方面有雕刻、各種手工藝品、廢物利用等習作；體育方面除各項設施以外，經常舉行校內、校際各項比賽，老師也曾組成足球隊與同學友誼賽。老師不乏書法名家，正楷、行草、魏碑、漢隸，連市區內許多商號的招牌都出諸老師的手筆。由於以上老師和學校的啟發，培養出不少同學成為國內外知名雕塑家、畫家、音樂家、書法家、運動家、文學家等。

## 第五、各種課外活動結合生活教育

當時功課壓力不大，我也不是一個讀死書的學生。高一下學期就到鎮江接受三個月的預官集訓。高二時我們就被派到當地慈善機構所辦的小學去兼任義務老師。高三時更正式到附小去做實習老師，而且實習的成績非常重視，如果缺席或被考核不及格的都不能畢業。在這一段期間我們還經常被派到當地各小學去做智商測驗，將調查測驗結果加以統計分析，做成小型研究報告。畢業旅行更是一件大事，當時由老師率領我們到江南鎮江、無錫、蘇州、上海、杭州等地去參觀相關學校及教育文化設施，包括筧橋的空軍官校、上海的商務印書館等，暢遊各處名勝古跡，在一向比較保守的蘇北同學，甚至很多人從未出遠門，真算是大開眼界了。

學校設有圖書館收藏書籍頗為豐富，我曾讀過世界各國短篇小說集、《少年維特的煩惱》、《唯物論辯證法》、《西洋哲學史大綱》，至於我國小說四大名著更不在話下；而且我對《萬有文庫》中的《金石索》，尤其鍾愛而經常臨摹，到了規定要還書的日期我又經常續借，沒想到以後奠定我篆書的基礎，還出版了一本《篆文研究與考據》的著述。想到現代青年連《紅樓夢》、《水滸傳》、《三國演義》都未看過，真感覺有點意想不到。

物理老師在學校特闢了一間房設置「暗室」，專為沖洗照像的用途，經常教導我們攝影技巧，並帶我們到暗室中教導如何放大，如何沖洗的各種過程。還教導我們製作「藍圖」原紙以及如何曬藍圖的方法。也深深影響我日後對攝影的興趣。

當時的訓育主任是一位出身北師大的教育家，不過他不苟言笑、要求嚴格，而我是一個頗有個性且不是一個完全盲從的學生，因為一直擔任班級幹部，接觸雖然很多但並不很親切。然而他對我有心的培植，以後卻令我永感師恩不能忘懷。他經常交給兩三份報紙，令我將報紙新聞加以分類剪輯黏貼成冊，當時我對這種課外的負擔心有不甘，沒想到漸漸剪輯竟然引起興趣，對我以後經常養成剪輯資料的習慣，寫作有百萬字以上的著述有極大的關係。尤其在畢業離校的前夕去向他辭行的時候，他跟我說的一句話：「你馬上離開學校，要進入一所社會大學，這所大學自然給你的感受，會比學校教育對你的教導來得更有效果」，令我終身難忘。聽完這句話以後，他打開抽屜拿出一冊硬面精裝新購的書籍贈送給我，並說：「這本蕭天石所著的《世界偉人成功的秘訣》特地送給你代表我對你的期望。」原來這位恩師是這樣深深的愛護我和期許我，而我卻毫不知悉，當時真令我感動不已。這位恩師就是李錦輝老師，可惜離校後我一直未能再跟他取得連絡。

當此母校建校百年大慶的時候，我只從另一種角度，記述一些印像特別深刻的事情，來表達我對母校崇敬和懷念的心情，更對母校的作育與成就，表達誠摯感恩的心懷。我們面臨邁入廿一世紀的中國人時代，全體在校和已畢業的同學，為爭取母校的榮譽，我們踏著歷史的軌跡，跟著新時代的巨輪不容遲疑、只有進步、再進步，奉獻社會，奉獻國家民族，是我們責無旁貸的責任。

〔原載二〇〇〇、六、《淮陰文獻》第五輯〕

# 憶述母校淮師

吾鄉淮陰為蘇北重要縣市之一，在抗戰以前蘇北各縣，教育並不甚發達，甚至部份縣市尚無一所高級中學或高級職業學校之設置。惟淮陰於民國肇始不久，即設置有省立高級師範學校與高級農業職業學校，且籌設江蘇公立法政專門學校分校復歸併於南京本校，均係開教育風氣的先河。前述高級師範學校與高級農業職業學校，不僅是當時全縣的最高學府，亦為蘇北淮河，運河流域一帶十餘縣學生的向學中心。

余先後就讀於淮陰師範附屬小學及淮陰師範初中部與高中師範部達十餘年之久，對余個人之修身、立業，自不能不謂之影響深遠，早擬對母校史實為之撰記。惟距余畢業淮師高師部，迄今已近五十年，且自抗戰開始後，輾轉各地，從未返鄉梓，手頭亦乏任何資料僅憑記憶與印象對母校加以憶述，掛漏之處，在所難免，尚希在臺前後期學長不吝指正。

江蘇省立淮陰師範學校，簡稱為淮陰師範或淮師，其前身係江蘇省立第六師範學校。北伐以後國民政府成立於南京，旋實施中央大學區制，概於民國十七年配合此一體制，將江蘇省立第六個師範學校改制為江蘇省立淮陰中學校，簡稱為淮陰中學或淮中，惟高中仍設師範部，並未開辦普通高中。淮中高師部與初中部各舉辦四屆，即民國十八年第一屆畢業，民國二十一年第四屆畢業。旋即改為江蘇省立淮陰師範學校，民國二十二年為淮師第一屆同學畢業，以後直至抗戰開始後數年淪陷為止。

淮師校區在縣城內西門與北門之間，其校區西迄城牆，北迄北門西後街。如立於學校大門前回顧，則西有城門東有文昌樓在望焉。其校區範圍約佔百畝，朱樓瓦舍，為縣城內令人嚮往之少數宏偉建築物的文化園區。初與附屬小學臨街以天橋相通，後附小遷至道署街之舊道尹公署內，乃將全部校舍撥歸淮師所有，更形成縣城西北角之一片廣大校區。

母校校舍配置情形大致如次：由學校大門兩側之會客室，傳達室進入後，迎面第一進之二層大樓為學校之行政大樓，樓下為教務處、訓導處、教員休息室，樓上為校長辦公室、會議室、接待室等。樓之西側有大禮堂、約可容納五、六百人，為全校重要集會之場所。第二進中間設有兩個網球場，正面之二層大樓為男生之主要教室區，樓上為高師部，樓下為初中部，亦間有部份女生使用者。東西兩側為女生宿舍及初中部男生宿舍。第三進平房部份使用為女生教室、勞作教室。第四進稱梧桐院，植有粗可合抱之梧桐樹數棵，院中有音樂教室，內設風琴數十部，以供學生練習之用。另有圖畫教室，專為上美術課之用。再後一進則為廚房及大飯廳。梧桐院西側旁有理化實驗教室，圖書館旁通道可通往大操場。設有司令台、籃球場、排球場、網球場，全校師生朝會、升降旗及各項活動，均在此處展開。操場北面二層樓房為高師部之宿舍及自修室，操場西北角設有小型發電場及浴室。至於校區之東北區均為女生教室、宿舍、運動等活動場所，其中花木扶疏，假山庭園、小橋流水、幽靜曲雅，惟屬男生禁地，祇能望門卻步耳。

淮師教育體制，區分為高中師範部與初中部，通常每年高初中各招收男女新生一班，男生稱為甲組，女生稱為乙組，分組分班教學為原則。亦有因少數情況將男女混合編為一班者，如招生不足，中途轉退學等。總之，每一年級各為甲乙兩班，即全盛時代高初中合計亦僅十二班。另為培訓未受師範教育，現任小學教師，特設置有師資訓練班，為期一年，期滿分發任教。暑期中亦常舉辦為期數週之小學教師講習會，係對未受師範教育之小學教師予以集訓，俾灌輸有關專業知識。

由於淮師每年招收學生不多，每班五十人，高初中亦不過二百人，故入學考試頗嚴，有達五十分之一錄取率者。某一時期為使附近各縣培育師資人數均衡，又按淮（陰）、淮（安）、漣、泗、高、寶、宿、沭等縣考生籍貫比例錄取，畢業後分發回縣服務，考取益感不易，故學生們以考取淮師為榮也。

當時在淮師任教老師，多為學養豐碩飽學多才之士，尤其多能平易近人，循循善誘，致能形成良好之讀書風氣。老師出身，多為江南高等師範、東南大學、中央大學、北平師範大學，以及其他大專畢業者，依記憶所得：

任國文教席者，有吳鐵秋、陸鐵乘、方毅侯、秦選之、趙重方、王縄之、于在春、顧民元諸老師。

任史地教席者，有丁遐齡、嚴公畏、杜樹之、齊樂同諸老師。

任數理化教席者，有范農研、何仲愚、孫志珩、錢秀三、張紹南、孫彰伯、高季可、唐子東、童仲愚、孫云沛、王惕非諸老師。

任教育課程教席者，有魏孝亭、李錦輝、周仲勉、王若蘭、花濤泉諸老師。

任生物教席者，有張舜俞等老師。

任英文教席者，有吳洗之、羅文浩、戴淑良諸老師。

任圖畫及勞作教席者，有蔣阿先、游玉存、吳學遲、顧賡甫、薛珍、陳令儀諸老師。

任音樂教席者，有姜逸鷗、高子平、祁秀夫、徐仲純、李韻倩諸老師。

任體育童子軍教席者，有王小商、任景華、馮公智、吳亮蓀諸老師。

任公民教席者，有劉夢麟等老師。

任軍訓教官者，有王天雄、劉文濤、阮曉軍諸老師。

至於歷位校長亦多為碩學多才之士，如六師時代之徐公美先生；淮中時代之徐書簡、王德林先生、顧克彬先生；淮師時代之任中敏、顧敦甫、孫潔黃諸先生。

淮師為作育師資之教育場所，其教育宗旨自以充實教育內涵，砥礪品德規範，培養倫理情操，啟發知能志趣為主旨，以促進各學科全能發展，進而更達成大教育家杜威所謂「生活即教育、教育即生活」之理想。在高中師範部之專業課程中，有教育概論、教育史、教育心理學、教材教法、教育統計與測驗等。復在公民課程中分學期教授政治學、法律學、論理學、倫理學、國父遺教學等。教育課程中，特別重視教學實習與參觀考察。至高三時即在附屬小學實習施教，凡高級、中級、初級、複式、單級均須輪流任教，此項實習要求甚嚴，不及格者不能畢業。另由老師率領全班至江南之鎮江、無錫、上海、杭州各地旅行參觀考察，獲益不少。

回憶當時任教老師，由於其多屬飽學之士，上課時或口若懸河，妙趣橫生；或滾瓜爛熟，背誦如流；或一枝粉筆，書繪成章，或引經據典，健談古今。由於師生間感情倍增，亦甚少強迫課業之事，同學間無形中反而自動自發用功向學，讀書風氣蔚成風尚。撫今思昔，對各位賢師之苦心教導，實不勝追懷仰念也，爰為之記。

〔原載一九八五、十、《淮陰文獻》第一輯〕

# 浪跡天涯常懷師友

## 前言

我從淮陰師範附屬小學，進入淮陰師範初中部，再繼續升入高中師範部，於一九三七年畢業，在漫長的基礎教育中，不僅印象深刻，且畢生難忘。在校許多恩師，至今記憶猶新；所經歷的同學，無論是同過班級的、或前後班的同窗好友，每每常記胸懷。

尤其我們高師部這一班，因為有許多因素，使我們情如手足。第一、本班入校適逢改制，將甲、乙男女兩班改為一班；招收名額僅五十人，以學區各縣人口比例，核定錄取名額，既不能多，也不能少。第二、高二下學期結業，即集中至鎮江三十六標，接受為期三個月的嚴格軍事教育，結訓後發給陸軍兵少尉預備軍官。第三、入學五十人，到畢業時只剩三十三人。第四、除因前項結訓同甘共苦外，畢業旅行時又同遊鎮江、無錫、上海、杭州，在那時可說大開眼界了。

可是，畢業旅行即逢七七事變，以後全面抗戰逐漸開始，我就投身軍旅，輾轉戰區歷經蘇、浙、閩、贛、皖、豫、鄂、湘、粵、桂、瓊，以後來到台灣，在戰場奔馳的日子裡，有時幾個月都碰不到一個淮陰人，甚至鄰縣的人，更難見到師長、同學了。我是非常喜歡與人通信連絡的人，有時在軍營中，在異鄉裡，想到母校的若干師長、學友，真難免有些懷念。

因此，我可以說是一個離鄉背井的飄泊遊子，如與一位一直留在家鄉的同學相比，其所知道的師友狀況，可能少之又少。然而機緣巧合，在此偶然的機會，也遇及或書信來往的師友，爰就記憶所及，略述於次。

先談同學部分：

在校時與同班同學周道生、張景華三人，可說同窗至好，甚至形影不離，有「三劍客」之稱。他們兩位都很優秀。道生文質彬彬，謙和有禮，心思縝密，聰慧過人。景華則多才多藝，對新文學頗有造詣，敦沫若的詩篇，隨口朗誦，對於繪畫、音樂、體育，均素養頗高。

在校時寒暑假期，亦均同遊，我們均喜歡桌球、網球，亦同為排球班隊。假期多約往母校打球。記得當時買不起網球拍，體育老師同情之下，送了三個報廢的球拍，這些拍子牛筋都斷的七零八落，我們到東門外牛行去買牛筋，自己來補舊如新，而使我們每人有一隻翻舊如新的拍子，還深引為傲呢。其實網球以景華技高，桌球則以我為強。

抗戰開始不久，我即離開淮陰，一九三八年初，我經皖、豫至武漢，途經潢川，巧遇軍委會戰幹第二團學生，其中竟發現了同班同學張景華、張秉棟、臧良治等人，惟彼此行色匆匆，僅簡短交談，即各奔征塵。後得悉景華至延安，入杭大，以後在解放軍政治工作職位頗高，成就非凡。復於勝利後任職電影製片廠廠長，惟不幸於七十初度後，染患腦瘤不治逝世，不勝哀痛。

一九三八年以軍職服務於軍委會戰幹第三團，當時設有女生大隊，朱復全學姐投筆從戎，編入第一隊，畢業後授予軍校十五期政治科，常於放假時與部分同鄉聚會或餐敘，畢業後即赴後方。先父曾贈詩留念：「頻年樂育是良師，衡宇相望淮水湄，好乘風雲西入蜀，壯懷端不愧鬚眉。」

以後我輾轉三、七、九戰區，至一九四四年調至第三戰區長官部服務。不久即獲悉此間有一子弟學校，即由朱復全學姐任校長，旋即拜訪，復得悉較低一班之王慶國兄，亦任教於此，並任教務主任。慶國在校品學兼優，曾於一九三六年母校辦理小教暑期集訓時，以軍事管理方式，編成一個中隊四個區隊，奉派由我與景華、道生、慶國分任區隊長。此一集訓小學教師，多未受過師範教育者，以教育課程為主，并予以嚴格的軍事管理。以後服務戰區時，與慶國等常相過往。

於抗戰勝利初期，約於一九四五年，我服務於青年軍第二〇九期，行軍途經福建三元，得知江蘇學院設置於此，適有三天休息期間，乃赴該院訪問。院長即為第六師範老校長徐公美老師，並悉有六、七位淮師同學升學於此。有王慶國兄等，餘已不記得姓名。他們堅約我在學校宿舍中自炊聚會，做了好多菜，也喝了一些酒，至為愉快。翌日，我又約請他們幾位在校外小館再聚會一次，均甚歡愉。此時，慶國已與前在子弟學校執教之美麗賢淑之女老師結婚，她亦在學院圖書館服務，感情彌篤，鶼鰈情深。

抗戰八年與同學消息幾乎隔斷，勝利後我於一九四六年任青年軍營長駐鎮江，曾去鎮師附小去看以前附小的老師卞達卿先生，時任教務主任相見甚歡，惟該校任教者亦僅有較我高一班的錢啟秀同學，她在校有美女之譽，雖然在老師辦公室見著，因過去不熟，也未好意思打招呼。卞老師在附小教過我好多課，其尊翁老卞先生也曾給我補習過古文，加之其弟卞奎，曾在初中與我同班，得悉他已不幸早逝，為之悽然。

在駐防鎮江時，還有一段趣事。當時青年軍第一期學生已經復員，第二期學生已入伍半年，實施軍事基礎教育非常嚴格。一天週日，全營到金山寺旅遊，以舒解身心。在遊覽全寺完畢以後，我集合全營官兵，在金山寺大門前廣場集合講話，大意為鼓勵大家要做一個為國家社會有用的人，不意於講畢令各連帶回之時，忽有一士兵大聲呼叫：「報告營長，我有事要向營長當面報告，見其情緒甚為激動，乃令其出列來見，其餘部隊解散。」他即跑至我面前，竟大聲叫：「邢祖援，你真的不認識我嗎？我是你初中同班同學阜寧陳某呀。」我細加辨識，雖然又黑又瘦，確像陳君其人。他繼續問我說：「我已卅出頭，實在受不了這種苦，現在重機槍連，因為動作遲緩，凡事跟不上，經常受罰，現已無法忍受，請你趕快救我。」我說：「你不是初中畢業，以後進了師訓班，當了小學老師，怎麼又從軍呢？你為何不早來找我呢？」他說：「連年戰爭，書也無法教了，所以投軍，我一個小兵，那敢去冒昧找你。」我勉其暫為忍耐，必為設法。返營後，即將其調為營部文書士。數月後調防常熟適地方某保安大隊缺一中尉書記官，即予推荐前往任職，總算對同學了卻心願。

一九四七年移防上海駐於江灣，得悉同班同學張盛輝在滬任教，即設法與其連絡，他接信後即來江灣看我，暢敘離悰，並在舍間用餐，才依依不捨的握別。盛輝面貌清秀，文靜好學，溫文儒雅，在校相處亦佳。

以後駐地屢易，我的職務亦數次調動，從青年軍調徐州第七軍官訓練班（時已晉升上校）、南京步校、國防部第四廳。到達南京後，初在湯山步校，後調至市區國防部工作。在市區較為方便，即查詢好友周道生兄下落，得悉彼在銀行服務，並即取得連絡，得悉其住址，週日即去造訪。十年闊別，重聚之歡，自不在話下。而初中同學好友范煜曾兄亦與道生比鄰而居。

煜曾係淮陰城內世界書局老闆范三先生之三公子，性情淳厚而豪爽，與我在初中頗為交善，嘻遊同俱。因其家開書局，經常供應新出小說、閒書，以及無限制供應乒乓球，因此，閒雜書籍雖增長不少智識，然亦耽誤了課業。至於乒乓球倒成為以後的嗜好。煜曾初二即轉學滬濱，即少連絡。

後由道生處又得悉同班之劉宗珩兄亦執教於南京大行宮小學，急相約晤，暢敘離悰。宗珩以當時局勢發展，已欠穩定，知我將隨政府轉向西南，堅請攜其同行另謀發展。我以其家口眾多，如個人隨我西遷，必先徵詢劉嫂同意。彼亦知難於通過劉嫂一關，乃轉託帶其表姪周景福同行。當即一口承諾。時周甫肄業於大夏大學經濟系，來投我後，先在國防部補一基層缺，以後我轉任團長時，即調任軍需。後轉進台灣，再進大學，畢業後轉任稅務工作，成家立業，生活美滿，然亦不幸英年以心臟病去世。

在南京時我曾邀道生、煜曾、宗珩諸兄，暢遊玄武湖；亦曾與道生、煜曾打乒乓球一下午，重溫少年時代舊夢。

一九四九年時局轉變甚速，我與家人隨國防部轉廣州，初擬繼續赴渝，後因調職團長轉往瓊島，再轉來台灣。此一階段，兩岸消息完全阻斷，幾達卅年之久，長期與親屬及師友完全隔絕，心情苦悶，難以言宣。在此三十年中，幸而我工作屢有更動，繼由軍職轉任文職，且所任職務雖非高官厚祿，卻多為繁劇的主管，並兼任教職，撰述亦豐，聊忘思鄉念友之情。

直至一九八〇年代，兩岸逐漸通郵，遂迫不及待設法與親友連絡，然彼此似尚有顧慮，未盡暢所欲言。

先後來台之同班同學有吳以平、凌集權（潔泉）、朱思義（在花蓮任教，後赴美，憾未見面），高一轉入空軍之張永愷、同過班之孫家馴諸兄。高一、二班之周玲（已故）、袁德誠（已故）、陳良義、何延齡（故於原籍）等諸兄。低一、二班者有張志林、羅克俊（少將、已故）、吳廣成、岡永祥（已故）諸兄。低三、四班者有李岱、高志藻、王義方諸兄，均各有成就。同班同學之吳以平（已故）、凌潔泉、張永愷等諸兄在一九五〇年代時相聚首，以各人發展事業工作崗位不同、地區各異，聚會漸疏。目前仍有陳良義、邢祖援、高志藻、李岱、王義方、范震、金鉞（已故）、陳偉等，經常定期聚會，已維持多年之久。

對於大陸同學能取得連絡，約在一九九〇年代初期，主要靠兩個來源：一為在西安之姚振歐及上海之丁祖同二兄，先後開列不少先後期同學通信處，二為母校九十週年紀念冊上所附同學資訊狀況。

我不避困難，一面寫信連絡，一面奉寄《淮陰文獻》，提供參閱，因其中刊有有關記述母校歷史沿革等詩文。獲得回信者約有三分之二。有些多年迄今，仍魚雁不斷，值得提出的：

李崇淮學長，原有世誼、學誼關係，早年即由趙耀東先生處得悉佳況。繼由劉同聲表兄（亦為淮師初中部，後升入揚州中學，及清華大學航空機械系，並留學美國，以後久居美國），與舍弟象超（與崇淮夫人復旦同學）及其族姪李岱兄分別告知狀況，至今仍時有連絡。並將每期《淮陰文獻》均予寄贈。

溫濟澤學長（已故），雖久仰其名，且為淮師附小及中學前期學長，然並不熟稔。且彼為中共名理論家。道生兄曾函云：「溫院長是淮陰人的驕傲」，可見其在鄉人心目中之地位。然如與我背景相較，可說是南轅北轍。然而同班同學朱少香（已故）兄曾賦詩有云：「志趣千差與萬別，肝膽相照如往常」。我亦和答謂：「異中求同原無別，根出同源本恆常」，可為兩岸學友交往之寫照。濟澤學長與我通信達數年之久，並互寄著述。他每次來函，均文詞並茂，字跡清秀，且深富感情，令人敬仰，承見贈大著《征鴻片羽集》，尤可為其一生奮鬥之寶貴記錄，已於讀後轉贈此間國家圖書館典藏。後悉年前遽歸道山，不勝唏噓。

胡紹祖學長，與我有世誼、學誼關係，且其尊翁慕蘧先生，曾在附小授業於我。胡學長為人正直，品學兼優，尤對繪畫、文學均有深厚造詣。我先投一函未獲回音，後再函新址，始獲回音，以後互相魚雁甚密，且多次來函均附詩詞，其中多首曾在《淮陰文獻》發表。惟近兩年來，忽音訊斷阻，多方打探，亦無確息，至為懷念。

得悉同班同學周道生兄通信處後，急與連絡，頃獲回音，並告知若干校友狀況。此時仍服務於銀行，將屆退休。我們連絡過程中最大成就，是列出同班畢業同學卅三人之名單，先由道生分縣市列舉，後經我再徵求凌潔泉、張盛輝（在寶應）二兄意見加以增補（曾在文獻發表），使能證實這一張較為正確的名單，以供校史參考，因事隔多年，記憶已感模糊。且部分在初中，或高低班接近同學，有時已難分別。本班高中入校時五十人，其所以畢業祇有三十三人，約有以下原因：病故、轉學、轉入軍校、退學（如逃避軍訓）、輟學等。前年道生忽感輕微中風，右手及腿均感不便，不能握管，以致無法再通魚雁。但祝早日康復、能再連繫。

在南京尚有同班之朱少香兄，少香在校與我同寢室連床，私感甚篤，品學兼優，面貌清秀，埋首讀書，不出風頭。通訊後經常魚雁往還，每函必附詩詞，且多有新意。不意前年獲悉，為家庭細故，竟然躍樓自裁，寧不痛哉。

陳惠齡兄在初中時較我低一班，亦在南京，為當代著名漫畫家。因少年時同居淮陰城內，且為名食品店—稻香村少東。通信後不僅時相函候，且於賤辰八十時，親繪壽星獻桃漫畫見贈，至為感人。又近復寄來文稿頗多，翔實流暢，文筆細膩，富於情感，敘述往事，歷歷如繪。平時來函亦均誠摯，非一般酬酢函件可比。

兩岸開放通函後，亦亟欲了解尚留淮陰之同班同學概況，知已作古者數人，餘連絡到劉宗珩、臧良治二兄。他們二人年齡均較我為長，且在校就讀時已婚。

與宗珩兄連通數函後，得悉其身體欠佳，精神憂鬱，環境似亦不好，曾去函多方勸勉，乃早於十年前病逝。

臧良治兄，係漁溝人，經連絡後，曾通函多次，歷述個人經歷，對一切似尚達觀。曾有函來告：「身體狀況欠佳，家人已為準備壽材，如不回信，即已歸去。」後果未見復函，誠亦慷慨悲壯。

至於與上海丁祖同兄、西安姚振歐兄（已故）、以及東北之任振東兄，均有函件往來，尤其丁、姚二兄與我來往函信較多，得悉師友狀況不少。

關於民國卅八年由宋月升老師率領來台的淮師同學，有汪元仁、陳兆爽、高永斌、吳勇生、卜億夫、董琢生、王為鐵、陸增源、徐伯麟、陳偉等十人，以及由他途徑來台的，有張國印老師及管國屏、朱勛、吳驊、江其淼、邵開玉、楊道明等師生六人，總計十八人，在台都各有成就。在文獻第五輯中，有陳偉兄專文《回憶淮師母校與來台前後》報導甚詳，不贅。

關於老師部分：

先說在台灣之老師，有軍事教官兼級任老師王公天雄（已故），以其曾親率本班至鎮江參加預官集訓，兼任第一大隊大隊長，關係頗深。現已九十五歲高齡，以少將退休，過去時相聚首，目前仍定期探望。

陸鐵乘老師，為國學名師，曾教本班倫理學，曾任縣長，暨南大學教授及教務長，來台後仍多年執教大學，已逝世多年。

尚有歷史老師祁公樂同，一直執教於東海大學，似未授過本班課程，亦逝世多年。

我為懷念師長，曾撰過一篇《懷念淮陰師範學校三位蕭縣籍的老師》在《蕭縣文獻》及《淮陰文獻》分別發表，係指校長孫公潔黃老師、教導主任魏公孝亭老師、物理兼本班級任唐公子東老師。孫老師任淮師校長多年，為人忠誠和靄，在一九三八年時於漢口，獲悉消息，即前往晉謁，承蒙賜發一畢業證明書。以後聞至渝陸軍大學任上校政治教官。魏、唐二師迄未見過面。

一九四七年我駐防常熟，先父母亦同居於此，先父並重執律師職務，且兼任省立常熟中學高中部國文教師。得悉前淮師音樂老師姜公逸鷗，亦執教於此，乃前往謁晤，並邀至舍間餐聚，至為愉快。姜師對鋼琴、小提琴均有頗深造詣，在校印象深刻。

經陳惠齡學兄之介，得與現住無錫之唐原道老師通信，唐公已九十餘歲，過去在校多才多藝，負責至滬採購發電機，且在校自設無線電台，定時廣播，在近七十年前可稱先進。

另據悉李景輝老師曾任萍鄉縣長，李師曾授本班教育課程，對我教導激勵至今難忘。本班女同學陳濟芬與花壽泉老師結為連理，花老師教授本班教育史，親切認真，且聞花師亦在貴州任某縣縣長，可喜可賀，惜均未取得連絡。

回溯一九三七年抗戰開始，先父即決心攜余及舍弟赴後方，並約歷史名師丁放鶴先生同行，彼亦擬偕公子赴後方。因丁師熟稔史地，交通路線，均由其安排。以後渡洪澤湖、溯淮河、至武漢始各奔前程。

丁老師在高師部執教時，不帶課本，憑粉筆一枝，在黑板上隨手繪製某一時代國家之地圖，以英文註記重要地名，隨即口若懸河，講述歷史故事，出口成章，若干名言，至今記憶猶新。期終再編發表解大綱，以便考試。記得我於畢業考試時，竟獲九十九分。先父曾詢丁師並表感謝關照之意。丁師答謂：解答全部正確，且無一錯字，原應打一〇〇分，覺得不宜硬扣一分，並無循情之處。其率真與學者風範，良可欽佩。

最後還要感謝較晚十餘年畢業，前淮師校長王學儒學兄，他負責校友連絡事宜，熱心負責，與我通信多次，神交十年，彼此交換甚多校友訊息。在母校九十週年與一百週年大慶時，均由母校編撰印刷精美、內容豐富之紀念冊，并分寄海外同學，我置於案頭，經常翻閱，如與故人相聚，引起多少校園回憶。

以上拉雜記述，遺誤難免，如有可引起閱者關注之處，則幸甚矣。

附同班同學互和詩數首如次：

㈠ **朱宗桂（少香）**

闊別五十有六年，未及謀面先傳箋，

若得人生能再少，願再同窗抵足眠。

㈡ **邢祖援**

慶幸同登古稀年，碧空鴻雁喜傳箋，
昔日共窗齡正少，滿室嘻笑每忘眠。

㈢ 邢祖援

珍重韶華享耆年，但願時通尺素箋，
不堪回首是年少，猶冀憧憬夢寐眠，

㈣ 張盛輩

勞燕分飛數十年，同窗斷訊未疏箋；
喜獲歸鴻老轉少，馳思故交難成眠。

㈤ 周道生

淮師分袂年復年，天各一方難傳箋，
來日尚期重聚首，毋需故人夜不眠。

㈥ 丁祖同

雁斷魚沉不知年，四方唱和喜吟箋，
人到老來愈戀少，往事津津不成眠。

㈦ 丁祖同

飄萍離散幾十年，兩岸酬唱誦吟箋，

回首校園共年少，何日重逢抵足眠。

㈧　朱宗桂（少香）

當年濟濟共一堂，一朝分手各自忙，
志趣千差與萬別，肝膽相照如往常。
學友情誼深似海，別緒何止三千丈，
願借滔滔東流水，洗淨離緒話滄桑。

㈨　邢祖援

三載同窗喜共堂，治學競業兩般忙，
異中求同原無別，根出同源本恆常。
華夏兒女居隔海，遙瞻河山懸萬丈，
怒濤滾滾江河水，常溯淵源念梓桑。

〔原載二〇〇三、六、《淮陰文獻》第六輯〕

# 陸、序跋留痕

# 《范氏隱書》序

范公丹林鄉先賢，先父之業師，吾邑之大儒也。生於清道光二十一年，卒民國十二年（一八四一—一九二三）。先父嘗云，丹公幼而岐嶷，能詩文，及長博覽書籍，過目不忘；且吐詞雋雅，幽默深刻，令人敬佩。又善製謎，以其博學多才，往往深不可測，然一經揭示謎底，則有拍案叫絕之感。

丹公著述甚豐，其可查考者有「清河縣志讀編」十二卷、「淮陰近事錄」二卷、「清河縣志餘稿」二卷、「尚書雜論」一卷、「左傳雋林」四卷、「淮韻略」五卷、「聯存」一卷、「集諺聯」一卷、「古賦」一卷、「律賦」一卷、「雜文」六卷、「雜詩」四卷、「制義」十卷、「試帖詩」六卷、「范氏家訓」四卷、「范氏隱書」十卷、「范氏世緒堂家紀要編」一卷。觀其著述範疇，即可見其學識淵博，而於鄉梓文化及後進培育尤多致力，令人肅然起敬。

耕研先生，丹公之長孫也，曾為文記其行誼，其中引用其自述語，或可窺知其製謎之動機。文曰：

「吾為詩若文匪難，特窮老盡氣，無以蘄勝於人，古今作者眾已，吾寧取別徑焉！用是一意於謎。雖小道，然必熟於經史百家之書，與訓詁通轉之道，乃能左右逢源。抄者偶得，支離比傳，或鄙俚無意境，則亦俗士所為，讀書之士難言之矣！」

耕研先生釋之曰：

「府君以淹雅之資，一意於斯，故所為廋詞隱語，淵雅難解，一旦揭白，咸恍然相喻，其中創為體製，變化萬千，多出舊格以外，少只一字，多至數十言，咸渾若天成，而與底相切，無一字無著。自以早年所為未工，棄去不錄，僅錄晚年所為者，尚以萬計，手稿謹弆於家，當付之剞劂，公之於世也。」

誦讀之餘，始知當時著書之動機，亦知此書之作，非學問廣博，智慧超人者，不能為之。耕研先生五十年前「付之剞劂」之宏願，今終由其長公子范震先生，亦即著者之曾孫予以達成，不僅孝思不匱，對謎學之傳承，亦具有貢獻，良深欽佩。

中華文化博大精深，文字結構源自六書，造型優美，變化無窮，謎之由來，亦復如斯。顧謎語命名不一，隨時代之推移而不斷演變，如稱為廋詞、隱語、射覆語、風人體、文虎、射虎、燈虎、燈謎等。文心雕龍謂：「自魏代以來，頗非俳優，而君子嘲隱，化為謎語，謎語也者，迴互其詞，使人昏謎也。」誠妥切之闡釋，則「范氏隱書」之名，更有無限含蓄典雅之古意也。

謎語製作之格律甚嚴，且種類繁多，如拆字、會意、離合、損益、脫靴、落帽、捲簾、梨花、蜂首、藏珠、燕尾、錦屏等達二十餘種。另有所謂「廣陵十八格」，如半面、粉底、堆金、蝦鬚，白頭、紅豆、加冠、納履、詩詞等，不勝枚舉。「范氏隱書」中，更有自創體製者。則謎學之深奧宏博，更難探測矣。

惟謎語誠為我中華文化一特有之表達方式，在文章、詩、詞、歌、賦之外，別具一格。除於元宵燈謎、同樂晚會之中，可以益智遣興外，更具有訓練思維方法、孕育智慧、增進智識、激勵讀書、勤查經史、啟發志趣、探索真理之功能。由製謎之格律與範圍觀之，又涉及文學、文字學、語言學、聲韻學、哲學、歷史、地理、社會、民俗、藝術等，其結構與謎面底之關係，則須運用邏輯、辨證、推理等思維方法。以「范氏隱書」內容精博，若與當前類似書籍相較，由於時代背景之不同，其水準自亦各異。值茲倡導復興中華文化之際，是書之出版，意義至為重大，爰為之序。

邢祖援謹序於臺北市　七十九年六月

# 《范耕研手蹟拾遺》序

吾鄉范府，書香世家，代有大儒，譽滿淮揚。有關丹棱公及「淮陰三范」與「范氏二傑」等之事蹟、著述及對文史學術之貢獻，已詳載於《淮陰市誌》、《淮安名人錄》、《淮陰文獻》各輯暨在臺出版之《蘦硯齋叢書》一至十三集之序、跋中，毋需贅述矣。月前剛侯表弟將其先尊翁范公耕研大表叔所書翰墨百餘件見示，並擬輯成《范耕研手蹟拾遺》付梓，囑為撰述序言。余素嗜書法，尤喜篆書，研覽之餘，愛不釋手。惟以深體耕公大叔書道功力深厚，自度學有未逮，勢難窺其堂奧，經固辭未獲，乃不得不勉為其難，略抒心得，固未能罄述其成就於什一也。

耕公大叔書法對正、草、隸、篆四體，無不精通。運筆自如，早在當年執教於揚州中學時，即已揚名學界。據悉彼時書贈親友、學生之楹、聯、屏、軸，不勝枚舉。惟時逾甲子，戰亂頻仍，幾經搬遷，變化至鉅。雖經剛侯表弟數度赴大陸誠心搜求，惟均難獲原璧。今僅能在所蒐集之函、稿、書冊中，就其有關封面之題署、抄謄之古籍、往還之函牘、研讀之眉註等相關資料，剪輯影印，編纂成冊。以其遺珠必多，故名之為《范耕研手蹟拾遺》。鑒於此類翰墨之編輯方式，亦頗具獨樹一格之深意，傳諸後世，永垂不朽。如此保存先人手蹟與珍貴之文化遺產，可謂孝思不匱，用心良苦，至為敬佩。

古今對書畫家之評鑑，每視其本身之文化背景與素養為基礎。蓋凡具有深厚之文化背景與素養者，其表現於書畫作品上，亦必能超凡脫俗。是故古今成名之書畫家，多係出諸名人雅士之手，亦有詩、書、畫三者具有相互關聯之說，誠非虛言也。

素仰耕公大叔在文化背景與學術成就上，均具有深厚之基礎，爰略申言之：

其一、祖父丹棱公嫻諳經史，博覽群籍，諸子百家，無所不通，學識淵博，著述等身。由於家學淵源，耕公大叔自幼即深受薰陶，影響至深且鉅。

其二、耕公及長，畢業於南京高等師範，專攻文史，埋首苦讀，成就非凡。爾後畢生從事文史學術之教化，蔚為名師。教學之餘，更研究考據，不遺餘力，旁徵博覽，致能著其大成。觀其酷愛書籍，凡遇古籍孤本，則恭整抄謄，用功之勤，洵非今人可以比擬。故對考據著述，至為豐碩，早已載譽學術界。因其具有如此深厚之文化背景與素養，故表現於書法內涵上，自能臻於至高之境界。

其三、耕公在中國文學範疇中，復特致力於文字學之研究。早期曾以十年之時間，精心著有《文字略》一書，凡十卷。惜原稿在「文革」期間被抄掠。抗戰後期亦曾為兒女講授《說文解字》，編有《說文部首授讀》稿，已在臺出版（本叢書第八輯）。探其內容精神，不僅就前人《說文》詳加闡釋，更對原著解說未盡與欠妥之處，增加若干新義與發現。令後世讀者，有豁然貫通之感。因此，對文字學之貢獻，實非淺鮮。

尤有進者，研究文字學者，首須探索文字之起源，每一文字之起源，必自殷墟甲骨、鐘鼎石鼓、以迄秦篆、漢隸等，追本溯源，其所費之功力，當可想知。此亦形成其深喜篆書，且所書小篆中亦每含有鐘鼎之筆意。即在平時來往函札、筆記之間，亦每夾有篆文古字在內，是可證明。

綜上所述，當可獲悉耕公大叔家學淵源，且有深厚之中華文化背景。加之多年鑽研，讀書教學、著述揮毫，從未中輟，故對文史考據，造詣至深。以致能在書法之造詣與表現上，其文化氣質已充分表現無遺矣。

再就其諸體書法而論：以篆書言，似仍以秦李斯之泰山石刻與唐李陽冰之正規篆體為依歸。惟其特色在於匯入鐘鼎之篆法，故能樸實古拙、正心誠意，並不效法清末諸篆家，以華巧流放、甚至故增轉折、體形縱長為能事。隸書雖蒐集不多，然仍可窺及其曾遍覽漢碑諸體，循其中道。行草則師法二王，在流暢純熟、揮灑自如中，不失其規範。正楷似以顏柳為基礎，尤其表現於謄抄古籍方面，雖屬長篇鉅冊，仍能始終一貫，規矩不苟，至為難能可貴。總之，耕公大叔之翰墨，除功力深厚之外，更可表現其為循循君子，一代宗師。在畢生治學之餘，又以勤習書法為最大之興趣，蓋即為其修身養性之不二法門。良足為現代人士之師法，令人敬仰無已也。

愚表姪邢祖援謹序時年八十八歲

中華民國九十三年二月一日於臺北市

# 《邢耐寒先生詩文集》付梓後記

先君初諱幹臣，民初改名立堅，號耐寒。一八八九年生於江蘇淮陰，一九六八年去世，享年七十有九。先祖曉峰公晚清服官，清正勤廉，壯年謝世。先君髫齡失怙，家境清貧，寡母孤兒，相依為命。先祖母劉太夫人，系出名門，知書達禮，慈祥仁愛，懿德聞於鄉里。辛苦持家，望子成材，勉力從名師拔貢范冕（字丹棱）前賢受業。此對先君一生，影響至大。及長努力向學，刻苦自勵，故自起名號，皆以砥礪志業為先鞭，迨後學有專長，家聲祖業亦得以稍振，乃自號復廬主人。

先君青年時期，正值清朝末葉，政治腐朽，民不聊生，列強侵迫，國族危殆。孫中山先生鼓吹革命，民智漸開。先君在故鄉率先加入同盟會投身於新潮流之中，常執筆為文，投刊滬上先進報刊，因而得與革命諸前輩時相神交往還。

民國初年，江蘇法政專門學校在南京成立，並在淮陰設立分校。先君考入該校首屆法律系深造，翌年併入南京本校，畢業後即返回故鄉，執行律師業務，並在吾鄉名教育家李更生先生創辦之成志中學兼任教職。時司法制度開建伊始，淮陰設置高等法院分院。先君與部分法校首屆畢業同學，對辯護士制度之建立，法制之健全，人民權益之保障，貢獻良多。先君秉性公正，疾惡如仇，為人仁厚，多年來承辦案件，平反冤屈者有之，調解雙方息訟而不取費用者亦有之。以是之故，聲譽日隆。

抗戰前數年，先君奉委至司法行政部服務。抗日軍興，余隨侍先君西趨武漢，初贊戎機，任職軍委會戰幹三團祕書。旋服務機關改編，調任軍官學校三分校祕書，繼任教官，講授法律、國文等課程。抗戰勝利後一年，復員返歸江蘇。初居常熟，繼遷滬上，重操律師業務，並任教職。晚年得返故里，頤養天年。

先君少年國學根底深厚，青年時期受中山先生革命思想薰陶，茲後廣讀博覽，故文思迅捷，好學強記。民初之際，先君年青力盛。執行律師業務之餘，創辦江北日報，採訪、編輯、言論常兼而任之。此為淮陰一帶首創之日報。民國十年前後，軍閥割據。頃獲一重要消息尚未經證實，乃以記者身份走訪某部幕僚長。據稱確有其事。先君詢其可否借電一觀，絕不抄錄。執事者以電文數百字，匆匆一閱，諒亦無妨。不意翌日之江北日報，竟全文披露該電，隻字無訛。

先君多年來尤好吟詩填詞，隨口吟哦。抗戰八年，艱難困苦，吟詠益多。無論詠史、詠人、詠事、詠物，甚至唱和應酬皆顯示其正心誠意，光明磊落之至性。至若思鄉、懷友、勗勵後進，則又流露其仁厚純僕、感情豐富之至情也。發抒於詩詞中，無不溢於紙表，感人至深。

先君一生，詩作極多，惜抗戰期間多數失散於故鄉。此集係其晚年手自編選，正楷謄清，共十五卷，計三百零五題，五百六十五首。為助讀者瞭解寫作背景，謹就所知者於卷後稍加註解。嗚呼！先君謝世十有八載矣，遺稿今日始得付梓。此先君之夙願，亦人子稍盡孝道之意也。爰為之記。

復廬少主邢祖援謹述　七十五年五月二十九日

# 《小南華館叢譚》序言

「小南華館叢譚」，多為　先父於抗戰期間，旅居贛、閩、皖、豫等地見聞之雜記，審其內容，則以詩詞為重點，約於一九三七至六〇年代之著述稿。後於一九四六至一九四九年居住常熟逍遙遊別墅時，再重加整理，故以《莊子》逍遙篇而定名為《小南華館叢譚》、《葛源叢錄》、《復廬聯話》等篇，惟均未成卷，且與前者頗多重複之處。判斷可能係將後三種重加整理，併入叢譚者。

先父文學精湛，尤工詩詞，博聞強記，每於賞覽山川名勝，古蹟祠廟或遇有碑碣書畫，必流連往返；舉凡誌書傳略，詩詞聯話，亦必詠誦再三，隨手抄錄；至於掌故事跡，聞人講述，亦多筆記編撰，累積成卷。故其不僅喜愛「隨筆」，實亦為其所擅長。

先父早在一九二〇至三〇年代，即撰有《復廬隨筆》六大卷，其中蒐集資料，至為豐富。由於其好學深思，悉心蒐集，博考詳記，不僅留心志乘之學，尤能廣羅鄉里傳聞。其著述目的更以勵名節、勸忠孝、廣見聞、資談助為宗旨。至受閱者稱道，譽稱：「蔚為奇作」。惜乎全稿於抗戰期中毀於兵燹。先父生平心血毀於一旦，痛心疾首，可以想見。其經過詳如本書首篇所記述。

鑑於上述無法補償之遺憾，乃積極蒐集其餘遺稿。幸於一九八三年初，舍弟象超將歷經戰亂，尚

能倖存之　先父遺著《復廬詩草》十五卷影印稿輾轉寄臺，終能整理付印，分贈國內外各圖書館與愛好文學人士。略償　先父遺願，聊盡孝思，於心稍安。

一九九一年發現，先父於一九一〇～一三年間受聘為于右任先生在滬主辦之「民立報」特約訪員，曾先後在該報發表通訊稿二九〇篇。經祖援在中央圖書館查及此項資料，當予分批影印剪輯，再經象超整理編輯成為《辛亥民初淮陰見聞錄》一文，於一九九二年六月，在《國史館館刊》復刊第十二期發表，並抽印成冊，分贈圖書館及親友，現亦彙編於本書「第三部」。按此一資料，頗具文史及新聞價值，對當時蘇北之社會背景，洞察入微，可供爾後研究之參據。而此項散佚之文稿，能蒐集編輯發表，恐亦非　先父八十年前始料之所及也。

《小南華館叢譚》等文稿，係於一九八七年續在　先父遺稿中所發現，經托故舊將原稿帶美，期能轉交祖援處理或珍藏，未意久無音訊，後經一再查催，始於一九九三年春輾轉寄臺。經一再覽讀，仍感部分文字艱深，且未區分段落，加註標點，益以淺漏，仍有未盡融通之處。再經祖援與象超數度斟酌，勉力整理完稿。

按原稿既屬隨筆範疇，包羅自較廣泛，然窺其重點仍以記述詩詞聯語為主，兼以山川景色、神異傳奇為輔。除以原著《小南華館叢譚》為主外，其餘三種非重複部分，亦增選十四篇累編入內，合計六十篇，以求完整。

先父原稿係以十行紙毛筆抄寫，行款整齊，筆力萬鈞，原擬重新清謄或逕行排印，以求清正。惟顧及原稿之中間有行草不易辨認者，將來校正難周，《復廬詩草》已有前車之鑑，於心難安。再四考量，以印行數量不多，且為永保先人手澤，當時決採編製目錄，增列標題，加註標點，影印發行，以求紀念流傳。

嗣後，象超以將《復廬詩草》原稿帶來臺北，為補救過去排印所呈現多處之錯誤，並使前述三種著作，能永久保存，以廣流傳，特彙編為詩文集，儘量用原稿手筆影印，以求真實完整。

思及　先父母去世，已逾三十載，追終慎遠，古有明訓。孔子曰：「夫孝，天之經也，地之義也，民之行也」。由於戰亂頻仍，骨肉分離，未盡孝養，愧悚如何？幸兄弟姊妹，均能各有所成，立足於社會，孫輩十二人，曾孫輩十人，綿延繁衍，謹遵忠孝家訓，各盡良知。大雅云：「無念爾祖，聿修厥德」，聊慰先人於九泉也。

一九九三年十二月二十八日初擬（癸酉年十一月十六日父親一〇四歲誕辰）

二〇〇一年十二月三十日修訂（辛巳年十一月十六日父親一一二歲誕辰）

# 景印鄉梓有關誌書弁言

淮陰同鄉會為保存及發揚鄉梓文化，不遺餘力，實具有重大意義。蓋吾輩旅居復興基地，離鄉背井已逾四十年，亦即四十歲以下者，絕大多數均未回過故里。更對鄉梓歷史、地理、文化、社會，完全隔閡陌生。如生為淮陰人，不知淮陰事，自屬甚為遺憾。目前吾輩六、七十歲者，尚可口傳筆書，藉以傳輸鄉梓之一麟半爪，使後進者略曉故里風俗、人情、一二事；若再逾若干年，可能口述筆書的人，亦或難尋，歷久更將淡忘而無根可尋矣。職是之故，吾輩不僅對同輩負有相互報導、聊慰思鄉之情懷，更負有對後輩傳薪之責任。進而言之，保存鄉梓歷史、發揚鄉梓文化，其重責大任更為艱鉅矣？

此次同鄉會景印「清河縣誌」明代「嘉靖」版及清代「康熙壬子版」，與「清河縣誌續編—人物」四種難獲之孤本，將前兩者編訂為乙冊，後兩者編訂為乙冊，不僅極具歷史價值，亦且為吾縣珍貴之文獻，意義至為重大，爰申拙見如次：

第一歷史文化最重連貫性，尤貴在原始之資料。

吾邑縣誌有可考據者，約共七種，即「嘉靖誌」、「康熙乙亥誌」、「康熙壬子誌」、「乾隆誌」、「咸豐誌」、「光緒誌」、「續纂誌」。除淮陰同鄉會已景印最後兩者外，其餘均付闕如。今得以景印「嘉靖誌」與「康熙壬子誌」，可謂最早期之誌書。從此兩誌中可以發現以後各誌在六百年演變之情形，此即所謂歷史文化的連貫性。又以其為七種誌書之最先出版者，亦即所謂最原始之資料，故極為可貴。

第二、是較遠的歷史中，最接近而關切的資料。

同鄉中能攜有完整之家譜者，已不多見；即能將家族繪製一世系表者，亦屬難能可貴。數百年前之歷史，可能涉及個人關係較鮮，而數十年前之記載，即可能與個人發生密切之關係。前年出版先父手著「復廬詩草」中，錄有先賢喬伯瑤先生詩，李岱教授即將之影印寄送在美國喬府後人，此次景印之「清河縣誌續編—人物」與「淮陰近事錄」，均係清末民初之紀錄，若干人物均為在臺同鄉最接近而關切的資料。如「淮陰近事錄」第一〇七頁所列「江蘇法政專門學校」畢業生，即列有先父名諱，亦得已全部洞悉第一、二屆畢業者之名單，其中多為民國二十年代在淮陰執業律師之前輩。猶憶淮陰律師公會召開年會時，余在童年常隨先父參加會餐並在會後參與全體留影，前輩世誼與同輩音貌，均至為稔熟，覽讀之餘，不勝懷念之感。

第三、歷史學家與民族學家熱衷「尋根」工作

自十數年前美國電影連續劇「根」片上映以後，世人得以瞭解美國黑人百餘年前，如何自非洲以奴隸身份遷徙至新大陸之史實，從悲慘年代演進至今日之自由民主，觀者無不動容。然亦由此引起歷史學家與民族學者對「尋根」的熱衷，引起一陣浪潮。我對大陸逐漸實施開放政策以來，電視三台爭

相播映大陸河山景色，高山、鉅川、舊城、古蹟、風俗、人物盡現眼前，數十萬人士歸里探親，演出不少可歌可泣之故事，此皆為「尋根」也。今景印各種誌書，亦具有此一目的，故里淮陰乃海外同鄉之基根，各項誌書或可供「尋根」之一線索耳。

第四、吾鄉人才輩出，此項紀錄至為寶貴。

從淮陰近事錄中，得悉早期吾鄉人才輩出。除第六師範學校、第三農業學校，以及畢業於外縣市之中等學校外，尚錄有高等教育之江蘇法政專門學校、上海神州法政專門學校、北京中國大學及朝陽大學與法政專門學校、中國體操專門學校、國立高等師範學校、天津北洋大學、保定軍官學校、南洋水師學堂等校畢業生。另有在日本東京警監學校、岩倉鐵道學校、東京音樂學校、高等工業學校等亦均有留學生，足證吾鄉人才輩出。如能將此資料延續至二十年後，必將更有價值。

第五、典藏以「善本」為上，手抄本在「善本」中尤為珍貴。

此次景印之四種誌書，均係依近六十年前之手抄原蹟影印，在善本中尤稱珍貴。此四種誌書中已悉「嘉靖誌」為鄉先賢范耕研大先生之手蹟，其餘「康熙誌」、「續篇」與「淮陰近事錄」係何人所抄錄雖未盡稔，然均以恭正小楷毛筆繕寫，自始至終，一筆不苟，當時執事者對此一工作，具有誠摯敬業之胸懷，真令後輩有無限崇仰尊敬之心情，絕非現代人士所能為力。又據略計此四種誌書字數，當在二十萬字以上，如非經年累月、日以繼夜，亦難以盡其全功。且前印誌書亦係由原藏刻印刷本影印，其字體大小與清晰程度，可能均不若此四種手抄本為佳。

第六、歷經兵燹，保存不易，擕運來臺，煞費苦心。

此項資料，歷經戰亂，保存固屬不易，運轉尤稱困難，其中經過已如范震先生經過所記述。在此戰亂頻仍之時代洪流中，不悉喪失若干人之寶貴生命與財產，而范府未顧及個人之危險，亦未搶運私人之財物，而獨鍾情於數十箱之書籍，終乃為國家、鄉梓保存此項重要歷史文化之資產，其對國家、鄉梓之貢獻，又豈能以筆墨形容哉乎！尤有進者，類此典籍孤本，已不可多得，即此手抄本已近一甲子，亦已成為珍貴之古物。或謂某些人士，必收藏以自珍，甚至視為傳家之瑰寶，而范府獨將之公諸於世，以嚮眾同鄉共同賞鑑，此一舉措，誠可欽佩。

范府為吾邑書香世家，於「淮陰文獻」第二輯中，已有「續纂清河縣誌之總纂—范冕公行述」、「淮陰三范與范氏二傑」兩文詳為介紹不贅。先父遺詩「和耕研題符山堂集詩」有云：「離亂朋儕存幾個，伊誰更理閒中課，石湖獨紹舊家風，文獻攟遺誠遠大」之句。張煦侯先生「以詩釋愁並簡范子」詩，「范子范子神仙質，誦墨作篆皆第一，鸞弧不發識者稀，眼底何曾有儕匹」。以上均可說明對耕研大先生之誦揚敬重。舍間與范府世誼頗深，居同里亦僅數百公尺。范耕研大先生之祖父丹林公為先父之業師，令慈太夫人與先祖母劉氏為姊妹，亦即耕研大先生與先父為姨表兄弟。耕研大先生執教於省立揚州中學多年，門生弟子名流甚多（如趙耀東先生即曾受教三年），農研二先生執教於省立淮陰師範多年，為筆者理化之業師。曩居原籍，每年必遵先父囑諭，至范府拜年，恭向丹林公老太爺及歷代遺像行三鞠躬禮，彼等亦必回拜敬禮如儀。

同鄉會於決定景印此項誌書時，周理事長震歐兄堅囑撰述數語，以誌其事，固辭未獲，乃舉述其重大意義如上，亦便述及舍間與范府世誼關係。走筆至此，緬懷諸前輩與先父之德業風範暨治學精神，以及詩書往還情形，真不勝景馳而感懷也。

# 重印《淮陰風土記》後誌

遠離鄉梓四十載，若吾輩七十歲以上人士，離鄉愈久則懷思之情愈深。古人詩：「舉頭望明月，低頭思故鄉」，真不知多少歲月晨昏，憶及故鄉風土，雖一草一木、一事一物，皆縈迴腦際而難以釋懷也。

憶及五十年前，約在吾輩弱冠之年，即聞有「淮陰風土記」一書問世，惟當時年事尚輕，或知其書而尚未閱及，或雖經瀏覽亦未深讀。兩年前同鄉會周理事長震歐，以所獲該書海外孤本上下二卷見示，同鄉爭相傳閱，無不視同珍璧。蓋此書較縣誌筆觸生動、文字亦稍淺近，且編排章節，標點分明，易於閱讀，洵可作為民國二十年代前後之鄉土史地文化之重要參考資料也。

旋由震歐兄集會，一致認為有再版重印之必要，以便廣為流傳。惟初步檢視該書，深感當時印刷既欠良好，此冊係顯原本之影印本，不僅多處糢糊不清，甚至字跡難辨，亦有若干行款間有空白缺字者，尤其所附照相圖片，無一清晰可觀者。如不先行校正清楚，勢難交付手民排印。

余等奉推審閱重校此書，不得不先就其編撰印行之經過、方法等加以考據，庶可瞭解當時編撰此書之背景，然後始能著手校閱，並以謹慎敬業之態度，商討重印之事。依擬本書序言、弁言、楔子、後記等篇章，以及覽讀全書，得悉有關背景，約如次述：

一、參與編撰人員：本書之發起者，為張煦侯、黃少玖、范農研三位先生；負責總編輯及印行者，為張煦侯先生；撰供長稿者，有黃少玖、高天摩、王伯清、吳佛清、張午亭五位先生；校訂者，為邢耐寒、范耕研二位先生。其餘尚有應邀發起者、命名者、會外惠稿者、會外參與工作者、會外填表者、攝影、題序者、題詩者等等，合計約共五十人以上。窺其名單所舉諸前輩鄉賢，均屬當時鄉梓社會之名流俊彥，誠人才薈粹一時盛舉也。

二、開始及完成時間：本書各章節之撰稿與周行各區鄉之詳確時間，雖不可考，惟大致亦可以判定。其發起時間之首次集會係在民國十八年五月，旋即於同年夏訪問第三區，以後陸續訪問第四、六、七區，二十三年訪問第二區，詳確時間既不可考，何時訪問第二區與老子山鄉，亦未明確。由於除集體或個別訪問外，尚另有數位先生撰供長稿，至二十四年夏，編者已竣稿者，有第二、三、四、六各區之初稿。值此之際，適淮陰行政區域之劃分有所變異，即將原有之七個行政區，重劃為五個行政區及一個直屬鄉。當年訪問第五區，似為最後訪問之一個區。按序言及上卷弁言中所記，撰寫時間為二十五年七月，下卷付梓情形不詳。可證此書付梓發行時間，當在民國二十五、六年間。亦即此書由開始至印行歷經六、七年之歲月，始行竣事。

三、搜集資料之方法：參考本書弁言所述，本書蒐集資料之方法，原係由「登報徵集」及「製表調查」著手，惟效果未宏。乃以「周行全境，勤記里聞，博覽群書」之方式，以實地採訪，用資充實。證諸前述參與人員工作之分配，當可說明，雖以「周行全境」為主，而其資料來源則係依據各方面提供資料，彙編而成。

四、訪問路線及其次序時間：依本書上卷內容順序，包括：第一區（清江區）、老子山鄉、第二區（南湖區）；下卷包括第四區（吳城區）、第三區（大河區）、第五區（金城區）。考其實際，此一次序概依資料蒐集齊全，脫稿之先後而編訂，與實際訪問之順序，似無甚關係。同時，本書自始至終編撰、付印，長達六年之久，當非某一寒假，某一暑假即可竣事者。

五、編撰方法：本書編撰方法，係「假設一青年學生，當結伴周行全縣之後，據觀察及詢訪所得，著為此書。上卷以寒假道征，故用冬景；下卷則以伏日適郊，則用夏景。書中人物，在我固強半子虛，在人更無殊符號。本屬因水設筏，自難執妄為真。又書中各語，非一人一時所履，故或譚近事，或滯舊聞，雖脫手前夕亦曾粗加訂補，度仍不能悉與今合」。又「此書編輯之初旨，既揭於前，其能否克副所云，讀者各有眸子，編者不欲置一言」。由此觀之，作者編撰此書，全係參考各種資料，稿件與實地採訪來源，予以集合編纂而成，費時六年，用心良苦。至於所謂旅行團之編組，訪問之路線與時間，甚至被訪問之人物等，多係假設。易言之，本書所涉及之內容，所有人、時、地、物，多非確切之界定。職是之故，本書視為鄉梓風土記錄之「隨筆」，「見聞錄」等性質之書籍，固有相當之參考價值，自難視同為「地方輿誌」或「正史」也。

吾人瞭解以上之背景後，次再說明本書重印經過。

本書再版重印，已咸認有此必要。惟周理事長震歐兄與同仁等一致認為必須對重印事慎重將事，既以保存前賢之精心鉅著，又以發揚鄉土之歷史文化。而再版最困難之事，又莫過於此書影印本多處字跡難以辨識，且若干空白處無法補充。

旋經數度集會，初於七十五年三月間推派祖援先就全書詳閱勘正；次推星五與徐浩然兄分就上下兩卷再加審閱；八月間又公推國學素養較深之何延齡先生，再就初審結果詳加核校。祖援初校時曾對辨識不清之處，勘正一千五百餘字未敢妄斷。星五等校閱結果又列舉三百餘處，製成對照表，以供研採。而何延齡先生就全篇詳研勘正，不僅最為詳盡，且對原本空白闕如之處，亦假設代撰補正，尤為難能可貴。

為再求審慎起見，經集合商討分請各區當地人士閱校，以求週全。乃推請周震歐、何延齡二先生負責一區部分；朱漢三、狄鴻化二先生負責二區部分；孫天驥、孫家馴二先生負責三區部分；吳延祺、王名馴二先生負責四區部分；吳客尊、丁永華二先生負責五區部分；高之平先生負責老子山直屬鄉部分。此期間，循祖援意見，將原書放大影印三十份，以便分送各鄉長審閱，經徐浩然先承辦其事，溽暑奔波，出錢出力，尤為感人。

迨至十二月初，各位負責審閱之結果，大致均已送還。對於各位負責審校先生之認真將事，克盡心力，字斟句酌，查證考據，衡其所提意見，均屬字字珠璣，洵屬寶貴資料，足徵愛鄉情切，有助於再版付梓功效甚鉅，實深感佩。

惟基於各位先生之審查意見，在編輯處理上，亦產生若干困難。對於模糊字跡之辨認部分，有認此字應為甲字，亦有認為係為乙字者；對於原書清晰可辨之少數文字，亦有發現或為手民誤植，或為編者筆誤者；對於原書部分文字喜用古字，有認為宜保留傳真者，或認為宜於修正為今日字者。尤有進者，部分鄉長認為其中記載，有名稱未符者；有地理位置差距者；有土音、土字、土物等字音尚待考證者等等，不一而足。以上各位審校先生之高見，均稱見解高明，查考有據，甚致係土生土長，親歷其境，親見其事，諒無可厚非。嗣經研究，僉認如對一詞一字、一事一物，再行集會研討辯論，恐不僅曠廢時日，仍難獲解決裁斷。至此，在編審處理上頗有進退維谷之感。

正屆於處理困難階段，忽獲周震歐兄相告，頃又得來「淮陰風土記」初版原本，此冊不僅印刷清楚，且凡影印本空白漏印之處，均完整無闕；尤其所附照相製圖，百分之九十以上皆屬清楚可辨，另尚附有勘誤表，校正手民誤字，同仁等閱之，無不欣喜過望。際此重印此書正遭遇困難之時，忽獲善本，豈真原撰著之諸先賢，有所靈佑吾人，廣傳此書哉乎？

既得原本清晰可辨之書，當對字跡辨認困難問題可迎刃而解矣。惟原本勘誤表上已列出之錯誤，自有加以補正之必要。至於對本書用字遣詞尚有質疑之處，以及時、地、人、物等之考據，則由於本書著述之背景，既已聲明在前，似以不再修訂為宜。基此原則，為保持先賢著述原有之風貌，同仁等乃商定儘量按照原書款式排印為原則，除增列一補充勘誤表外，其餘一切均依原書再版付梓。至於部分鄉長對本書內容尚有質疑之處，則請另行為文。將來在另書「淮陰文獻」上發表，則既免諸鄉長之寶貴心得有向隅之憾，亦可供同鄉閱讀時作更進一步之參考，豈非一舉數得乎？

各項原則決定後，付梓工作當可輕而易舉矣！惟印刷過程中，則公推由范星五、丁永華二位鄉長校對樣本，指導裝訂、編擬，而印刷之行政事務工作，全賴徐浩然先生接洽奔走，負責熱心，不遺餘力。

復推祖援將再版重印本書之經過，與原書著述之背景，以及自獲得本書後先後審閱與有關情形，撰為後誌，以供各鄉長閱讀本書之參考。本書重印自籌備至印行，先後經過閱時一年有餘，終於在復興基地問世，亦為淮陰同鄉在海外一大盛事。惟籌編及印行期間，既有前述各種情形，其間顧慮未周之處，恐仍錯誤難免，尚祈諸鄉長不吝指正，至所企盼！

（原載一九八七、六、《淮陰文獻》第二輯）

# 《淮陰文獻》第四輯編者的話

淮陰同鄉會自民國八十年二月編印《淮陰文獻》第三輯以來，頃閱四年。以前編印的文獻各輯，深得海內外同鄉的喜愛，迭有反映鼓勵繼續編印。自今（八四）年初，周理事長震歐兄曾分別與各位理監事及部分鄉長交換意見，咸表熱烈支持，乃商定仍由祖援負責綜合籌編之事。三月寄發徵稿啟事，爾後惠稿絡繹不絕，經詳加審閱整理，終能彙編成書，付印發行。綜觀此次文獻內容，與過去各輯比較，約有以下特點：

第一、內容豐富，較之以往各期更無遜色：感謝各位撰寫與提供資料的鄉長，熱心支持，得以順利編成此一文獻。內容包含文稿八十餘篇，詩詞四十餘首，其涵蓋面至為廣泛，而研究探討與報導尤多深入。文中若干大作，極具歷史價值，故較之以往各期更無遜色。

第二、兼顧歷史文化的傳承與新淮陰發展的面貌：歷史文化的傳承是我們這一代的責任，如不能負起此一責任，將使許多文化遺產湮沒。這是以前各輯的重點。本輯除繼續本冊重點外，更介紹不少新淮陰的面貌，可以說是一本新舊融合的文獻。

第三、促進兩岸文化交流，增進兩岸淮陰鄉誼：本輯文獻在徵稿時即歡迎兩岸同鄉踴躍投稿，結果不負眾望，兩岸同鄉均熱心響應，採用相當數量的大陸來稿，可謂自本期始。此外編者也承大陸親友，尤其是舍弟象超，寄來頗多大眾傳播有系統的資訊，經整理編譯，刊載於內，有助於鄉親對淮陰的瞭解，又其中撰有專文數篇介紹彼岸有成就之同鄉者，此均為較有突破的方式。

第四、區分篇目充分表達文獻內容，文獻第一輯未區分篇章，第二輯區分篇章頗富彈性，第三輯均以四個字為篇目。本輯係以近乎五言詩為篇目，更能充分涵蓋內容與活潑體裁，概略區分十篇如次：一、應知故鄉事；二、鄉誌溯淵源；三、校園感作育；四、低頭思故鄉；五、典型在夙昔；六、返鄉記遊情；七、評言勵後進；八、邑人筆研勤；九、雪泥留鴻爪；十、感懷賦詩篇。

在編審過程之中，深深感覺到對於兩岸文化交流的重要性，而我國文字經過五十年的歷史洪流，出現了所謂簡體字與正體字以及直行橫行的區分，對影響兩岸今後文化的交流與發展，不能不說是一種相當嚴重的障礙。雖然吾人粗略閱讀大致多能溝通，然若付諸編撰排印，卻煞費苦心。此次煩請舍弟妹朱德華女士，將十多篇大陸文稿、資料，由簡體字譯為正體字，重新以正楷、直行自右至左抄謄，以利編印，特申感謝之意。對於將來兩岸交流不斷增進的過程中，由此更說明文字統一的重要性。

總之，能夠將此輯文獻編印完成，呈獻在兩岸鄉長與很多親友及老同學之前，在個人而言，深感惶恐與榮幸。雖然能有此服務機會，將此內容豐富、值得回憶、更值得前瞻的文獻，完成編印是一種榮譽，然以余年近八旬勉力完成此一工作，在整個編審過程中，錯誤未週之處，在所難免，故亦深感惶恐。

藉此感謝周理事長震歐兄，淮陰同鄉會全體理監事、清江餮會各位鄉長，以及提供資料，惠賜文稿，協助蒐集文稿，初審的各位鄉長的指導和支持外，還特別感謝樹林國中教務主任金鉞鄉長，慨諾擔任校對之責，以及曾任電信總局會計處科長、數據通信所會計室主任之于祖仁鄉長，慨允負責此次文獻付梓的行政與事務工作，使能克竟全功，用致摋誠謝意，仍請諸鄉長不吝賜正。

邢祖援　中華民國八十四年十月十日

〔原載一九九五、一二、《淮陰文獻》第四輯〕

# 敬賀沈　敏將軍新著【臺灣海峽的戰爭與和平】

偉哉八八翁，健筆揮如鋒，日書數千語，持論允執中。
縱論天下事，為國盡精忠。臺灣稱寶島，海峽居要衝；
憲基早已奠，經濟稱繁榮。政權轉移後，臺海風雲濃；
日有新鮮事，三國劇未終。財經頻下降，民生凋敝窮，
人民陷水火，政客打高空。中國唯統一，綱領有依從；
兩岸原一國，稽遲行三通。「兩國」倡謬論，海峽難和融，
戰爭與和平，抉擇一念中。新書繼問世，沈公著述豐，
網羅盡焦點，論斷皆秉公，歷史留見證，蕪辭表祝頌。

# 敬賀沈敏將軍大著《我看臺灣》

沈公觀臺灣，洞燭如機先。洋洋五百篇，篇篇具卓見。行文如流水，妙筆可圈點。篇後附詩章，
點睛如龍顯。胸羅天下事，立足玉山巔。暢誦沈公文，時事入眼簾。政治為主題，經濟脈絡牽。
社會萬花筒，論述多重點。念茲在華夏，民族血肉連。每論兩岸事，力反豆萁燃。憲法繫國本，
豈能任變遷。禮謙天下士，為政忌多言。新著甫問世，針砭皆直言。文章傳萬世，古有司馬遷。
巍巍八六翁，松柏更勁堅。蕪詞敬祝嘏，期頤壽綿延。

（本詩原刊九九 三 二華府新聞）

# 柒、翰墨怡情

# 我對篆文研究考據的論述

我國文字的演進，經過漫長的歷史背景，發展出正草隸篆各體，在此四體之中，又區分為數十百種不同的體型。篆書為最古老的文化資產，自無疑異。溯自秦統一以小篆為規範後，已較有規矩可循。至於大篆自殷墟甲骨文字，以及金屬鼎銘、石鼓碑碣等，以其時間久遠保存不易，品類極為繁複，流傳亦見稀少。尤其歷代戰亂與暴君，上至秦始皇的焚書坑儒，下至毛澤東的文化大革命，幾將我國重要以文字記載的文化，燬滅殆盡。即以古籍而言，如四書、五經等，尚少見到原初文字古本或以原來文字的錄本，誠可浩嘆！雖然從不易損壞的金石等屬品上，留下一些古代文字的記載，然推論而言，較之未留傳下來的原始遺產而言，可說少之又少了。

我對篆書的研究與習作，可說是多年來的主要興趣。不過自青年到壯年，或在戰亂中流動，或擔任較為忙碌的工作，難有較多時間來從事持恒的，深入的研習。對於文字的考據和書道的習作，必須投以較長的時間和習作，才能豁然貫通，有所心得。直到七十歲以後，逐漸自公職退休，空暇時間較多，才將此項研究與習作，視為休閒生活的主要活動。在此一期間，幾乎每天都樂此不疲，一面在習作方面以書寫長篇古文，並用大小篆數體分書成冊，如前後出師表、前後赤壁賦，歸去來辭、長恨歌、陽冰三帖、全石鼓文、毛公鼎等，不勝枚舉。一面在研究考據方面，撰著多篇論述文稿，先後在國內有關雜誌發表。爰將主要篆文研究考據論述擇要分述於次：

## 一、《毛公鼎》的研究與銘文的整理

此文開始研究甚早，而完稿時間則經數年之久；主因資料蒐集不易。

本文首將西周七項重要鼎器—大盂鼎、小盂鼎、宗周鐘、曶鼎、大克鼎、散氏盤、毛公鼎—就其製造時間、字數、清晰性、排列及組織，審美觀等加以分析比較，提出個人觀點。繼則對毛公鼎之來源與銘文之含義加以介紹；次對毛公鼎之價值提供評價。確認毛公鼎之書法與雕刻藝術，實具有極高評價，不僅在鐘鼎文字中具有代表性地位，即在現在整體書道與金石文字中，亦堪稱翹楚，對我國書法之影響深遠鉅大。

最後亦為本文最重要的目的，是對銘文的再整理。依筆者參考數種版本的查對與統計，全文概為五四〇字，實際可明辨者四九五字，經過整理僅有二五八個不同的字，特依筆劃次序，加以影印縮小排列，以供參閱。

## 二、《石鼓文》字的研究與整理

《石鼓文》向為書家所重視，為我國古代留下較長文字的記載，以其蒼勁古拙，特具風格，洵屬稀世珍物。依有關文獻有謂係周文王時代，亦有視為秦代石刻。然因年代久遠，文字殘損，字數認定不一。經費時半年，以科學方法，多方查證，認定十個鼓上刻字區分為：應有字數六五一字，殘缺字數一六八字；實有字數四八三字；在此四八三字之中又有難以辨識字數二二字，實際認定字數為四六一字。在此四六一字中又有一九五相同字，實際不同的單字只有二二六字。為便於研習再將其依筆劃次序排列整理，獲得一—三劃八字；四劃十八字；五劃十八字；六劃十八字；七劃二三字；八劃二二字；九劃十七字；十劃二二字；十一劃二二字；十二—十三劃二一字；十四—十六劃二九字；十七—十八劃二五字；十九劃以上二三字。

唐代大詩人韓愈，曾作《石鼓歌》，極盡讚美與頌揚，傳之後世，更令人讚賞。

## 三、對吳昌碩書《北宋石鼓文》的考據

吳昌碩為清末民初人，兼長書、畫與金石，尤其臨寫石鼓文，稱絕藝林。一般書家臨寫《石鼓文》，或為片段，或擇一鼓，書全十鼓為數不多。覽觀吳氏所書《石鼓全文》，能流暢活潑而無輕浮，蒼勁古拙而無笨滯，結構緊湊而無鬆散，佈局均衡而無偏頗。《石鼓文》原為篆書中之上乘，再經吳氏天賦與學養，更能發揮得淋漓盡致。尤以原拓鼓文間有殘破損不清之處，經吳氏書後，使摹臨石鼓文者有所依循，視為師法的準據，其價值至鉅。

以吳氏對書法修養之深，藝術地位之崇高，原未敢妄加置言。然基於考據與學術研究精神，依筆

者詳考實證，仍有三十六處與原拓鼓文有出入者。其中如漏字、倒置、書寫方法略異，殘缺之處補充尚待研正，註釋楷書未符等，大膽予以對照指出。如以前有認定石鼓文能認定字數為四六一字，吳書則僅為四三二字。

此項研究並無「非古」之意，更不影響吳氏書法的歷史價值；反之更在促進學者研究探索的興趣。

## 四、《李陽冰三帖》之研究

李陽冰，唐趙郡人，字少溫，曾任浙江縉雲縣令，長篆書，無出其右，歷代書家尊為「篆聖」。余就手頭所存李氏所書三帖—《謙卦石刻》、《三墳記》、《城隍廟碑》—加以比較，僉認此三帖書寫時期不同，各有其特點，詳加比較分析，確均為書中精品，否定過去若干學者，對此三者有某帖優於某帖之說。並獻八十字，以為李氏讚：

細而不纖，瘦而不弱；圓而不滑，圜而不屈；
曲而不迂，直而不鈍；柔中有剛，剛中有柔；
巧中有拙，拙中有巧；豪放有節，自然有矩；
對稱平穩，疏密咸宜；均衡佈局，揮灑自如；
迴旋迴轉，無滯無礙；筆力萬鈞，矯若遊龍。

## 五、關於篆聖李陽冰《城隍廟碑》之研究

《城隍廟碑》為篆聖李陽冰有名之書，歷代書家對其評價極高。此碑係李氏任浙江縉雲縣令時之所作，故存在該縣，縣人視為極重要之文化遺產，在縉雲縣誌與在臺之縉雲同鄉會有關文獻上，均曾加以詳細記載。

現任縉雲同鄉會理事長丁治民將軍，與余私交甚篤，曾述及《城隍廟碑》中部分文字之釋文，同鄉意見不一，委余代為研究考據，並予以闡釋。

經查證有關典籍，對有關問題之質疑加以研究，提出研究意見，尚能獲致相當之共識。此外亦提出個人其他發現之問題，一併撰文，刊於《縉雲文獻》書上，以供參考。

## 六、李陽冰《謙卦石刻》之研究

依研究所見，李陽冰氏所書《謙卦石刻》有以下之特點：

㈠係以謙恭誠敬之心、誠惶誠恐之情書寫，益見尊重。
㈡結構為適度長方形，工整嚴密。
㈢筆劃較為勁細，瘦而不弱，柔中有剛。
㈣字畫圓潤，多採圓形、半圓，圜而不屈，曲而不迂。

㈤直畫逝拔，流暢無礙。
㈥對稱平穩，疏密咸直。
㈦旋迴迵轉，矯若遊龍，無滯無礙，筆力萬鈞。
㈧一字數種寫法，知識廣博。

## 七、吳大澂《篆文論語》之研究

吳大澂為清末進士，為近代篆書之大家，箸述極豐。其厥功最偉者，乃為箸述《說文古籀補》，整理出古籀文三五〇〇餘字，以補說文中小篆所未及。至於其所書《篆文論語》，乃以「大小二篆，同條共貫，上窺壁經，略有依據，抱殘守闕，斯文在茲，訂而正之，以俟君子」。檢閱全部《論語》一五、八一一字，可謂極其艱鉅。筆者先後多次臨摹，發現此一五、八一一字，實際僅由一、三三一個不同的字所組成。吳氏以其博學，用多種大篆字體避免雷同，能竟全功，實屬不易，筆者復依筆劃順序，將其所採不同字體，一一列舉，並加整理編排，此一整理工作，亦頗不易，先後經五次整理，始行定稿，並列舉其特點與價值，撰文發表。

## 八、小篆字形分類之研究

就個人多年研習篆書的研究，將小篆字形予以適切的分類，以供比較參考。

㈠繁體重疊式的字形
㈡左右上下整齊對稱的字形
㈢保存古字與楷書完全相異者
㈣與楷字形接近但變化較大者
㈤與楷書字形接近但仍小有變化者
㈥較楷書增加筆劃者
㈦較楷書筆劃減少或簡化者
㈧將楷書構成的部分予以重組者
㈨延長筆劃形成包容者
㈩字形相近似的文字

## 九、篆書辨異釋舉

篆書與楷書中，均有若干頗為接近與相似之字形，稍有疏虞，差之毫厘，失之千里。筆者為人書寫聯屏，有時疏於考據，信手寫來，或憑臆測書寫，復送出以後再行發現，追悔莫及。又時常見到部分成名書法家，以篆書發表創作，其中難免有舛誤之處，頗為惋惜。除在前文就字形分類研究，詳為說明，茲再以近似而實異的篆字，列舉五十四例，二一七字，作為辨異釋舉，以供參考。

以上係屬主要論文，其餘《篆文百字圖》、《優美的我國變形疊架式文字》等篇，則為遣興之作。研究考據全為業餘之興趣，未敢言其價值，然此類工作卻甚費時日與心力，集稿成冊，已出版專書以供同好參考指正。

〔原載一九九五、一二、《淮陰文獻》第四輯〕

# 淮陰鄉賢田公步蟾之墨寶

余喜愛翰墨，尤嗜篆書，愧無成就。然對篆文考據與研究，確曾費過不少心力，並曾著有「篆文研究與考據」一書，於民國八十五年九月在新文豐出版公司出版。

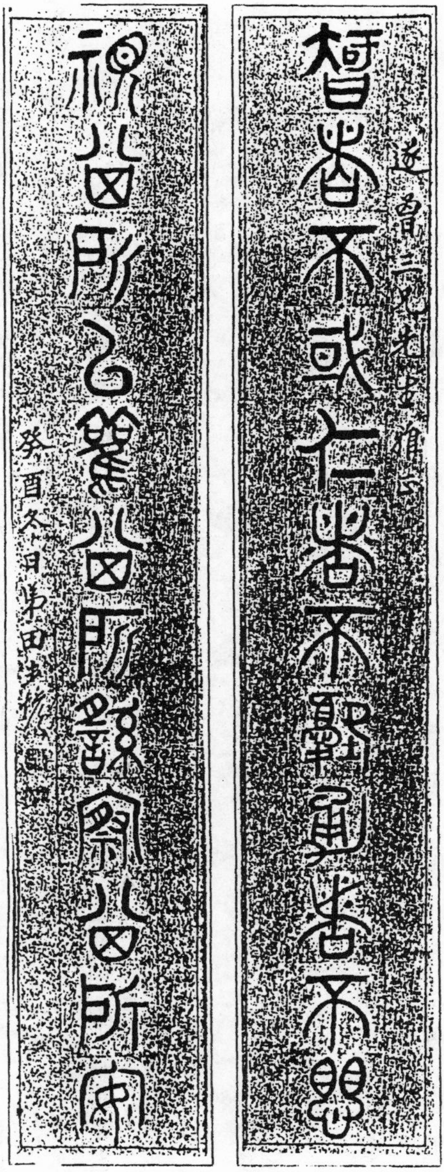

余籍隸江蘇省淮陰縣，對鄉梓人物、歷史、文化尤為關懷，在此一方面多年亦竭盡心力，協助同鄉會出版多種誌書、文獻，聊盡海外遊子回饋鄉里之責。

頃閱本（九十）年二月出版之「書友月刊」所載「謝鴻軒述德堂千聯家藏纂輯」中，選載篆書集「論語」長聯，其譯文為「智者不惑、仁者不憂、勇者不懼；視其所以、觀其所由、察其所安」。另外註釋介紹作者傳略如次：

「田步蟾，字桂舫，江蘇淮陰人。光緒二十九年癸卯進士，能書擅畫，所以山水花卉，靡不工雅，歷任山東實業廳長，政務廳長，國民政府實業部次長。」

按此聯上聯：「智者不惑、仁者不憂、勇者不懼」，係出諸「論語」「子罕第九」，原文為：「子曰：智者不惑、仁者不憂、勇者不懼」。又在「論語」「憲問第十四」，亦有原文為：「君子道者有三，我無能焉，智者不惑、仁者不憂、勇者不懼」。

下聯：「視其所以、觀其所由、察其所安」！係出諸《論語》「為政第二」，原文為：「子曰：視其所以、觀其所由、察其所安，人焉廋哉，人焉廋哉」。

純就文學觀點而言，此一集《論語》之對聯，用語自然，對仗工整，平仄相調，為一絕妙佳聯。由於作者進士出身，自必嫻讀詩書，文學修養深湛。

如就書法藝術觀點而言，此聯篆書作品，係以鐘鼎文字為基礎，筆力挺拔、雄厚古拙、規矩中仍具流暢，一筆不苟，以正心誠意之心情書寫，已能充分表現出篆書之特色。加之作者具有深厚之文化與書畫基礎，自可稱為佳作。

又經筆者詳加考據，顯係撫摹清代名家吳大澂《篆書論語》筆意。按吳大澂生於紀元一八五二年、卒於一九〇二年，亦為清朝進士，較田步蟾約前百年，其勳業與翰墨，自對後者影響力甚大。惟田氏雖撫摹前人筆恩，盡得其精髓，亦能有所變化，並非完全泥古，可徵其博學融通，前輩風範，令人仰佩。

為進一步考證起見，特將《清吳大澂篆書論語》相關部分原文影印如次，如與前聯對照比較，更可增進研究比較之興趣。

其一：

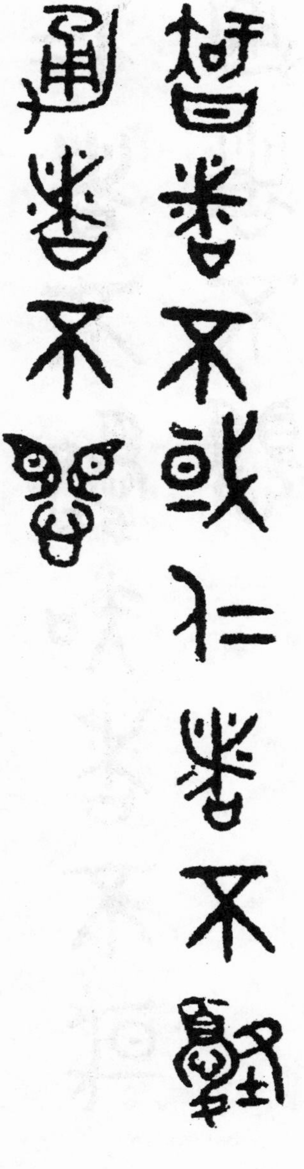

其二：

仁者不憂知者不惑
勇者不懼

其三：

視其所以觀其所由
察其所安

至田公之傳略部分，由《書友》所刊之介紹，已可略窺端倪。茲再進一步查證有關文獻，分述如次：《續纂清河縣誌》，按「清河」古稱「淮陰」，故民國成立後，復古再稱淮陰，此邑為淮陰侯韓信之出生地，亦蘇北之重鎮。此誌係由劉公修壽修，范公冕纂，於民國十七年冬刊成。民國七十年八月由台北市淮陰同鄉會重新刊印。查閱縣誌卷六頁舉篇第三十一頁載有：

「光緒二十八年、田步蟾、壬寅補行庚子辛丑順天榜、舉人」。又載有：

「光緒二十九年、田步蟾、進士；癸卯農商部都水司員外郎」。

另《清河縣誌續編人物及淮陰縣近事錄》，係由范公冕編成，記載民國元年至民國十一年間事。係一珍貴手稿，由范府後人保存，惜當時未與《續纂清河縣誌》合併附印。幸由編者曾孫范震醫師赴大陸時尋獲，輾轉攜帶回台。淮陰同鄉會以其甚具歷史價值，彌足珍貴，乃於七十九年二月刊印，俾資傳世。其中第一一七頁刊有：「吏階：田步蟾、山東實業廳長」。

從以上資料，可證《書友月刊》所介傳略，應屬正確。按田公步蟾，生跨滿清與民國兩個時代，進士出身，在民國初建，仍身居要津，可見其思想進步，亦必建樹良好政績。更在書、畫藝術上，具有甚高之成就，堪稱吾邑在政壇藝壇之重要人物。惟前列誌書記述既頗簡略，大陸目前所編印之《淮陰市誌》，亦未見其納入，頗感遺憾。田公為近代淮陰重要人物，為獲知其更詳盡之資料，例如：家世、生歿年月、政績、著述、詩文、書畫等之成就，有無尚留存之文化資產等，以供後人研究、瞻仰。吾邑田氏族人不少，亦可能為其後代子孫，如能在故里深入探索查訪，應有蛛絲馬跡可循。

以上拙文，提供書法界對藝術文物研究考證之興趣。亦願鄉梓文化、史政、學術單位，能進一步尋根探訪，獲致更豐碩之資料，以建立更有價值之文化資料。

〔原載二〇〇三、六、《淮陰文獻》第六輯及《書友雜誌》〕

# 清末民初書法家邢端作品偶集

邢氏源流分為兩支：其一、出自姬姓，以國為氏。據《元和姓纂》所載，西周初年，周成王封周公旦之第四子於邢國（在今河北省邢台市），以後即以國名「邢」為氏。其二、係以邑為氏。據《姓考》所載，晉大夫韓宣子之族食采於邢丘（在今河南省溫縣東），子孫居其地者，以邑名為「邢」氏。

邢氏族人，除在河北、河南、海南、東北等幾個聚居地以外，其餘各地分佈的人口並非眾多。因此如遇同宗，均熱情交談，互道鄉籍源流。余寓所門前過去懸有「邢寓」名牌，甚至有路過同宗按鈴進來訪問者。

余喜愛欣賞書畫，亦嗜書法、金石，作為重要休閒活動之一。如在書畫中見有同宗之作品，每更增興趣去觀賞、研究。

老友衛白山先生，在香港經營書店多年，並以古書為經營重點，年來收藏頗豐。與余尺素時通，但久未見面。廿餘年前托人帶來一幅楷書條軸相贈，來函述及其收藏書畫甚多，頃發現其中有一楷書作品，署名邢端，彼此既成莫逆，特予奉贈，俾邢氏墨寶歸還邢府收藏。余雖收之有愧，卻之不恭，除示謝意外，自視若珍璧，加意保存，惟尚不悉作者之時代與背景。

為求進一步查證，乃查閱《中國人名大辭典》。根據其記載邢端確有其人，註解如次：

「邢端，明永樂時舉人，授宣察御史，擢湖廣御史，撫輯苗夷，甚有恩紀，秩滿父老慰留，卒官。」

又對其落款所署「新亭埜（即『野』字）史」，經查證有關辭書解釋如次：

新亭，在今江蘇江寧縣南，一曰勞勞亭，亦名臨澄觀，吳時築。東晉時，諸名士每遊宴於此。《寰宇記》載，臨澄觀在勞勞山上，有亭七個，名曰新亭。

野史：私家之記載也。《唐書藝文志》載有《大和野史》十卷。陸龜蒙春酬苦雨見寄詩，有「自愛垂名野史中」句。野史亦稱稗史。

惟以上落款仍難說明與作者之關係。邢端楷書條幅參閱附件一；其所鈐印章如附件二。頃於八十九年元月出版之《書友》第一五四期第五十頁，閱及有謝述德堂千聯齋謝鴻軒家藏書輯、楷書集詞長聯，亦係由邢端所書，並簡介其傳略如次（參閱附件三）：

「邢端，字冕之，貴州貴陽人。光緒三十年甲辰進士，授檢討。留學日本，歸國後供職郵傳部、工商部、農商部，歷任直隸高等工業學堂監督，直隸工業專校校長。」

此聯落款為「貴陽邢端」，可證與所介傳略完全符合。至於余所收藏之邢端條幅，與謝述德堂所收藏之邢端楷書長聯，究係一人所書，抑為明清兩代同名不同人之邢端所書，自宜加以考證研究。

從字體、字形、用筆、落墨等比較研究，兩者均極為相似，可判斷為一人所作。益以謝鴻軒先生精通藝事，淵博多學，如此藏品係由其考據編纂，可信度甚高。

惟所存疑者，參照《中國名人大辭典》所載明代邢端，亦必另有其人。又邢姓並不多見，邢端為名，竟亦巧合，亦屬難得。另對余所藏之條軸落款所書「新亭野史」如即係清末之貴陽邢端，又不悉與江蘇江寧有何關係。

附件一

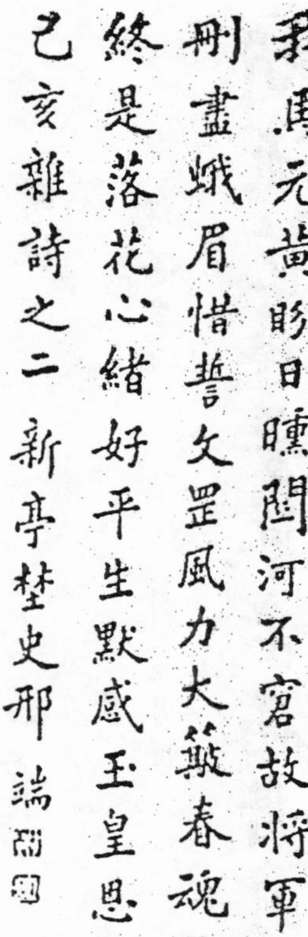
我馬元黃盻日曛關河不窘故將軍百年心事歸平淡
刪盡蛾眉惜誓文罡風力大簸春魂虎豹沈沈臥九閽
終是落花心緒好平生默感玉皇恩壬午初夏寓空菴


附件二

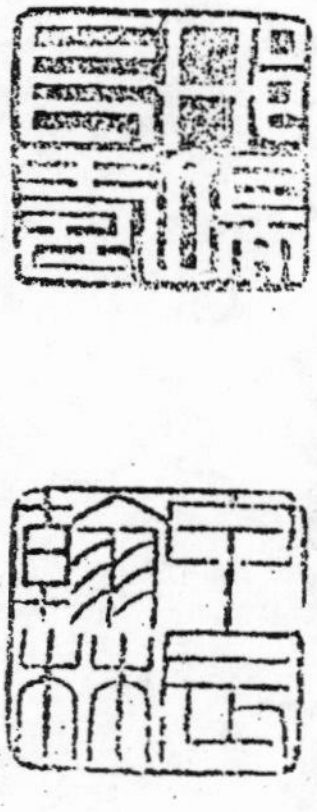

附件三

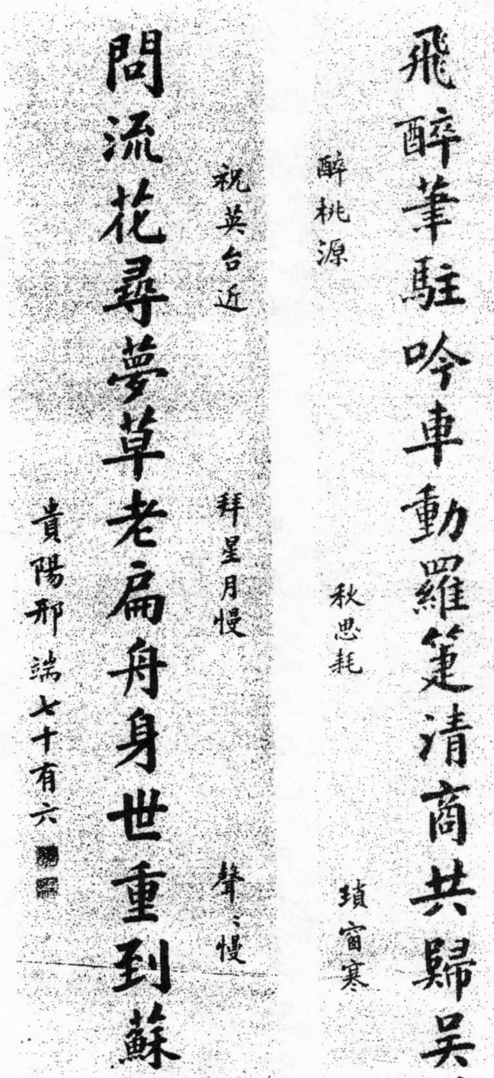


經再細閱附件一所鈐印章（如附件二）二枚，一曰「邢端長壽」，一曰「甲辰翰林」，與清末邢端傳略中所述為「光緒三十年甲辰進士」一節完全吻合。加之所書內容係為清龍定盦詩，更可證明余所收藏之邢端楷書條幅，並非明代人邢端，而與謝述德堂所藏之邢端楷書長聯，均為清末邢端一人所

書。

《書友》是一本具有一流水準的書法期刊，對於書法之介紹、傳承、研究、考證等裨益甚大，由《書友》介紹之前人翰墨，與收藏比較，得以相互參證，辨證正誤，乃一具有意義及興趣之事，值得倡導。

〔原載二〇〇三、六、《淮陰文獻》第六輯及《書友雜誌》〕

# 陳雪屏先生翰墨留香

黨國元老陳資政雪屏先生以九九歲遐齡不幸於今年四月十二日溘然長逝，以其個人之德業、修養以及對黨國之貢獻，堪稱立德、立功、立言，可謂當之無愧。因此，其舊屬、門生無不對其敬仰有加，懷思無已。五月三日上午舉行公祭時冠蓋雲集，莊嚴隆重，肅穆哀思，同聲悼念。

雪公早年畢業北大，留學美國哥倫比亞大學，返國後迭任東北大學、師範大學、北京大學教授，國民黨青年部首任部長、改造委員會第一組主任、考選部長、行政院秘書長、政務委員、研究發展考核委員會主任委員、國家建設委員會主任委員、總統府資政等要職、主持故宮博物院興建並長期擔任管理委員會副主任委員，多年實務負責指導院務。其對黨國及文化之豐功偉業難以罄書，國人多知之甚詳，毋庸贅言。

余轉任文職時曾有幸在行政院及國家安全會議兩度造隨左右，得稔雪公除對國家有顯赫之事功外，個人更具湛深之學問，治事條理不苟，對人和藹可親，處理公務既能條分縷析，裁定決策更能明快穩當。至於其為人修養，則為標準我國士大夫讀書人風格，良非現代所謂新官僚政治人物之所可比擬也。

雪公從政之暇喜賞玩印石古墨，尤精翰墨，其行楷已盡得趙松雪之精髓，行雲流水、清逸超群，更嗜隸書遍臨漢隸諸碑，筆力渾厚古拙，均已臻於化境。凡以翰墨贈人或部屬請托法書者無不樂於揮毫，隸書多作楹聯，行書則常為條幅，且必用家藏上等宣紙書妥再精裱後持贈，可見其待人接物謙和誠摯、慎重將事。

雪公迭膺重寄，尤其任行政院秘書長期間，當時陳故副總統辭公兼任行政院長，充分授權雪公處理公處。在日理萬機中仍能處事明快而週延，不以案牘勞形為苦。迨嚴家淦先生出任行政院長時，雪公仍任首席政務委員並兼任財經五人小組召集人，國家重大財政預算之擘劃分配幾無不由其主持決定，皆能令人心悅誠服。其於批閱公文時喜用簽字筆，承辦單位人員除閱讀其批語外，尚愛欣賞其流利遒勁、熟練美觀之書法，每每愛不釋手，甚至影印留存紀念。

雪公平時為人謙懷若谷，書寫甚多，然從未舉行過書展，亦未輯印成集，殊為可惜。外人對其書藝造詣亦可能或少知悉。茲特就此次陳府隨雪公事略所附送之《紫雪樓集粹一》所編入之資料及筆者所存函件、文件數件刊附於後，既以將雪公之法書公佈於世，更以略寄對老長官高風亮節。修養超群之不勝懷思也。

〔原載《書友雜誌》〕

附件一、紫雪樓主印

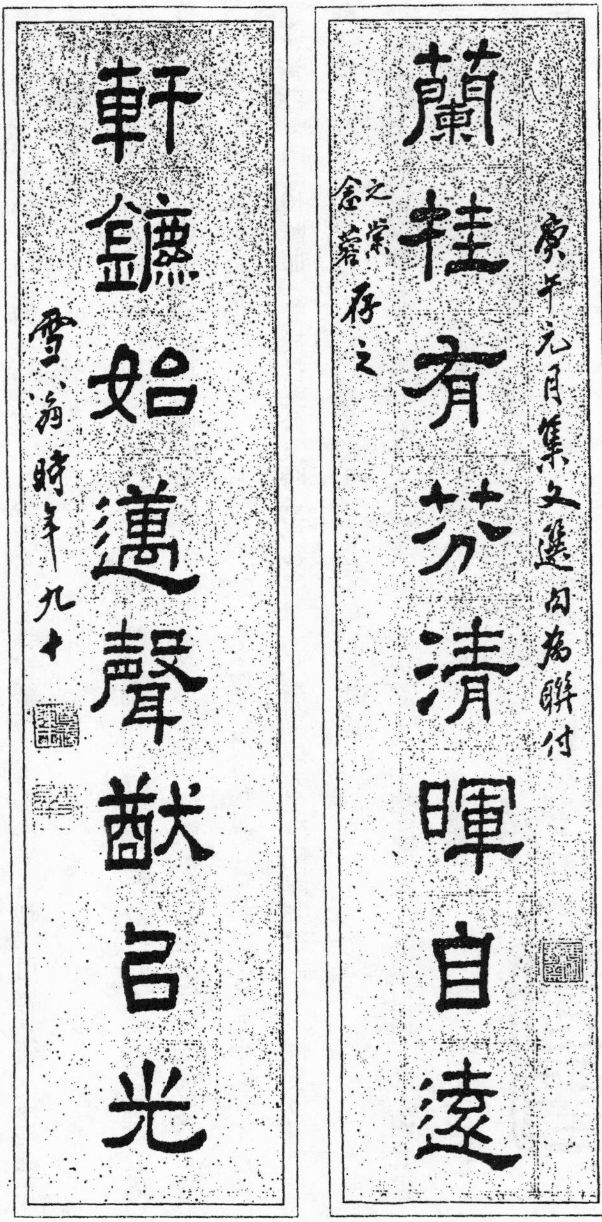


附件二、雪公九十歲時為其公子書聯

# 附錄三、雪公為夫上畫上題詩

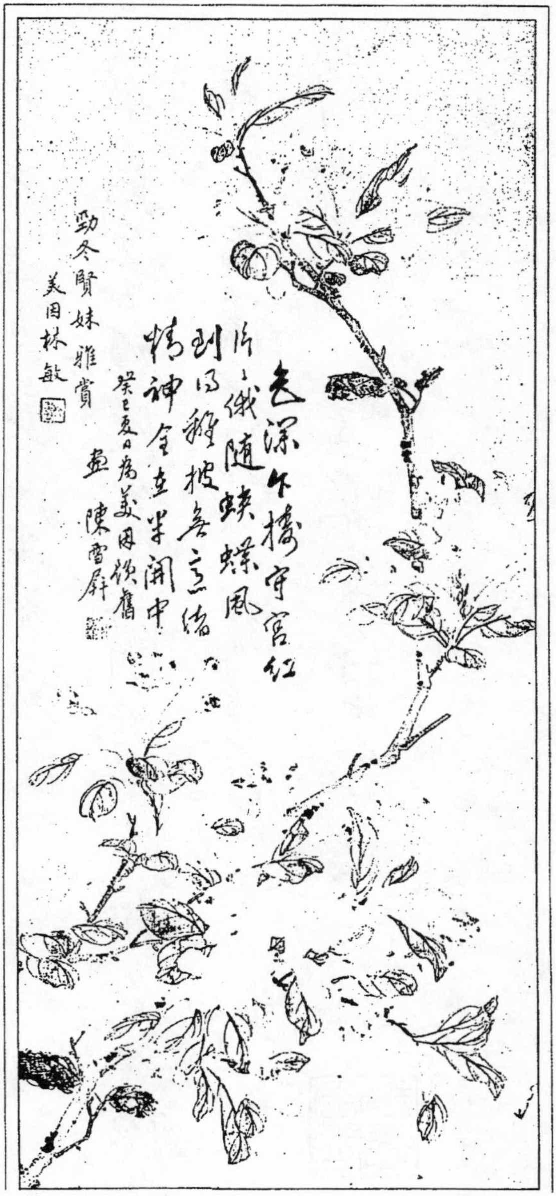

附錄四、雪公致筆者之便函

靖閔吾兄惠鑒 前承

囑為華報撰書一聯 頃已寫就 茲呈上 請

轉致為禱 恕不多贅 順頌

刻安 弟陳雪屏手啟 十二、八

雪屏書翰

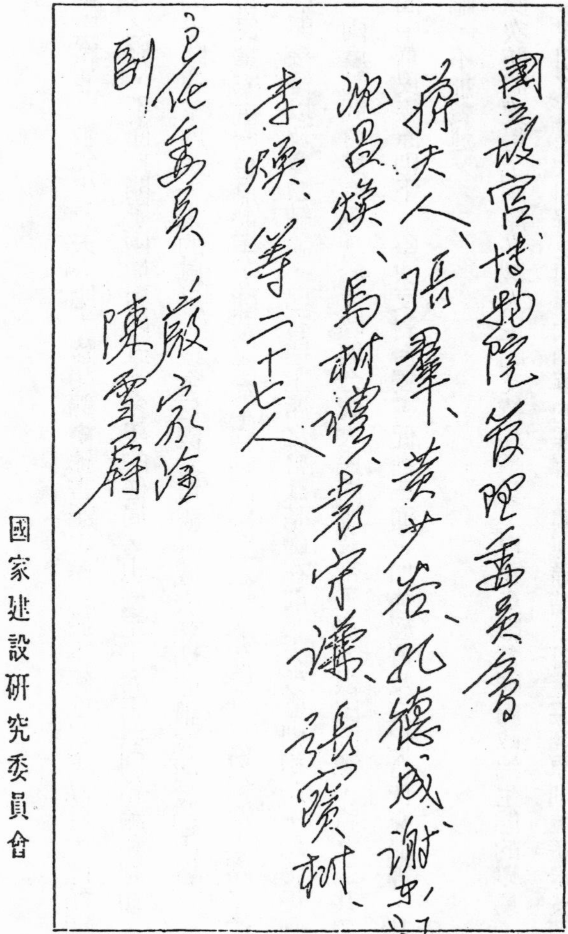
國立故宮博物院管理委員會
蔣夫人、張群、黃少谷、孔德成、謝東閔、
沈昌煥、馬樹禮、袁守謙、張寶樹、
李煥、等二十七人
已任委員 嚴家淦
副 陳雪屏

國家建設研究委員會

# 炎黃子孫萬里同根

國民黨主席連　戰先生及夫人應大陸胡錦濤總書記之邀，於本年四月率團赴大陸訪問。此一和平之旅、破冰之旅，不僅打開了兩岸對峙五十多年的僵局，也確定了若干共同結論和認知，更引起大陸人民熱烈的爭睹連主席及夫人的風采，或全日觀看電視，咸表熱切的讚佩與歡迎之意。

泛藍親民黨宋主席楚瑜偕夫人陳萬水女士及訪問團一行，亦於五月份繼連主席之後應邀訪問大陸。其行程與接待以及會談結論，已有連主席之會談基礎在前，大致原則相若，均獲得圓滿的結果。

總之，兩度訪問會談均係基於大陸與台灣人民同屬黃帝子孫、根出同源，將九二共識更具體化，堅持在一個中華民族原則下，堅決反對台獨，促進三通，加強經貿及文化合作交流等，其詳細內容均已公諸報端，不加贅述。

因為此次訪問獲得了兩岸多數人民的支持和讚賞，自難免影響國內政治生態的變易。惟由於親民黨宋主席事前期望藍綠大和解及兩岸大和解的理想，與阿扁結合訂定協商原則，遊走於藍綠之間，反不為大多數國民所苟同，加之氣候影響，致造成此次國民大會代表的選舉投票率過低，親民黨遭致了重大挫敗，實非始料所及。然而和反覆無常的阿扁與虎謀皮，亦當獲致重大教訓。如能促成泛藍的大團結，亦未嘗不是因禍得福。

間接來說，這次訪問大陸，讓大陸人民有機認識了兩位主席民主國家領袖與政治家的風範，將來在民主政治和自由經濟的衝擊之下，亦對大陸民主和自由思潮的促進不無作用。

此外，世界各國也都對此加以注意，紛紛表示讚揚的意見。真是大勢所趨，潮流所及，不是人力「硬拗」可以擋的住的。我們泛藍人士自應藉此有利的大好情勢，更加努力以竟全功。至於泛綠的政治家們，也希望諸位能放下個人的成見、偏見，為全體國民的福利、整體國家的利益著想。「為天地立心，為生命立命，為往聖繼絕學，為萬世開太平」，真是至理名言。

又連、宋兩位主席均強調我們都是黃帝子孫、血肉相連。我早曾於一九九一年應大陸黃帝陵管理要員會之請，為擴大慶祝建立碑林題署大幅篆書祝詞。又於一九九四年應人民日報之邀，繼續陳立夫先生之後，在該報題署「炎黃子孫，萬里同根」四字，爰將譯文與原題縮影並說明如次，以供參正。

祝慶黃帝陵碑林賀詞：

大哉軒轅，擒誅蚩尤。黃帝紀元，天瑞人和。

六書五音，典章永留。兵陣衡度，其來有由。

醫藥內經，康強長壽。維我華夏，錦繡山河。

歷史悠久，源遠流長。

一九九一年題署黃帝碑林及一九九四年應人民日報題字兩原件縮影如次：

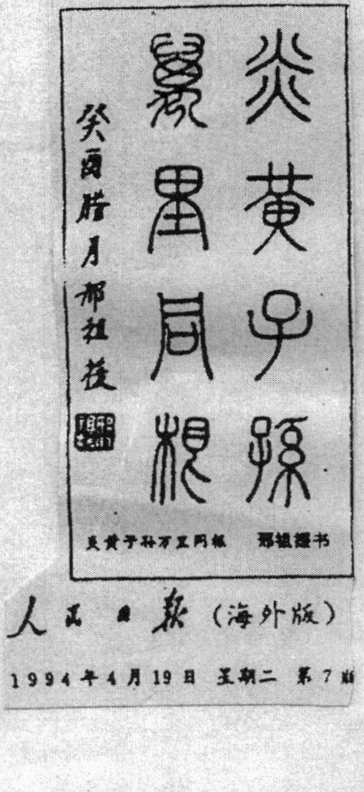

炎黃子孫
萬里同根
炎黄子孙万里同根
人民日报（海外版）
1994年4月19日 星期二 第7版


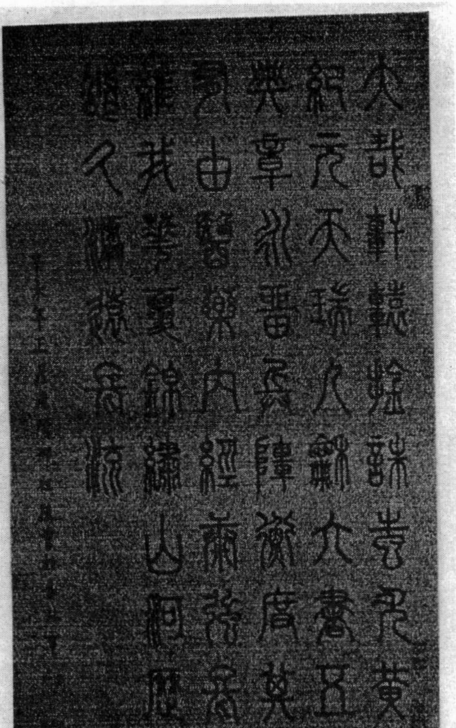

# 捌、軍旅鱗爪

# 黃維將軍百歲冥誕感言

黃維，培公將軍，一代名將，過去對國家之貢獻，無庸贅述。於國共戰爭中，壯志未酬，蟄居北京四十年，不幸於一九八九年病逝，時年八十六歲。時光荏苒，頃屆百齡冥誕。追思將軍畢生盡忠黨國，名標青史，自將永垂不朽。

余於一九四三年間，服務於第三戰區長官司令部，追隨時任戰區參謀長之溫鳴劍將軍。翌年先總統蔣公號召十萬青年十萬軍，各地知識青年從軍熱潮，風起雲湧。編練總監部為培訓幹部，乃成立幹部訓練團，並設立東南分團，由培公將軍負責主持。

黃、溫兩將軍關係至深，交稱莫逆。是時東南分團之人力，物力，悉賴戰區支援。以後成立第二〇八師及二〇九師，需要資源更多，亦須戰區資源調撥。因此，兩位將軍往來頻繁，即黃夫人亦常至溫府作客，余除經常接待外，亦曾數度追隨溫公至蓮荷黃府作客。迨青年軍第二〇九師正式成立，溫公調長該師，余亦調師服務；其間亦奉派至東南分團受訓，並兼任隊職。後成立第三十一軍，即由培公將軍調任軍長，時聆訓益，獲益匪淺，印象至為深刻。

際茲培公將軍百歲冥誕前夕，懷思將軍學識宏遠，志節高超，而表現於帶兵、練兵、用兵上之卓越才華，其雄才大略，誠摯熱情，誠令人懷念無已。爰略申感言，以示崇敬之忱。

孫子曰：「將者、知、信、仁、勇、嚴也」。我國民革命軍亦將其列為軍人必備之武德，並明載於典範，視為奉行之圭臬。回顧培公將軍，智慮純一，文武兼資，誠信不疑，信賞必罰，以身作則，視兵猶親；北伐抗戰，矢勤矢勇，嚴明紀律，嚴以律己。猶憶將軍帶兵時，如遇夏日部隊尚未發到蚊帳，則家中亦禁懸掛；冬日部隊尚未領到棉裝，個人亦不著呢棉。平時指揮作戰或裁定政務，事前必謀定而後動，惟一經決定，則軍令如山，絕不任意更易，平時辦理教育訓練，要求極為嚴格，如有逾越，不稍寬貸。對於勇於任事，學能俱優之幹部，每不次拔擢，以為國儲才。即以青年軍第二〇八、二〇九師而言，其幹部均經培公將軍親自培訓遴選，以後蔚成勁旅，實非虛言。觀察培公將軍，治軍馭眾雖頗嚴肅，而平時待人接物，卻甚溫文儒雅。每見其於裁決重要政務時，簡潔有力，要言不繁，是則充分顯示其胸有成竹，表達其無比之信心。總之，培公將軍實具備知、信、仁、勇、嚴完備之武德，亦即大智、大仁、大勇之高潔素養。

孟子曰：「富貴不能淫，貧賤不能移，威武不能屈，此之謂大丈夫」。以此觀之，培公將軍之立身、志節，實可當之無愧。將軍少入黃埔，久列戎行，歷膺重寄，備受層峰之倚重。而其個人生活簡樸，平時與夫人感情彌篤，家庭生活美滿。於投效軍旅，獻身革命以後，更迭經險難，備歷艱辛，然效忠黨國之志節，迄未稍變。最後於徐州會戰之役，求仁不得，被迫受俘，其經過均詳載於史冊。在被俘十餘高級將領之中，培公乃唯自始至終，不屈不撓，絕不認有錯誤，絕不接受招降之將領。是故亦為被囚時間最久，恢復自由時間最晚者之一員。據沈敏將軍告知，曾於培公將軍恢復自由後，親赴北京訪謁。其時培公將軍曾面交親筆所撰文稿，文內詳述國軍作戰失敗之原因，列舉國軍叛國投共之高級將領，早為共諜之實證，並囑沈敏將軍攜回代陳當局，以示其赤膽忠心之意。惜此一文件於回台後傳觀中不意遺失，致使珍貴之重要史料不翼而飛，殊堪扼腕。舉凡以上各種事例與表現，在在均可說明培公將軍稱為大丈夫實當之無愧。

值茲培公將軍百歲冥誕前夕，追思將軍風範與典型，不勝懷思與感念，爰略抒感言，以資紀念，恐難述其澤德於萬一也。

〔原載二〇〇三、六、《貴谿通信》第一九期及《六三通訊》〕

# 唐冠英中將蒞團點閱追記

民國卅七年初，抗戰勝利不久，內戰已在北方燃起戰火，江南表面雖仍歌舞昇平，實際中共逐漸滲透至各個角落。我青年軍第二〇二師下轄二旅六團，駐紮淞滬及其外圍附近，一面積極整訓，一面兼負綏靖的任務。我時任二旅五團中校副團長，駐節上海附近之南翔。時團長高道興上校，適奉調南京中央訓練團受訓，由我代理團務。我由第二營營長甫升副團長不久，對於代理團務自本戒慎恐懼。誠惶誠恐的心理，幸無隕越。

國軍部隊自抗戰勝利以後，經過數度整編，初期以精簡裁編為目標，後因發生內戰，又逐漸擴編。經過整編後，對於各部兵員人數之竅實，裝備與人員之配合，以及部隊戰力之保持與增進等，均須加強檢查督導，乃於三十六年下半年，編成若干點閱組，由資深將領率領點驗人員至各部隊實地點驗校閱，藉以瞭解實況，以供國防部對以後整編部隊之參考。

頃奉通知國防部第一點校組組長唐冠英中將，於卅七年元月即將率領該組人員蒞臨本團點校，並以本團代表本師接受點校任務。且奉旅部通知師長饒秉勳將軍、旅長方懋楷將軍，均不來相陪。團長高道興上校又適奉調訓，即由該副團長全權負責接受點閱及接待之責。我受命之餘，既感惶恐，又感榮幸。因唐中將冠英不僅為我軍校之師長，更有世誼（與先父早年參加革命即相識）、長官部屬（在軍委會戰幹第三團成立時我即在該團服務）等關係。時我年甫逾三十，正適青壯年時期，具有豪氣干雲之壯志，正想藉此表現本團年來整訓之成果與個人指揮之能力，乃欣然接受並積極從事準備及數度預演。

按唐冠英中將，字超伯，江蘇省阜寧縣人，出身保定陸軍軍官學校第九期，陸軍大學將官班等校，歷任排、連、營、團長、總指揮，陸軍官校總隊長，軍委會戰幹第三團中將教育長，第三分校副主任，第一〇〇軍副軍長等職。對於軍事教育與部隊訓練。尤具豐富之經驗。為人正直，帶兵要求嚴格，多能以德服人，對我尤其以長輩世誼，鼓勵教導，獲益甚多。

唐中將一行於前一日午後，即抵達南翔，寄寓旅邸。余得悉後即先前往晉謁，報告本團組織，整訓及任防概況。以及明日點校預定程序，請示同意後，即告辭返回團部。集合重要幹部，再加細部規定，又分別與任防之各營長通話，希確實檢查人員裝備，務求按規定時間集合。

當時本團第一營營長為楊家猷少校（十三期），第二營營長為張樹鵬少校（十一期），第三營營長為冷友蘭中校（十期），團附為曾子慎少校（十四期）等幹部，均為一時之選。

當日晨七時，即集合全團部隊，包括第一、二、三營、團部及直屬部隊之戰車防禦連、四二追擊砲連、勤務連、輸送連、衛生連等，除留下少數任防部隊外，所有官士兵、馬匹、車輛、武器、裝備等全部到齊，在南翔大操場集合，再舉行最後一次檢查及預習。部隊由我以副團長代團長身份親任閱兵指揮官，以我當時年齡甫逾三十，正是青年健壯、豪氣干雲，且對部隊指揮向具信心。尤其在軍校、步校畢業時均名列前矛，深蒙嘉許，亦希望在唐老師前有所表現。乃另派團附曾子慎少校前往旅邸，迎接唐中校及點閱組一行，於九時正親臨操場點閱。

此時全團部隊近三千人，均服裝整潔，裝備齊全，列成連縱隊，營橫隊，團橫隊之閱兵隊形，整齊嚴肅，列隊恭候。余則全付戎裝，著長統馬靴，騎著一匹高大白馬，手持指揮刀，於數度整理部隊繞場巡視後，肅立隊伍右前端，靜候唐中將蒞臨。

九時正唐中將率點閱組一行，由曾子慎團附代表本團恭迎抵達大操場，此時號兵高奏立正號音，全體官兵立正肅立。待唐中將等一行登上司令臺時，我乃策馬馳赴司令臺前，先向後轉俟唐中將還禮後，叫稍息口令。然後再叫立正口令，向後轉面向唐中將行劈刀禮，再以宏亮之口音報告師旅團番號、指揮官職稱、階級姓名、實到受校官兵人數、車輛、馬匹、武器裝備數量。此等數字，我早熟記於胸，且我一向聲音清晰，臨場鎮靜，報告流利。報告完畢後，仍行劈刀禮，俟還禮後再策馬向後轉叫稍息口令，再叫立正口令，策馬後轉，行向唐中將行劈刀禮，俟還禮後，乃恭請閱兵。唐中將還禮後領首同意，即步下司令臺，余先策馬後轉叫稍息口令，即馳赴隊伍前端，下馬陪同唐中將一行，開始閱兵。

唐中將對教育訓練，一向具有豐富經驗，當其行經每一部隊前接受部隊長叫立正，敬禮口令回禮後，必仔細觀察官兵儀容、服裝、武器、裝備及訓練情形，或有垂詢，均經一一詳為解答，青年軍原為學生從軍，素質、裝備自較一般部隊為優，故唐中將甚為滿意。

於閱兵以後，我即引導唐中將回至司令臺。我則發口令成講話隊形集合。各部隊分別下令調動部隊，俟集合完畢後我再發口令整理隊伍，均能迅速整齊。集合整理部隊後，我再發立正口令，向後轉向唐中將報告，部隊集合完畢，恭請訓話。

唐中將欣然對全體官兵訓話，其要點首先說明此次奉國防部派遣點閱組至各部隊點閱的意義，在於覈實人馬數字，目的在於加強戰力。次則對本團之訓練成果，至為讚揚，並譽為在京滬線上所看到的最優秀部隊。再對當前國家情勢略加分析，並一再勉勵官兵為國努力等。於訓話完畢後，我再叫立正口令，向唐中將敬禮，以示點閱告一段落，俟舉手還禮後，我再返身叫稍息口令。俟唐中將一行離開時，號兵吹立正號恭送。

送行時即面邀唐中將一行，於下午六時在團部以簡單酒筵接待，初以點閱組不接受部隊招待懇辭。後經說明團部各主管及各營營長均係軍校學生，藉此機會向老師略表致敬之意，並有向老師多請訓益的機會，彼乃欣然應允。待晚筵時，唐中將及點閱組人員與我及各營長等，閒話過去軍校生活，以及目前部隊狀況，增益甚多，賓主盡歡，始行離團搭火車返京。事後旅長及團長得悉此點閱狀況，至表嘉勉。

謹將青年軍史補充此一段，以供參考。未識在台本團同仁尚有參與此次點閱尚能記憶補充否？

〔原載二〇〇五、六、《六三通訊》第四一期〕

# 追隨溫鳴劍將軍十年憶往

青年軍第二〇九師首任師長溫鳴劍將軍，字明敬，學貫中西，文武全才，對兵學修養深湛，為國內不可多得之將才，其傳略與著述已另文介紹不贅。余追隨幾及十年，身受其提攜教導，獲益良深，爰略述憶往，以誌懷思。

余於民國廿八年因部隊整編奉調至陸軍官校軍官班受訓，次年六月畢業（時年廿三歲），分發至第三戰區幹部訓練團服務。於報到後謁見教育長溫鳴劍中將，其時彼年方卅六歲，氣宇不凡，學有素養，且和藹可親，即欣然受命接任教育處上尉參謀職務。

余服務不久，除時被派赴督訓外，並指定擔任戰區「高級將領學術研究會」之紀錄及綜合結論整理，此項作業頗蒙讚許。旋奉溫將軍指定擔任其授課講義編撰，由其每日下午口述，由余記錄整理，除文字外並附多幅要圖，初稿由其核定後付印。先後完成《革命戰術講授錄》、《拿破崙戰史》及《軍事心理學》三書，供其在將、校等訓練班次講授。由於經常相處，親切教導，且溝通良好，致能建立情誼與信任，余亦獲益良多。

事實上，余於廿九年九月已調升為少校，並主管人事業務，惟對前述工作，仍均繼續兼任。

卅年三月溫將軍奉調新編第廿師師長，余亦隨往福建龍溪，任師人事科長。師長為整備部隊，提高戰力，在一面任防，一面整訓狀況下，同時吸收優秀幹部，改善裝備，戰力大為提高。

同年十月，師奉調第九戰區駐屯衡陽附近，為準備參加第三次長沙會戰之預備隊，部隊整訓益加嚴格，士氣旺盛，惟迄未參戰（按以後戍守新牆河參加第四次長沙會戰時，在激戰中，傷亡頗為慘重）。

卅一年二月間，余以久任幕職，亟思深造，乃請求保全送至陸軍步校，接受長期之兵科專精教育，終蒙核准調為少校團附，前赴廣西全縣報到，四月正式入學，此為余第一次離開溫將軍，而彼亦於七月調職離師。

余自入步校受訓，有為期長達十八個月中，除以步兵輕兵器、步兵重兵器及戰術為主外，再輔以各大教程，誠乃步兵軍官之全能教育。余努力向學，課餘亦以充實知能為努力目標，並與原部隊經常連絡，報告受訓心得，建議部隊改進，深獲嘉勉。畢業時成績居冠，更滿懷壯志，不虛此行。

在步校受訓期中，即獲溫將軍函告，已調任駐印度之史蒂威將軍總部副參謀長，並囑於畢業後即速來印任職。嗣於畢業前一月，又奉來電謂已奉調第三戰區長官司令部參謀長，囑余逕至江西鉛山長官部報到。三十二年十月畢業後，先至江西瑞金探視雙親並與內人結婚。途中遭匪劫車且槍傷右腕及手部，稍事休養，即赴三戰區長官部報到。三十三年二月由溫將軍引見顧長官墨公後，即發表為參謀處中校參謀並派在參謀長辦公室服務。

當時第三戰區轄蘇、浙、閩、贛、皖五省，有第十、二三、二五、三二等四個集團軍與特種部隊，總兵力約二十餘萬人，面對日寇侵略，戰況變化莫測，參謀長指揮全局，運籌帷幄，軍務至為紛繁，溫將軍均能指揮裕如，時獻良策深得墨公長官之信賴。溫將軍之電話與余連線，所有前方軍師長之戰況報告，余在接聽時隨即加以簡要記錄附加要圖，呈送參謀長轉呈司令長官核閱。於龍衢會戰時，顧長官指派溫將軍組成前進指揮所，推進至四十九軍軍部，直接指揮作戰。另曾舉行大規模之「軍」對抗兵棋演習，由溫將軍與黃百韜將軍分任紅藍兩軍軍長，並採自由統裁方法，在此兩位名將推演之下，備見精彩。凡此諸端，對余個人學識經驗之增進，裨益甚大。

三三年底抗戰進入最艱困之階段，蔣公號召「一寸山河一寸血，十萬青年十萬軍」，其中第二零八、二零九兩師，在第三戰區成立，分別由黃珍吾、溫鳴劍二將軍擔任師長。三四年三月二零九師在江西鉛山籌備成立，旋即前赴福建上杭編成，初期僅由師長率少數幕僚人員負責，接收充編部隊，並陸續接收從軍青年一萬三千餘人，分別編為師直屬部隊及六二五、六二六、六二七、六三九四個團與女生大隊。余以輜重營中校副營長職仍兼任師人事科長。數月以還舉凡接收、編組、人事配備等，無不屬於人事範圍，日以繼夜，辛勞疲累，竟染重疾，類似傷寒，高燒不退，幸醫療得力，兼旬始稍見愈，立即恢復工作。

二零九師接收第一期知識青年，又經過一年餘之嚴格整訓，無論在官兵素質及訓練成果各方面，成績均屬優異。其間曾奉令調駐福州，待命赴日本佔領或調駐台灣接收，但均未果。後繼由海運至寧波轉紹興，於三五年七月辦理復員。因中央決定將青年軍九個師縮編為六個師，二零九師被裁編，部隊分別撥編二零二師與二零八師。以二零九師如此優良之素質，何故被裁編迄今未解。

時溫將軍囑余暫在杭州軍官團待命，余則請求隨部隊撥編二零二師，待其復出隨時再來效命。承允調編二零二師二旅三團〈後改五團〉二營中校營長，俟三十五年九月辦理結束後即赴鎮江駐地報到，此為第二度不得已暫離麾下，而兩次暫離對余而言，或則進修學業，或則經歷隊職，均屬有益以後之發展與貢獻。

余在青年軍二零二師擔任營長期間，接收第二期青年兵，先後駐防鎮江、上海、常熟、崑山、太倉、青浦、嘉定、南翔等地，數度積極整訓，部隊戰力不斷增強，士氣至為旺盛，以後在任防；綏靖、作戰、代替憲兵勤務等方面，均有紀律嚴明，戰果輝煌之良好表現。三六年冬余即調升中校副團長，仍經常奉派指揮作戰任務。在此期間，余深感擔任各級指揮官時均能得心應手，運用裕如，所獲勳獎多次，稍展抱負，引為快慰。

三七年三月部隊駐防在上海附近之南翔，忽奉師長姚秉重勳將軍電話，告知溫將軍已發表陸軍官校第七軍官訓練班中將主任，來電囑汝速即前往徐州到職。遵即於三月十六日趕赴徐州。與溫將軍一別兩年，見其風采依舊，重聚甚歡，旋即發表人事行政組組長同時晉升上校，展開新成立各項工作。

到職未及兩月，溫將軍又奉陸軍總部令調陸軍步兵學校校長新職，以余曾接受步校長期深造教育，對校況有深刻之了解。溫將軍於欣慰之餘，即告知此項新命，並於同年五月隨彼赴南京湯山接任新職。余亦奉派為學員大隊上校大隊長，接辦步校初級班第四至十一期召集教育。大隊下轄各隊隊長如陳德海、史振興、夏永瑛、閻海學諸兄，均為軍校十一期同學，素質優秀，教育成效豐碩。

步校歷史悠久，然亦因此教職幹部多以校為家，部隊經歷不足，難免暮氣沉沉。溫將軍秉承陸軍總司令顧墨公上將之命，力加整頓，銳意革新，充實設施，重用留美軍官，校風為之一新。

卅一年元月，溫將軍復奉調任國防部第四廳廳長，仍兼步兵學校校長。時局變化迅速，此時國防部已將大部分人員疏散至廣州，留在南京之國防部已成為前進指揮師。第四廳留置人員亦僅十數人而已。余奉派為廳辦公室上校副主任，數月後即升為主任（少將編階）。五月間徐州會戰已告敗績，共軍逐漸逼進京畿，於砲聲隆隆中撤離南京，飛滬轉達廣州，步校亦遷移至樂昌。溫將軍在第四廳期間，不僅對後勤支援調度克盡厥職，且對全般戰略亦時向參謀總長顧墨公提供建議，惜當時作戰次長劉斐，作戰廳郭汝瑰均為潛伏共諜，以致難挽頹局。

卅八年八月間，溫將軍奉調海南警備總司令部中將副總司令，仍兼步兵學校校長。又因步校原有各部隊保送前來受訓之士官，由於戰況變化迅速，已無法再返原部。此外又收編第一九二師與江西新兵編練第一、二兩總隊，成立教導師，下轄四個團，全部在海南島編成，亦由溫將軍兼任師長，余則奉派為上校團長並兼任瓊山縣守備指揮官（時年卅二歲）。

由於戰局變化迅速，廣州終於棄守。海南軍事體系亦大幅調整，成立海南防衛總司令部，由薛岳上將任總司令，海南警備總司令部同時撤銷。防衛總部下設第一、二路司令，第二路軍司令官為李鐵軍將軍，溫將軍改調為第二路副司令官，仍兼步校校長與教導師師長。

在此戰爭一觸即發之時，尚有美國退伍軍人協蕭克會長前來訪問，本團奉命代表海南部隊，舉行加強連實彈戰鬥演習，邀其參觀。由於本團幹部均係步校教隊職之優秀軍官所組成，演習至為逼真，贏得極高之讚譽。

十一月間，溫將軍告余對戰局不表樂觀，且薛岳將軍過去對彼頗有成見，已獲海南警備總司令陳濟棠上將派令，前赴日本訪問麥克阿瑟將軍總部，爭取軍援，藉此亦將隱退。余聞及其事，知其勢將離國，在其辦公室握別時，彼此不覺熱淚盈眶。不數日在海口舉行之盛大歡送餐會，余親送其登船，並在其官艙枕下留置一函，祝其為國珍重，早日復出，仍當追隨效勞。後溫將軍先赴澳門暫居，繼遊歐美講學，最後定居瑞士。不幸於一九九〇年冬，於睡夢中安詳逝世。深為國家損失如此優秀卓越才將才，且溫將軍個人亦未能來台灣復興基地，一展其宏才，深表惋惜。

在此前後十年間，溫將軍歷經十個以上之重要軍職，而余亦由上尉逐次晉升至上校。然無論在任何職位上，除本職外，均仍隨時兼任其個人幕僚，舉凡職務之交接，重要會議之列席，以及個人公私事務等均多參與。且數度食宿均在其寓邸，出入同車上班，承其視同子弟。而在歷次所擔任之工作上，尤其在兵學方面，則不厭繁瑣，細心教誨，猶若師生。至於在學業之深造與隊職的經歷上，亦惠予適當磨練造就之機會，對余諸多愛護與啟發，獲益良多。

溫將軍係廣東梅縣人，余則籍隸江蘇淮陰，追隨日久，已能略諳客家語言。猶憶在第三戰區服務，因顧長官墨公係漣水人，故同事籍隸蘇北者頗多。時有同事以我為溫將軍之機要，嘗詢余：「府上廣東何縣」？令余有啼笑皆非之感。

由於溫將軍個人，學貫中西，兵學湛深，平時對工作要求水準甚高，且又急切希望達成高度之效果，內心仁慈，外表嚴肅，惟對余則信任有加。對主管所擬之文件如有不滿，常令余為其重擬，始稱滿意，對余亦從未加過責備之言詞。每當有被責備之同事，經余為其緩頰、轉圜，甚至代表轉達進言者。凡此種種，對余以後多次追求學業之深造，積極要求工作之績效，講求現代參謀業務與科學辦事之方法，發揮戰略、戰術之見解，長期從事研究與撰述之作業，受溫將軍之激勵影響甚大。爾後能稍有成就，受益於溫將軍者，誠非淺鮮。

爰述憶往，以示懷思。

（原載二〇〇三、一二、《六三通訊》第三七期）

# 溫鳴劍將軍事略

溫將軍諱明敬，字鳴劍，以字行。世居廣東梅縣，耕讀世家，蔚為望族。生於一九〇七年，卒於一九九〇年。天資優異，器宇不凡，青年時代，即具大志，從軍報國，功勳彪炳。

初入梅縣中學，繼升中山大學肄業。時值孫中山先生，領導革命，推翻滿清，建立民國，惟軍閥割據，國勢積弱，乃毅然投筆從戎，矢志報國，入軍校二期，畢業後初任基層幹部，參加東征北伐，嗣在黃埔軍校五期任區隊長，六期任中隊長。於一九二八（民國十七）年考入陸軍大學第九期，以成績優異，復被遴選入陸大兵學研究院深造，畢業後即留校擔任兵學教官。在抗戰期間若干重要軍職之將領，多出其門下。

抗戰前夕，將軍被保送至美國陸軍指揮參謀大學一九三六年班，接受西方軍事思想與參謀作業教育，得與美國名將魏德邁將軍同窗，交換學術心得，促進中美軍事合作貢獻良多。可徵將軍文武兼資，中西並貫，嫻諳韜略，實為國內不可多得之將才。

將軍歷任軍校隊職、陸大教官、部隊參謀、軍委會科長、總隊長、師、軍參謀長、副師長（時胡璉、陸靜澄二將軍任旅長）、教育長、新二〇師師長、駐印緬聯軍史迪威將軍之副參謀長、第三戰區參謀長、青年軍二〇九師師長、第七軍官訓練班主任、陸軍步兵學校校長、國防部第四廳廳長、海南警備總司令等要職。

將軍於抗戰期間，每歷重要戰役，以其卓越之戰略素養，輒能用兵如神，指揮若定。在第三戰區參謀長任內，適逢龍衢戰役，奉命組織前進指揮所，全權指揮十萬大軍，克敵制勝，深得顧長官祝同上將之信賴。

將軍多次主辦軍事教育，以其學術造詣湛深，口才流暢，不僅嫻熟中外戰史，尤能吸收西方參謀作業方法，親自講授重要課程，出口成章，聽者動容，深得學者之悅服。授課之餘，潛心著述，已知者有《革命戰術講授錄》、《拿破崙戰史》。《軍事心理學》等書（均係由將軍口授祖援筆記而成）。於寄居海外期間，並曾在英國劍橋大學，講述東方戰史課程。

將軍於領兵之時，深得帶兵、練兵之道，視兵如親，面嚴心慈，拔擢青年幹部，用人唯才，肝膽相照，桃李滿座，如沐春風。經常視察部隊，加意改善部隊裝備與官兵營養。清晨運動時常率先躍越多重障礙，以身作則，激發士氣。故所領部隊，率皆訓練精良，軍容壯盛，為國長城。

將軍於戰區參謀長任內，曾舉行大規模之兵棋演習，設藍紅兩軍，由名將黃百韜將軍（時任廿五軍軍長，為戰區前任參謀長）與其分別擔任指揮官，採自由統裁方式，兩位名將對壘，對於各種狀況之判斷以及決心與處置，絲絲入扣，可謂精彩絕倫，參觀之數百將校，莫不動容，嘆為觀止。

將軍於戰區參謀長在內，受命轉任青年軍二〇九師師長，當時，僅率少數幕僚人員，在福建上杭籌備成立，接編人員，增置裝備，蓽路藍縷，倉卒成軍，因接收青年軍超額，增編為四個團（當時團長為涂澄清、郭發鰲、顧蓉君、李益群四位將軍），官兵素質甚高，益以嚴格之教育與訓練，蔚為國軍之勁旅。全師官兵對將軍之文才武略，以及其形象與親和力至深崇仰。

一九四九年大陸情勢劇變，將軍不及轉進來台，遂遨遊歐美，並於瑞士定居，仍先後兼任英國牛津及日內瓦大學教職。不幸於一九九〇年十一月廿七日。在居所熟睡時安詳逝世。緬懷將軍文才武略，對部屬情深意重，畢生服務黨國，立德、立功、立言，彌足矜式，爰追記其事略，以供袍澤景仰之餘，作為史料參考，固難罄述將軍之才略事功於萬一也。

〔原載一九九八、一、《六三通訊》〕

# 溫鳴劍將軍的三本著作

「革命戰術講授錄」、「拿破崙戰史」、「軍事心理學」，內容均甚精闢，筆者仍有幸擔任三箸述時的筆記工作，所獲裨益至大。

步兵學校第五屆溫校長鳴劍將軍，字明敬，廣東梅縣人，畢業於軍校第二期、陸軍大學第九期、陸軍大學研究院，軍師參謀長、師長、史迪威將軍駐印軍參謀長、副總司令等要職，中英文造詣均深，對兵學素養、戰術、戰略修養亦均深湛，指揮大軍裕如，口才流利，出口成章，實為不可多得的軍事人才。

民國廿九年夏，奉派到第三戰區幹部訓練團服務，當時溫將軍即以三十餘歲的青年，擔任該團中將教育長。我於報到晉謁時，見其氣宇軒昂，談吐不俗，對我又藹然可親，敬仍之心油然而生。當時他即派我到教育處做上尉參謀。當時教育處長是軍校四期、陸大十三期畢業的曹天戈將軍。

一個偶然的機會，戰區成立高級兵學研究會，由戰區直屬單位首長及幕僚單位主管將領組成，並以戰區參謀長鄒文華將軍為召集人。第一次會議即在鵝湖幹訓團召開，此處原為朱子講學處，山脈縱橫，風景怡人。開會時並未準備紀錄，臨時找我去擔任紀錄。這一會議每次雖有一個討論的專題，但是以各位參加會議的高級將領而言，都是學富五車，滿腹經綸，發表意見，各抒所長，滔滔不絕，要將每位的發言都能詳細記下來，實非易事。會後我只好盡力而為，將每位的發言，重加組織潤色，使其井井有條。紀錄整妥了，簽呈溫教育長轉送戰區鄒參謀長核定。沒想到隔了幾週，鄒參謀長來一電話，要教育長轉達，認為紀錄不錯，特指定我為此一兵學研究會的長期紀錄，在將近一年中，每次開會地點不同，由各首長輪流接待，在將軍雲集之中，我這小上尉追隨其間，雖然我的工作上增加了不少負擔，然而也覺得非常榮耀。

大約在我到差三個多月以後，溫教育長約見我，告知為對將校研究上課，要編撰一本「革命戰述講授錄」的講義，將來印成書籍，其編撰方法是由他每天對我講述兩至三小時，由我筆記後再由化核正付印。按「革命戰術」是當時抗日戰爭中軍事委員會蔣委員長對作戰要領的許多指示，「革命戰術」自然與「正規戰術」有別，也與「游擊戰術」不同。「革命戰術」乃是一種奮鬥犧牲、以寡擊眾、以劣勢裝備對優勢裝備的一種戰術，例如「要向敵後方退卻」、「集中局部優勢對敵各個擊破」等。溫將軍將當時蔣委員長相關這一方面的訓示，歸納成為革命戰術原則數十條，編成戰術作業的想定，以後再設想各種特別狀況，研提各項問題，預擬答案，其中從連長、營長、團長，一直到師長的各項處置，隨各項狀況的推演，完成一次作戰的整個過程。他與我每次講解筆記時，都選定在山上一棟預備留顧司令長官墨公來團休息的房屋中，四壁牆上都掛滿了五萬分之一的軍事用圖，除了筆記講述的文字以外，還要畫很多作戰經過的要圖，當時實在講，我的戰術素養非常普通，甚至連畫要圖的技術都不得要領。溫將軍從削紅藍鉛筆的方法，到要圖調製的要領，一一不殫其繁，給我講解示範，到了一週以後我已完全能夠與他密切配合了。在工作期間只有一名衛士侍候茶水、咖啡每天總有不同的茶點，工作一小時後休息十幾分鐘再繼續工作。在工作期間任何人都不准來打擾，即電話也不准接進來，可見當時的專心一致了。大概兩三個月的時間這本書也定稿了，一面由溫將軍親自任課，我任助教，以戰術作業的方式，逐次分發想定、狀況問題與原案，一面將其鉛印成書，分別呈送各高級將領參，當時司令長官顧墨公對此書還十分讚賞呢！

溫將軍所著的第二本書是「拿破崙戰史」，這本書著作的時間約在民國卅三年間。此時他已由駐印軍副參謀長調升為第三戰區參謀長，我在卅二年十月間畢業於步校學員隊第四期，即奉電召到戰區長官部任職，派為參謀處中校參謀調參謀長辦公室服務。以後鵝湖幹訓團調訓一批高級軍官，當時該團教育長是范玉書中將。顧司令長官特派溫將軍以戰區參謀長駐團督導，他自己也擔任「拿破崙戰史」的教授。過去教授戰史的教官，多半用歷史講述的方法，他則將拿破崙全部戰史編成戰術作業的方式，由想定、一般狀況、特別狀況、問題等逐步推演。這本書的編著方法仍與前同，由他每天講解一段，由我筆記整理，再經他核定而成，正式上課時我即擔任他的助教。由於他對戰史至為嫻熟，口才又極流利，言辭更為生動，每於課堂上講述想定與狀況後，即向學員提出問題，說：「剛才已報告過當時的狀況，現在各位都是拿破崙，你將作何處置？」然後指定人員口頭答覆，或書面製成答案，大家都回答完了，即由我任助教分發原案。這種教學方法，既生動又有趣，更使學員印象深刻，所以獲得一致的好評。

第三部著作，是「軍事心理學」，也是在這一時期開的課程。這是一本屬於理論性的書籍，從心理學的基本概念到軍事戰場的特質，以至軍事心理學的理論與應用，其間並列舉許多中外戰史以為佐證，在當時講這門課算是很創新、很時髦的了。這本書文字不多，僅約三萬字左右，全部是用淺近文言文寫的。這倒不是我筆記時替他潤色的，實際上他講述口授時就已出口成章，我不過是照著記錄而已。因為我未從軍以前是學師範教育的，曾經接受過「教育心理學」的課程，所以心理學的知識略有認識，因此筆記起來也就得心應手。擔任此一筆記的，除我以外還有一位中文秘書，他的文字修養甚佳，但是對臨場速記卻趕不上溫將軍口授的速度，所以仍以我筆記為主，由秘書先作文字上的整理，再由溫將軍最後核定，這位秘書也對溫將軍的才華讚賞不已。記得「步校月刊」於卅七年在南京復刊，可惜目前我僅找到一冊創刊號，第二期以後迄未獲得，全文也無法保存了。

以上特將溫將軍三本著作，為文加以介紹。回憶抗戰時我為溫將軍筆記時，才廿多歲，現在已七十餘歲，計算一下，溫將軍也該有八十多高齡，五十年前往事猶歷歷如繪。過去多年與溫將軍失去連絡，近兩年始悉其全家居住在瑞士日內瓦，生活美滿安適，經常有書函往來。藉此更祝他人家多福、多壽、健康、愉快！（按溫將軍已於一九九〇年冬去世，不勝追思悼念之至）

〔原載《步校同學文集》樂《六三通訊》〕

# 步兵學校教育的特點與發揚

## 一、前言

步兵在陸軍中稱為「主兵」，即說明其在陸軍諸兵種中，稱得上是最主要的兵種。一般人常誤解步兵在陸軍各兵種之中，是一種祇會拿步槍最普通，最不具技術性的兵種，此確屬是一種錯誤的觀念。步兵之所以稱為「主兵」，並不是視其他兵種均不如步兵重要，主要是步兵能主宰戰場，例如戰場的決戰、佔領、攻略，非步兵莫屬。至於視步兵不具技術性，更屬不確。現代步兵所使用的多種輕、重兵器，都具有相當技術性。關於以上各點，惟有接受過步兵學校教育的人，才能深深的體會而深信不疑的。

現在步兵學校視為召集教育，過去屬兵科教育，亦稱專科教育，其層次是在陸軍官之上，是比陸軍官校較高一個層次的教育，在抗戰時期，名列軍事學校中之二等學資。此點不僅在教育制度上是如此，特別是已在軍官學校畢業，再到步校受訓的同學，必有「覺今是而昨非」，真正對步兵教育已「深入堂奧」的感覺。

祖援於民國三十一年四月入步兵學校學員隊第四期，至三十二年十月畢業，是步校歷史上教育時間最長的一個深造班次。復於三十七年返校任學員大隊長主辦初級班教育。旋調國防部服務，三十八年前再度返校任教導團團長。先後三度在學校受訓或服務，從自己做學生接受教育於前期學長，到自己執教傳薪，因此對學校教育的特點和精神也感受特深，爰抒心得，以供參考！

## 二、三項教育的特點—求專、求精、求實

母校教育的特點很多，茲以求專、專精、求實三項要求來加以重點介紹。所謂特點也可說是指教育的特色和特質而言，亦即母校與一般教育及養成教育比較而論，在教育方法、教材選擇、教育人才培養，甚至對受教育者的要求等，均以此三項要求為重點。也因為具有此等特點，而能確實達到教育的目的，因而廣受各部隊所重視。茲分述於次：

### 第一、是求專

步兵學校的性質既為專科學校，自然所教所學必須力求專門。所謂求專，含有專長、專精、專到以及專心致志之意。「專」的相對詞是「博」，軍隊幹部需要的是專才，而不是博而不精的通才，尤其是中級幹部為然。然則母校又如何來專精呢？茲就記憶略舉數例。

學校對專才教官的培養非常重視，如射擊又區分為輕兵器、重兵器；教練則分班、排、連、營、攻擊和防禦各有專長，專任教官，分工非常細密。擔任射擊的教官，他們本身就是神槍手，真有百發

百中的本領。最難得的他們不但本身長於射擊，而且更長於教育別人，學員打靶時，教官一眼就能看出射擊者的缺點。祇要經過他們的指點糾正，必能進步神速。擔任攻防的專任教官對操典某些部分之有關條文，真是研究極為深刻，不僅如數家珍，更能旁徵博引，舉一反三。其他兵器、射擊等課程亦莫不如此，不若陸軍官校教育，絕大多數課程都由隊上官長包辦。

為適應當時抗戰軍隊需要，設置各種專門班次以培育專才。如開辦射擊訓練班，以培養射擊人才；開辦近戰訓練班，以加強自衛鋒準備到陣內戰階段的戰技，以及其他機關砲、戰車砲、迫擊砲，重機槍等廿數個專修班。我們當時裝備不如日軍，祇有加強戰技的訓練來求精制勝。

母校各級師長隨時隨地無不強調戰技的重要性。蓋戰略必以良好之戰術來支持，戰術又必良好的戰技做基礎。反之，戰技不強，必難貫徹術的構想；戰術錯誤，必能導致戰略的失敗。簡言之，如射擊命中率甚低，連槍都打不準，再好的作戰計畫亦難克敵制勝。

**第二、是求精**

求精是指精密、精到、精要、精練的意思。反之，不求精便形成粗枝大葉、含混籠統、不求甚解，此亦為當時軍事教育一般的通病。在抗戰期間，一以教育設備不足，訓練時間短暫，更難達到求精的目標。

學校對射擊教育有獨到之處，可說當時聞名全國。記得當時學校為求射擊教育的精到，不僅特別要求嚴守射擊軍紀，加強射擊預習的訓練，注重武器裝備的保養維護，最值得一述的，是將射擊教範中所規定的每一個習會，都循序實施，在抗戰期間彈藥非常困難，但仍然花費大量彈藥，以增強訓練效果，實在不易。

此外，一般只注重步槍的射擊，而學校對步兵重兵器—重機槍和步兵砲亦有獨到的教育方法，這不是其他教育單位可望其項背的。

筆者尚記得於甫經畢業以後，即以受訓心得寫了一篇論文：「步兵輕兵器射擊教範理論之部條文解釋，以及當前國軍部隊射擊教育缺點與改進意見」，寄往軍事委員會參加民國三十三年度全國軍官論文比賽，列為全國前十名而得到獎勵，並在最權威的「軍事雜誌」發表。

學校的兵器教育也可說非常精到，其教育方式和以後美式最新教育方式並無二致。抗戰期間教兵器是很困難，因為那時部隊武器非常複雜，受訓人員來自不同部隊，不能以僅教一種為滿足。即以輕重機槍而言，即有捷克式、三零式、馬克沁、麥特森、席格加列夫等中、日、美、法、俄等各國出產的兵器，一一予以施教，以適應各部隊的要求。

學員隊第四期教育一共十八個月，劃分為三期：第一期以六個月的時間實施步兵輕兵器教育；第二期六個月的時間實施重兵器教育；第三期六個月則為戰術教育。戰時部分軍官學校的教育大為縮短，也有僅受六個月訓就分發到部隊去當排長了。而母校學員隊則以長達六個月的時間去專攻輕兵器，又以六個月的時間專攻重兵器，再以六個月的時間專攻戰術，不可謂為不精了。當時母校是準備將學員隊的同學，造就成為一個步兵全才的幹部。

當時抗戰期間，部隊中對重兵器幹部奇缺，戰時的軍校畢業生由於受訓時間短暫，對重兵器教育難以深入磨鍊，因此步校各期學員除同學畢業時，被羅致去當重機槍或步兵砲連長的為數不少。而一部分同學回到部隊去主持軍師訓練班的也不乏其人。

其次要提到學校的實彈戰鬥演習教育，可說是一項高度技術與戰術配合極為精到的表現。例如在步兵砲的彈道掩護下步兵的攻擊前進，重機槍彈幕的誘道下步兵攻擊前進，加之攻擊前進期間假設敵的地雷爆炸等，不僅演習精彩逼真，而且必賴高度精密技術配合，稍一不慎即可能導致傷亡。在當時學校的口號是要求：「演習實戰化」，而極力反對所謂：「演習魔術化」、「演習表演化」。在當時一般軍事學校和部隊還很少舉行實彈戰鬥演習，不若現在的普遍。

記得民國三十八年冬，美國退伍軍人協會長蕭特等一行，至海南島訪問，當時祖援適在母校擔任教導師團長，受到海南警備總司令兼海南軍政長官陳濟棠上將之命，為其舉行實彈戰鬥演習以供參觀。此種漁習可說是母校拿手絕活，當即策訂計畫，由中校大隊長方敦佶（四期學長）擔任演習指揮官，所有參加演習的重要幹部，都是學員隊的各期同學。演習完畢後，蕭特會長於講話時對此項演習備加讚揚，并表示訓練精到與美軍完全一樣。

**第三、是求實**

所謂求實，是指實事求是，實實在在，實物實地，堅實基礎，講求實用而言。相反的是只講形式，注重表面，虛偽不實等。教育訓練必須要求實才能扎根，才能應用於實戰，經得起考驗。

在母校受訓時，老師常提出一種最簡學易行的教育方法，稱之為「反覆演練」，受訓者須不厭其煩，反覆演練，自必精嫻戰技。平時多流汗固屬辛苦，但戰時卻可少流血、少犧牲。這就是求實的精神。

步兵操典是步兵訓練的準則，計有一、二、三、四、五部；射擊教範則又分為輕兵器、重機槍、步兵砲各部分。我可大膽的說一句，很少陸軍軍官將這七本書全部讀完了的。戰時的短期教育，能夠將操典第一部和輕兵器射擊教範讀完的，亦屬不易。祇有母校學員隊的教育，才循序漸進的，完完整整的，將這些書教完。當時畢業考試的時候，也都列為必考課程，而有些教官和同學，能將其中主要條文背熟，實屬不易。

學校早即製有步兵操典掛圖，美觀實用，製作相當嚴謹，由軍訓部製發各部隊學校應用。那時還沒有彩色照相，完全要憑手工繪製。學校鑒於尚無射擊教範掛圖，乃倡議繪製，並由學員隊四期邱復興隊長指定在校受訓同學三人，以免上體操劈刺課程在隊部繪製。此三人一為祖援本人（負責設計、撰寫說明）；一為黃意竣學長（長於丹青負責畫圖）；一人為衛白山學長（長於書法尤擅寫宋字）。我們三人整整花了半年的時間才製成。因此我們三人也成了莫逆之交。這也可以說明求實的精神。

## 三、三大結合的教育方針

學校教育方針當刊載於若干書面文件之中，如教育計畫、組成織掌等。現此等文件，吾儕現已不復記憶，但不成文的教育方針，都在每一師長同學觀念中難以忘懷。此項方針亦可稱為三大結合：即教育與實戰結合；理論與實務結合；戰爭科學與戰爭藝術結合。茲分述之：

## 第一、是教育與實戰結合

一切軍事教育的目的，乃為制勝敵人與主宰戰場，而一切典範與準則，被教育者視為經典圭臬，其係依據戰場血汗經驗而得來。因此如教育內容和方法脫離了實戰，則必不能達成教育的目的，亦即缺乏效果，甚至全盤失敗。我們不能否認，在抗戰前有些訓練、教育與實戰逐漸脫節，自乏效果可言。此一教育失敗之主因，不外是只講表面，注重形式，祇圖一時好看，完全不切實用。

抗戰期間很多可歌可泣的戰史，被選做教材的實例。學校在教育時間的安排上，差不多半數以上都在野外實地實施的，避免祇在講堂上講空洞抽象的原則。

除了前面所述實彈戰鬥演習外，手榴彈、槍榴彈、每人均須實際投擲與射擊，以磨鍊膽氣。記得戰術教育階段，除了正規戰術以外，尚排有游擊的課程。當時擔任此課的教官，即係在敵後當過縣長和游擊部隊指揮官一位岳老師，由於他具有豐富的作戰經驗，所以教育效果也很好。

此外，在戰術教育階段也注重戰史教育，如日俄戰史等亦列為重要課程。

期終舉行實彈戰鬥演習，并舉辦參謀旅行，還到其他各兵科學校去參觀，藉以了解其特性，以便步兵指揮官將來統一指揮。

在連、排戰術教育中，凡在演習攻防科目時，必以當時日軍連，排攻防之作戰原則和方法，做為假想敵的對象。諸如日軍連排攻擊的步驟，方法，慣用戰術；防禦時的配備原則，陣地編成等，都是必當研究訓練的資料。

## 第二、是學術理論與實務結合

學校一切教育均以實務為本，避談空洞理論。此點可能與其他軍事學校各異其趣。例如說，當時軍校學生毫無經歷，就去學師戰術，自然不切實際。軍校中若干所謂大教程如戰術、兵器、地形、交通、築城等，均未編於學校的教育重點，而學校的教育重點，就是典、範、令。學校對以上所舉那些教程，并非不重視，也大都列有課程，就其實務重點講述，主要因為這些課在軍校已經教過了。

如此說來，好像學校教育不太重視理論方面，其實不然。學校教育認為應該重視理論方面者，即必須使之澈底了解。例如射擊教範理論之部的條文，研究就非常深刻。基本戰術係以「戰鬥綱要」一書作為講授的基礎，真是逐條研析，鉅細無遺。當時在校部分用功同學，已能大部背誦。祖援自用之戰鬥綱要除了上面記了密密麻麻的筆記外，還夾頁加註，重新裝釘已較原書厚了兩倍，又加布面裱裝，可惜戰時丟了。又四期四隊廖繼華學長（四川人）畢業後回二十七集團軍當營長，於湘桂戰役中戍守新牆河碉堡，為日砲彈擊中陣亡成仁，被人發現後，手中尚緊握著一本「戰鬥綱要」呢，可見吾儕對母校傳授的典藉是如何重視。

再以步兵重兵器射擊教育為例，對於重機槍、迫擊砲等的間接射擊，必須洞澈了解其學理，才能計算瞄準射擊。涉及到射擊的距離、目標種類、角度、方向、彈道的形成等，必須運用三角、幾何等數學方法。吾儕未接受學校教育以後，可說對此一方面知識甚為缺乏，受訓以後才深悟其中奧妙。記得戰時祖援經過軍校第三分校時，遇到幾位教重機槍的教官，當將此等射擊原理和方法一一轉告，并將筆記抄送，他們真似如獲至寶。

總之，學校不但是理論實務并重，而且是注重的實用的理論，而不是空洞的理論。

**第三、是軍事科學與軍事藝術並重**

軍事科學、軍事藝術、軍事哲學，這三個名辭，可說是政府轉進復興基地以後，先總統　蔣公才明確訓示的，當時抗戰時期尚沒有此一明確的觀念。

蔣公說：「軍事教育，應該是哲學、科學與兵學三者，相互連結、相互貫通的教育，因此哲學是我們精神修養的依據，科學是我們國防建設的依據，而兵學則是我們戰爭遂行的依據」。

又說：「研究處理一切有關物質和數學問題的學問，是軍事科學；處理一切精神有關的統御作戰的修養學問，是軍事哲學，更可以說是科學的科學；如何把精神與物質的全體大用，發揮到極致，乃是軍事藝術」。

由上訓示，當可了解到軍事哲學、軍事科學和軍事藝術的意義。祖援指出母校教育是軍事科學與軍事藝術的結合，主要當時一般軍事教育，往往偏重於軍事藝術方面，而忽視了軍事科學方面。例如有些高層次的軍事教育，特別注意於戰略、戰術的素養，研究戰略、戰術又多僅講求在用兵的藝術方面，反而不太注重軍事參謀作業和程序，以及戰力及培養和計算。

母校注重軍事科學，并不在於講求現代化的裝備器材，或者是新的科學技術，其注重科學的精神，還是在於存誠務實方面。例如講戰術即以班、排、連的戰鬥教練為根基，不以空洞的白紙戰術為能事；講兵器即以分別實地的分解結合操作為實務，不以形式表面的表演為依歸。總之，學校老師時常教導我們，用兵的藝術要從練兵的效果來表現，如軍隊訓練不精，則何以談用兵的藝術。而練兵則是一種實實在在的科學之事。

至於學校所講的軍事藝術，毋寧說是技藝之術，更高的層次則為精神教育的軍事哲學。

## 四、結語

以上一點心得是祖援在同學會餐致詞時，由一時的靈感而發言的，事後又將此項致詞加以補充撰成此文。自難充分表達母校教育的特色於萬一。尤其事隔四十餘年，許多課程的內容或實際的事例，已不易記憶，引證是否得當，尚請學長指教。

其實以學校求專、求精、求實精神，來求學立業，也無不為最佳之原則；以母校三大結合的方針，來治學應世，也無不為至上之要義，爰為追憶列舉，願自勉并與各學長共勉，更供國軍今後軍事教育之參考。

〔原載一九八五、一〇、《步校同學文集》〕

附詩：

## 辛己仲夏與老友世祥、祥禎、用賓、一匡、孔興、諸學長聚首台北有感

老友聚首欣愉事，如今均臨耄耋年。曩昔同窗年又半，其時抗戰熾烽煙，咸水之濱營黌舍，
地當桂全頗僻偏，戰時物質殊艱困，在校精神兼苦甜。致力課業勤鍛鍊，全心暫拋世大千，
生活點滴恒記憶，學習過程苦鑽研。兵器戰術加近戰，養成全才作中堅。轉瞬驪歌齊高唱，
分歸原部任仔肩。其時吾儕正青壯，志向抱負高比天，馳騁疆場甚驍勇，成功成仁留史篇，
悲壯事蹟時傳悉，保鄉衛土慨軀捐，指揮若定殲日寇，策馬揚鞭歌凱旋。或則教育培後進，
百年樹人莫須謙。回首前塵近甲子，羈居海島頃多年，經常聚首敘往事，歷歷猶存如當前。
良朋凋謝聚常罕，國事蜩螗中道偏，六老超逾五百歲，逍遙樂觀如神仙。猶期諸老多珍攝，
笑看兒孫日衍綿，北斗恒常懸宇宙，南山不老壽長延。

# 青年軍各師整編遞嬗狀況概述

我青年遠征軍各師自號召成軍以來，以報國從軍至為踴躍，瞬間編成九個師，經過入伍及分科教育後，即投入對日民族聖戰行列。旋因抗戰勝利，中共相繼稱兵。第一期從軍青年復員後，因應需要繼續召集促二期青年入伍，投入報國洪流。溯自民國三十四年一月，以迄民國三十八年六月，在中國大陸廣大地區戰爭之中，政治及軍事情況，瞬息萬變。政府及軍事當局為因應此種情勢之發展，亦不斷將軍隊加以整編。我青年軍各師在此一時期，歷經建軍、訓練、復員、再召集、整訓、作戰、整編、縮編、擴軍、再作戰等各個階段，備極艱辛。惟我青年軍各師，均為國家最忠誠之部隊，一本矢忠矢勤、犧牲奮鬥、成功成仁，誓死效忠國家，義無反顧。因此，在整訓、戰備、綏靖、作戰之各種過程之中，可歌可泣、可敬可佩之光榮事蹟，不勝枚舉，自當永垂青史。

由於青年軍九個師之整編遞嬗狀況，涉及範圍相當廣泛，其間演變情形亦頗複雜，欲獲得一系統而整體的觀念，非在某一個師服務之袍澤所能全盤了解。吾人身為當年青年軍幹部，如不努力蒐集資料加以整理編輯，時日稽延愈久，則後人更不易了解此項歷次整編上全般過程。

年前余曾以服務青年軍二〇二及二〇九兩個師之經歷，編撰「青年軍二〇二及二〇九師整編沿革遞嬗示意圖」在「六三通訊」上發表，計邀讀者閱及。年來時感未能將九個師全般整編狀況遞嬗關係，加以綜合整理，繪製圖表，以供廣大青年軍袍澤參閱為憾。

經過中國青年軍協會多年之努力，終於獲得國防部同意並支援辦理中國青年軍史之重編工作，其意義至為重大。為響應此一盛舉，經數月以來不斷蒐集與研究有關史料，復經多次綜合整理，一再檢討訂正，始初步完成編繪「青年軍各師整編遞嬗狀況概見圖」如附圖。此項資料希望能供編史工作同仁之參考採擇，同時亦供廣大青年軍袍澤之參閱。

此圖之設計著眼於各大階段之劃分；以及在各時期中青年軍各師，旅、團之整編狀況；師與師之間編併、劃撥，存續之關係。由於涉及九個師之範圍，內容已較繁複，為體系較為簡明，部分細節或有省略之處，以便讀者一目了然。

筆者曾於民國三十四初，青年軍成立伊始，即服務於第二〇九師任人事科長，第一期復員以後調至第二〇二師二旅三團及五團任營長及副團長，對於此兩個師之成立與整編狀況自較稔熟。至於其餘各師之整編情形，則較為隔閡。為獲得全般整編狀況，經不斷蒐集資料，予以研究整理編纂而成。其間涉及範圍甚廣，疏漏舛誤之處在所難免，尚祈各師袍澤不吝指正，以期更臻完整，俾成為永久性之史料。

〔原載一九九〇、八、《六三通訊》〕

## 青年軍各師整編遞嬗狀況概見圖

邢祖援少將調製　八十八年十一月十二日

| 第一期 | 第二期 | | |
|---|---|---|---|
| 34.1～35.7 | 35.7～37.9 | 37.6 以後 | 38.6 以後 |
| 青年遠征軍 | 整編師 | | 陸軍師 |
| 201D — 601R、602R、603R | （編併 203D 及 206D） | | |
| 202D — 604R、605R、606R | ⇨ 202D — 1B（1R、2R、3R）；2B（4R、5R、6R） | ⇨ 31A — 202D（604R、605R、606R）；209D（625R、626R、627R） | |
| 203D — 607R、608R、609R | ⇨ 203D — 1B（1R、2R、3R）；2B（4R、5R、6R） | ⇨ 57A — 214D（640R、641R、642R）；215D（643R、644R、645R） | ⇨ 201D — 601R、602R、603R ⇨ 49D |
| 204D — 610R、611R、612R | （編併 205D） | | |
| 205D — 613R、614R、615R | ⇨ 205D — 1B（1R、2R、3R）；2B（4R、5R、6R） | ⇨ 31A — 204D（610R、611R、612R）；205D（613R、614R、615R） | ⇨ 204D — 610R、611R、612R |
| 206D — 616R、617R、618R | ⇨ 203D — 1B（1R、2R、3R）；2B（4R、5R、6R）；補 R | ⇨ 206D — 617R、618R、619R | ⇨ 51D |
| 207D — 619R、620R、621R | ⇨ 207D — 1B（1R、2R、3R）；2B（4R、5R、6R）；3B（7R、8R、9R） | ⇨ 207D — 619R、620R、621R | ⇨ 69A — 207D；363D |
| 208D — 622R、623R、624R、638R | ⇨ 208D — 1B（1R、2R、3R）；2B（4R、5R、6R） | ⇨ 87A — 新 33D（658R、659R、660R）；新 34D（661R、662R、663R）；新 35D（664R、665R、666R） | ⇨ 208D — 622R、623R、624R ⇨ 9D |
| 209D — 625R、626R、627R、639R | （編併 202D 及 208D） | | |

# 青年軍第二〇二與第二〇九師整編沿革遞嬗關係

余自青年軍第二〇九師籌編成立之始，即服務該師，任中校人事科長，迄第一期青年復員，隨部隊整編調撥二〇二師任中校營長，旋升為副團長。歷經第一期青年軍之接收、編訓、調防，由福建上杭經福州、寧波、紹興，於民國三十五年七月復員，辦理結束，部隊劃撥與二〇二師及二〇八師，余隨部隊編成二〇二師第二旅第三團營長接收第二期青年軍，整訓、任防、綏靖、作戰，旋即升五團副團長，歷經先後駐防江蘇鎮江、常熟、嘉定、太倉、崑山、青浦、上海、南翔、崇明等縣市。雖已逾五十年，而每懷往事，記憶猶新。

值茲中國青年軍協會擬重編青年軍史，並蒙國防部蔣部長仲苓大力支持之際，吾青年軍袍澤，自應群策群力，熱烈響應，廣提資料，期能於一、二年內完成此一編史壯舉，將當時青年軍之凌雲壯志，流汗流血之真實史料，永留丹青。

茲鑒於青年軍自三十四年一月籌備召集第一期青年，於三十五年七月復員，繼續召集第二期青年，至三十八年七月轉進來台，其間四年有餘，不僅由九個師整編為六個師，因而配合建軍作戰，復有多次整編調整。其間詳細調整情形，亦不易瞭解。爰以服務於二〇二及二〇九兩個師之親身經歷，調製為「青年軍第二〇二師及二〇九師整編沿革遞嬗關係圖」如附件。從此一圖可以清晰看出多次組織調整之關係，深願拋磚引玉，能引起袍澤提供史料之興趣，如能將其餘各師組織調整關係，亦能比照調製，則更可增進對青年軍全盤整編調整關係之全般了解。所提資料如有舛誤之處，亦請不吝指正。

〔原載一九八九、一二、《六三通訊》〕

# 青年軍第二〇二師及第二〇九師整編沿革遞嬗關係圖

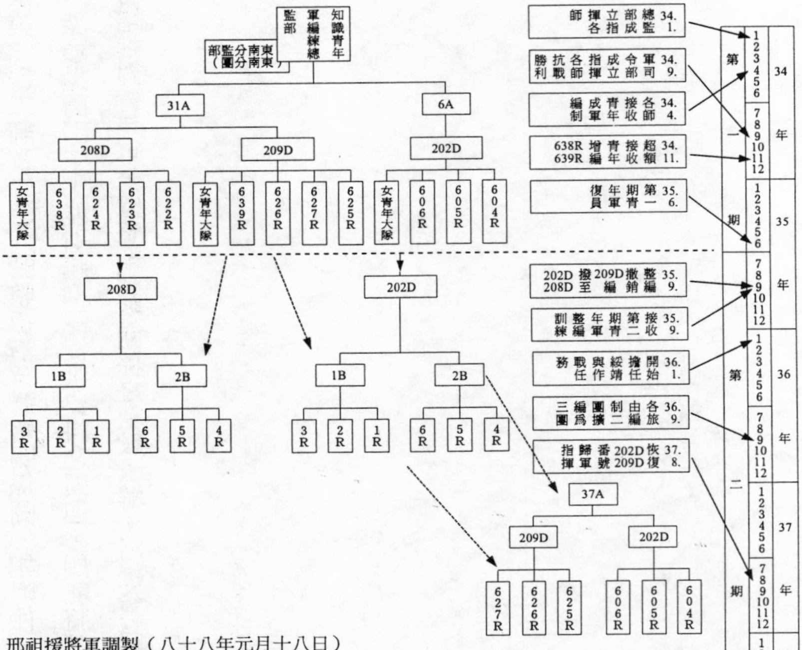


邢祖援將軍調製（八十八年元月十八日）
編者按：當我青年軍史修編工作，即將展開作業，由邢老師提撰文與圖，非常寶貴，頗值本軍各師單位位同學參考。

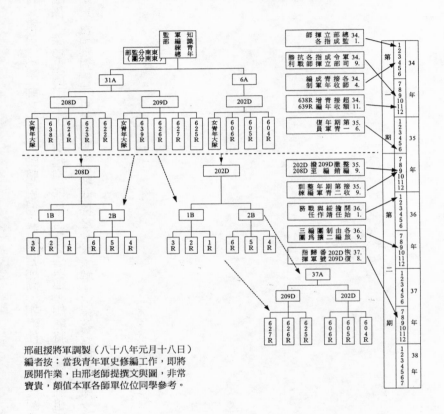

# 青年軍紀律嚴明　愛國愛民不貪財

民國三十五、六年間，我在青年軍二〇二師第二旅第五團，任中校營長，經常在京滬線鎮江到上海間各重要城鎮，以及長江沿岸重要港口，擔任防務。由於抗戰勝利不久，江南一帶原來就是富庶之區；加之大上海都市區，燈紅酒綠，酒醉金迷，城開不夜，絃歌不輟，一般市民早就忘了在都市區內，已經潛諜四佈，上海週邊中共地下組織，逐漸壯大，而沿江各重要港口，或為奸商走私重鎮，或為敵偽喬裝交通的要衝。

當地駐軍駐防在此一環境之中，如稍有不慎，即易為物慾所引誘，因此違紀事件，時有所聞。師司令部為避免此類事件發生，嚴整軍紀，特規定所屬任防營連，在同一駐地，不得超過三個月，屆期即行換防，以免與地方人士過於稔熟，而發生弊端，在此期間，本營自亦遍歷江南各地，飽覽江南風光。

卅五年夏，本營奉令接管瀏河港防務，兼負指揮駐防福山港的團戰防砲連。於接防前夕，已得悉前任駐軍營長，因貪瀆被處分調職，是以益加惕勵。接防時，更詳細偵察沿江防務，瞭解地方情形。佈防時，嚴格告誡官兵，恪守軍紀，如有違犯，嚴懲不貸。對各連、排、班，均現地假設各種狀況，指導處理腹案，尤對各防守哨兵，下達一般及特別守則。

經瞭解瀏河為一漁港集散地，亦為通商口岸及軍事要衝。此時長江對岸已全為共軍所佔據，漁民為獲暴利，來往兩岸，以捕魚為主，走私貨品或違禁品為副。瀏河鎮設有漁會，頗具財力，除編組漁民外，主要勾結官府與駐軍，掩護漁船走私，謀取暴利。本營到達駐地不久，漁會理事長即來拜會，聲言設宴接風；不數日，將轎車開至營部，據告梅蘭芳等京劇名角，正在上海演出，已購妥戲票，特邀請赴滬觀劇，均經一一婉謝。

經瞭解走私漁船之賄放方法，係在漁船出港返航進港時，以持有漁會開具的證明條，即可免予登船檢查，而被順利放行。駐軍部每月將所收漁船給予的證明條，再向漁結算發給通關賄賂的款項，以進出漁船之多，所收賄賂數目，自非小數。

經查明此一弊端，又奉上級嚴整軍紀的命令，我即斷然取銷此一漁會證明，即可免檢迅行的辦法。更反其道而行，於漁船進口時，不僅嚴格檢查，而且另發給營部印發的公告一紙，說明駐軍部隊，軍紀嚴明，不收任何餽贈，如有走私物資或攜帶武器及彈藥等違禁品，一律查辦等語。如此嚴格執行，月餘以後，不僅弊絕風清，亦使地方治安，轉危為安。因此，當地政府及民眾認為，青年軍的廉潔操守和認真負責精神，與其他部隊，判然有別，因而更增加其對本軍敬仰之心，到部隊奉令調防時，地方首長曾出面挽留，然限於軍令，自難允准。臨行時，當地民眾夾道送行，贈與旗匾滿車，鞭炮不絕於耳，場面極為感人。

就在我行將登車出發的瞬間，忽有一位著米色中山裝的中年男子，趨前向我致意，謂對我營駐防期間，軍紀嚴明，要求嚴格，治安良好，可選為駐軍的模範，為表敬意，特以小禮物—鋼筆一對奉贈，務請收納。我打開一看，為「派克五一」對筆，價格不菲，且從不相識，即表示不能接受。他旋即遞過一張名片，並附耳輕言：「我是軍統駐此地調查站長，貴軍駐防詳情，均奉令調查紀錄，分向上級及貴師報告，貴部軍紀優良，為過去駐軍所僅見，我已簽奉上級長官，頒贈貴官的獎品，不能拒收，至於行政獎勵，另請貴師發布。」我乃勉為接收，視為重要紀念品。

以後於卅六年秋至卅七年初，本營移防至清浦縣重固鎮，當地人民富庶，但地方情形，頗為複雜。鄉鎮民多為地方仕紳，頗具潛勢力，而共諜潛伏，時有活動。為了加強綏靖工作，我經常召集鄉鎮長，舉行聯席會議，對嚴密防務、建立聯防，要求甚嚴。時內子攜週歲與甫出生的幼兒，侍先父母居於距駐地尚有百里之遙，我每月始能休假返家。一日返家時，內人告知，週前有一鄉長前來探望，謂係你駐地好友，知家有幼兒，攜贈大型鐵盒泰康餅乾乙罐，並附有名片。以其為普通禮品，乃予接受，並致謝意。置於櫃頭上數日，亦未打開。一日，小兒鬧著要吃餅乾，始行打開食用，不意吃了上面數層後，發現下面竟然全是整齊的新鈔票，我們不敢妄動，又素知你個性廉介，特留待你返家時處理。我即決採取原封攜帶至團部，面報團長高道興上校，請示處理。經研究後，認為如予檢舉法辦，可能使該鄉長面臨刑獄之苦，不如將此款以「無名氏」名義，捐充善款，並警告其以後不得再有類似行賄行為。高公宅心仁厚，使我印象深刻。不久後，我即調升為副團長。

以上略舉二例，以示青年軍真正是一支軍紀嚴明、熱愛國家，而不貪財的軍隊。

〔原載二〇〇二、六、《六三通訊》第三五期〕

# 兩遇強梁歷險記

我們這一代人，可說是飽經憂患，與中華民國八十年代同時生長茁壯，歷經艱險。從推翻滿清，剷除軍閥，八年抗戰，接著又面臨內戰的大動亂，使海峽兩岸至今鴻溝兩分，國家民族的統一，尚不知期於何年。因此，每位親身經歷的人，都有許多說不完的故事。

在這悲壯激烈、驚濤駭浪的大時代中，人的生命有如草芥，尤其像我一個職業軍人，經過這樣動亂的時代，能在寶島台灣過著兒孫繞膝、安享頤年的生活，也可說是九死一生，在時代的大洪爐中冶鍊成為百鍊精鋼了。

我在抗戰期中和勝利後，所遭遇的驚險不勝枚舉，卻巧的是，先後遇到兩次匪徒劫車，都能在萬分驚險中保留了生命，平安脫離，可說是非常僥倖。懷憶五十年前往事，仍不勝心有餘悸。爰分別記述，以誌其事。

## 一、贛南遇劫虎口餘生

當民國三十一、二年間，抗日戰爭進行正激烈的時候，也是軍民生活最艱苦的階段，我自三十一年四月進入陸軍步兵學校，接受為期十八個月的專科教育，轉瞬於三十二年十月即將畢業。

該校位於廣西全縣，地雖偏僻，卻是山明水秀，聞不到外面激烈戰爭的氣氛，可說是一個修養身心、鍛鍊體魄、用功讀書的好地方。所以當我們完全放下仔肩，心無旁騖的情境，讀書確是唯一消磨時間，充實自己的好機會。儘管受訓的同學，已經有了相當的經歷，官階有至上校、少將的，然而既是當了學生，大家也就無拘無束生活、學習、玩樂都在一起。不過，這兒既是窮鄉僻壤，小鎮上連個飯館都沒有，除了山上打獵，河中游泳以外，再也沒有什麼玩樂之處。逼著讀書用功，可算是唯一消磨時間的辦法。

在抗戰期間，陸軍官校已將受訓期間縮短為六個月，以加束培養初級幹部。惟有步校學員召集已在軍校畢業正在部隊服務的軍官，接受長達十八個月的專科教育，在那段抗戰艱苦的日子裏，真算是相當長的期間。因為時間長，功課也特別多，例如：各種輕兵器、重兵器、戰術、戰史、典、範、令、各項教程，加上政治課程等，可說林林總總，五花八門。以至在畢業考試的時候，筆試的課程竟有三十三門之多。

在這段期間，我用功甚勤，不僅好多門功課可以達到背誦如流的程度，而且遇到可以發揮的題材，更可振筆疾書，密密層層寫滿了答案紙。又由於我聽課時筆記極詳，有幾門功課考試前老師均將我的筆記本拿去，當著出題的參據。因此，在三十二年十月中旬舉行畢業典禮時，竟獲名列第一。這種榮幸，真令我畢生難忘。

畢業後原擬回到原部隊，到新牆河第一線參戰，惟追隨多年的老長官的溫鳴劍將軍，先任駐印軍史蒂威將軍的中國籍副參謀長，旋又調任第三戰區長官部參謀長，均先後來電邀往工作。加以離別六年的父母和未婚妻，住在江西瑞金翹首望歸，瑞金到第三戰區長官部的所在地—鉛山，又係必經的路線。

畢業倖獲魁首，探親待做新郎，正是「洞房花燭夜，金榜題名時」。自然整裝急歸，滿懷歡欣和希望。

我去江西瑞金的路，是從廣西全縣咸水鎮，搭湘桂路火車至廣東曲江，下車後再搭浙贛路火車至江西樟樹鎮，以後再改乘汽車至江西贛州，再轉至瑞金西江鎮。大約是十月十三、四日離開步校，一路上有好多同行的畢業同學，分別回到第三、七、九戰區原部隊，到了贛州後準備繼續向瑞金走的，只剩下我和三隊韓敬先同學二人，他是準備由此到福建去的。

約在十月十五日抵贛州，本可搭翌日公車去瑞金，不過因為有兩個原因，我們必須在贛州待兩天：第一，分別六年的祖芳三妹，正在贛州中學讀書，自應跟她見見面，並留點錢做學雜生活費用。第二，軍校同學至好張佩良、王傑成二兄，均任職於贛州專員公署，與韓敬先兄亦係舊識，自宜前往拜望聚晤。而贛州往瑞金的汽車是隔日一班，留下來就要待三天。當晚與佩良兄見面後，他們夫婦就堅留多住兩天，並保證十八日可憑專員公署辦理免費公車票證，既然至此，也就再無考慮即日趕路的必要了。

我的行程早已事先函稟父親他老人家，既然時間變了，就立即寫了一封信，託當天去端金的公車，帶至西江車站，轉致家人，以免記掛。

當晚在佩良兄家吃飯，翌日上午即步行至距市區約十數華里的梅嶺贛州中學，探親舍妹。下午至街上購物，並再與佩良兄歡敘，復承時任贛南安全室主任蔡伯里兄，蒙安排明日乘車事項，才返旅邸休息。

十八日上午七時餘與韓敬先兄同至公路車站，持證明條向站長接洽，即蒙劃定號位，按號就車。公車是灰黑色，雖不如現代公車那樣新型，大致說來保養狀況還好，車裡置有木質座椅除中間通路外，每邊每排了坐二人，行車時中間也有活動座椅，每排共可坐五人，全車座位約有三十餘人，這次乘客總共也只有二十八人。駕駛是一位三十餘歲身材適中為人忠厚的中年人。這一帶均是沙石道路，一路的顛簸自然不在話下，然較之坐在沒有座位的大卡車後面，已算相當不錯了。

名城贛州距離瑞金的西江鎮，大概一百公里，以當時的道路和汽車的性能，可能要走八、九小時。沿途一邊是高山峻嶺，一邊是深淵溪澗，加上道路的凸凹不平和順山開路的拐彎抹角，全是繞著高山而行，車行速度既慢，顛簸亦甚，駕駛人亦頗辛苦。我一路上除了飽覽山川景色之外，仍保留我性好讀書的習慣，看一本新購的美國前副總統華萊士所著的「天下一家」。由於我的座位是在第一排中間，視線良好，與駕駛甚近。這時晴空萬里，青山碧空，又正是秋高氣爽的好天氣，心情更為愉快而舒暢。車中乘客有公務人員、商旅、軍官等，看來都還算是中上層人士。

車行四小時餘，已屆中午。抵達雩都山城，我在二十八、九年期間，服務軍委會戰幹第三團時，曾經在這兒駐過半年的時間，印象頗為深刻。車子在公路車站附近停了下來，一面休息，一面大家自由進用午餐，我們乘客湊成七、八人一桌，吃了各自付賬，菜蔬還不錯，也可說是飽餐一頓了。

約在十二時半即繼續上車趕路。因為距離目的地只有幾小時的路程，除對即將聚首的家人，有許多的憧憬外，看到公路旁標示著「傍山險道」的警告下，也只有低頭繼續閱讀「天下一家」，來消磨這長途旅行的沉寂。車行出雩都約一小時左右，這兒正是贛南雩都、會昌、瑞金三縣交界之處，山勢更形險峻，午後的睏倦，竟使我手捧書本，矇矓打起盹來。在似睡非睡之中，忽然聽到清脆的槍聲，正是向著公車正面打來。這聲槍響，不僅將我悚然驚醒，也下意識的將身子向下一伏，右手也下意識的向上一抬，口中也不覺叫了一聲：「不好，遇到土匪」！

這時我正是一個歷經鍛鍊的二十六歲青年軍官，不僅頭腦清晰、反應靈敏、身手也還矯捷。看到剛才的第一槍，正好擊中駕駛，而且還繼續聽到遙向公車射擊的槍聲。由於這兒剛好是一個急轉彎，車子能轉過去則可順著大道滑行，車子轉不過去，祇有衝下山澗一途，駕駛既然首被擊中，車子在無人駕駛的狀況下，衝下山澗已別無選擇途徑。

我面臨這一狀況，心想到如隨車滾入山澗，結果必不堪設想，幸虧我正坐第一排的中間，距離車門較近，也就不加考慮，在車子已滑到懸崖的邊緣時，奮不顧身躍出車門，和車子幾乎同時滾入山澗，以逃避匪徒的射擊。我下意識中感覺到幾乎車子是從身上滾躍過去的，車子重大，自然掉下山澗的速度很快，在我攀舉著山崖邊小樹，並意識著我還活著的時候，已聽到一聲轟隆巨響，車已掉落谷底，不但四分五裂，幾個大輪胎完全與車身脫離了關係。當然部分還在車子裏的乘客，也隨車子的碎裂而彈出車外，血肉橫飛，慘不忍睹。

我當時身穿著一件唯一的毛織品華達呢軍衣，下身穿著斜紋布馬褲，腳上套著一雙黑牛皮短靴，上身跨著武裝皮帶，腿上打了一付呢質長綁腿，肩上背了一個牛皮圖囊，裏面放著一些隨身雜物，其餘東西、文件等，均置在一隻木箱和一個行李捲之中，這身打扮也是一個青年中級軍官的標準裝備。前面說，我跳出車門，隨車滾下山崖，車子從我身上翻跳滾躍過去的，可從事後我的華達呢上衣，幾乎大部分被機油污染而獲得證明。如果車子翻滾下來一剎那，在那空隙中有一點碰撞迫壓到我的身體的話，我也早就沒有命了，所以當車子先我翻滾過去的時候，我真的用手自己打打頭，的確還是活著的，我才毫不猶疑的再做下一步的掙扎奮鬥。

這群盜看到車子滾下山澗，同時也見到尚有部份能行動的乘客，在山坡或山澗中四處奔逃，仍毫不留情的射擊追殺，也可能群盜氣憤駕駛未即停車肇致翻車，讓他們大費手腳，或是乘客中也有四、五名軍官，生怕攜帶武器予以還擊，所以不停的射擊。我基於求生的本能，加上正是年輕力壯，乃藉著山崖峭壁上的矮樹叢草，連攀帶爬，連滾帶躍的落下百尺崖下，一路上幸好避過那些崎嶙巉峻的怪石，終於抵達山澗，所幸澗水乾涸只剩淺流，乃不計一切向相反方向奔馳。山澗七彎八拐，轉了幾個彎道已經成為群盜射擊的死角，跑了數百公尺以後，看到峻峭的崖壁，竟是蔓草叢生，矮樹遍佈。心想與其向前跑，曝露了身體，不如向崖壁上攀登數十公尺，隱藏於叢草之中，由於崖壁坡度甚小，無法立足，只好將雙腳踏登一棵小樹，雙手又抓緊一棵小樹，以維身體不向下滑。

遠遠聽到稀疏的槍響，群盜的吆喝聲，似在找尋我們的下落，也聽到搜尋者經過下面山澗的步履聲，真是萬幸沒有被尋獲。

這時太陽已漸下山，黃昏迎接著夜暗翩然來臨，我慶幸黑夜對我們有利。群盜既然看不見我們，必然搶劫些車上箱籠行李，呼嘯而去，危機已可渡過，心情稍為輕鬆。在昏暗的星光下，才發現自己滿身血污，但已緊張過度，不覺疼痛，竟然不知傷在何處。經過細心檢查，才發現右手腕部近脈處和手背中指關節處，竟然遭匪射擊中彈，鮮血尚在汩汩流注，腕部有花生殼那樣大的一個傷口，手背上中指關節處有兩公分直徑的一個傷口，這時已無暇查明傷勢的情形，趕快以軍人急救的基本常識，一面將自己內衣棉紗汗衫撕成布條，當成臨時繃帶，緊緊加以捆紮，先求止血並免細菌感染，一面就身上常帶的止血中藥「山漆」，放在口中嚼爛以後服下。其餘身體各處，被石撞樹刮，雖是遍體鱗傷，好者都是皮肉之傷，尚無大礙。

午夜深沉，群盜既去，萬籟俱寂，唧唧蟲鳴，仲秋山野，涼風蕭颯，寒意襲人，風吹草動，仍感驚心。這時忽聞有人爬行聲，旋即聞有人輕語「這兒有人嗎？」那敢答話。一直到微弱星光下辨明正是同車乘客時，才彼此挪近交換遭遇情況，他也是一位校級軍官，幸未受傷，我們商量，只有俟天明後再決定行動，目前驚魂甫定，雖連夜未眠，竟然了無睡意。

終於度過了漫漫長夜，夜色漸漸遠逸，從破曉到天明，這時逐漸發現了劫後餘生的患難朋友，散居各山麓上，慢慢的聚集在一起，約有十人左右。經過彼此商量的結果，不敢貿然爬上去，以免再遭伏匪襲擊，擬等太陽出來普照大地以後，再選擇一處較緩山坡，爬上公路。約莫在上午九時，我們終於爬到崖邊一處起伏的山坡後面，雖然已經看到遠處的零星山莊，可是卻不敢貿然前往求助。又待了半個小時，幾個膽大的軍人，首先翻過山坡到達公路近旁，確定匪徒已經遠颺，大家才一起爬上來，數說不盡當時各人遭遇。

正在四處張望的時候，忽然聽到遠處有人喊著我的名字，待我應聲向前迎去的時候，抬頭看到的正是我的堂兄祖聲，他見到我真是喜不自勝，趕緊握著我的雙手說：「真是萬幸，家中人已焦急不堪，尤其聽說遇難的人中，有位是準備回來結婚的。剛剛從失事現場看到死傷狼藉的乘客，慘不忍睹。而且在山谷中散佈的旅客行李箱籠中，又見到地上散有你的名片和文件，真以為你已經遇難了。由於家人過分焦急，我特在今晨天剛亮，就步行四十五華里趕來這裡，我們馬上到現場去檢失物吧！」

我們這群人，走了數十公尺，即看到失事現場，山澗中公車殘碎的車身，和匪徒檢剩下來的行李雜物，尤其那飛散四方的幾個輪胎，真是劫後餘生，慘不忍睹。聽說已有五位當場遇難，其餘輕重傷者，已分別離去。我黯然的下定決心說：「我什麼東西都不要了，檢回一條老命已算幸運了。」事實上，所有較好一些的衣物，也都被匪徒拿走了。

心定下來才感到滿身酸痛，尤其皮鞋較窄，根本無法走四十五里回去。韓敬先學長則因右手緊握車內鐵柱，故在車子翻滾下山的時候，並未受到重傷，只是手腕卻無脈跳之音。又虧祖聲堂哥帶至附近村莊，找到保長，請了四位壯漢，用長竹竿和竹椅捆成兩個臨時「滑竿」，將我們二人抬了四十五華里，一直送到西江鎮月光村的家中，他們竟然分文不取，只吃了兩大碗蛋炒飯裹腹而去。

返家後，見到了久別重逢的雙親，幼妹祖頤，還有訂婚八年即待完婚的未婚妻，由於重聚的喜悅，加上這場車禍發生後二十多小時的驚魂甫定，大難不死，真是說不出的一番滋味。

這時我受傷的右手，已難能舉動，自己用汗衫包紮並用布條吊在頸間，即由幼妹陪同至當地軍校醫務所療傷，醫生檢視傷口，確認沒有子彈留存，也認為萬幸之至。但戰時醫藥缺乏，竟無治傷必須的藥物—蕾弗奴爾，只用消毒棉花洗清傷口後，用消毒紗布包紮。以後即函贛州傑成、佩良二學兄請購，等他們兩週以後寄來，我的傷口已完全癒合了，當將此藥轉贈醫務所備用。不過半年以上右手仍時常酸痛、無力。如今五十年仍留了兩塊值得紀念的疤痕。

我與妻子於民國三十一年十二月二十日在瑞金結婚，迄今剛逾五十年，於此金婚紀念，撰寫此文，深值紀念。

## 二、義感群盜化險為夷

民國三十六年秋，我服務於青年軍二〇二師，任中校營長，經常駐防在江南鎮江到上海之間，不時調動。這時江南天氣，正是初秋季節，秋高氣爽，綠蔭遍野，阡陌縱橫，溪流分佈，舟車如流，景色宜人。

我的家人住在常熟，我因為是部隊長，這時駐在青浦縣重固縣，通常都是每兩三週回家乙次，看看父母妻兒，當我在家住了一晚，翌日又要趕回部隊的某天，約在午飯後由常熟乘公車出發，目的地是上海，經過無錫之後，正在無錫、蘇州、嘉定等縣的交界處向前順利行駛。大概在下午兩時餘，忽聞前面對天空開了一槍，同時聞到吆喝馬上停車的聲音，我不自覺的抬頭一看，只見四面的小高地上，分別站了七、八個彪形大漢。他們都穿著深色的便裝，頭上戴著大斗篷，半截臉上矇了一塊黑布，每人高舉的右手上，都手持一枝駁殼槍。這種態勢之下，我下意識已經明瞭這是一件匪徒截車的事件，雖然戰時這種事不算稀奇，然而發生在人煙稠密，行車如縷的京滬國道上，卻也未曾想到。這時我第一個反應是，馬上將軍裝左上口袋所掛著的黃邊的中校營長符號，隨手撕下，以免辨別我的身份。

我既然是一位部隊長，當然配有自衛手槍，我記得平時我所配戴的是一枝加造九〇口徑手槍，威力很大。不過我們軍官早就有一經驗，就是一人出去絕不帶槍，除非兩人以上同行，構成火網才帶槍，以免遇到意外，敵人先下手為強。

這位公車駕駛，反應倒相當的靈敏，聽到槍聲，看到情勢，早已有知之明，馬上就停車熄火，以等待下一步的處理。這時部分匪徒已持槍向公車接近，部分匪徒仍在原地監視。

首先登車的一個匪徒，即喝叫：「大家不要動，所有錢財物品一律繳獻，否則休想活命」，這時車上眾人，顯然十分慌亂，加之江南人多頗富有，更在面臨大敵，生死頃刻的時候，男女老少多半驚慌失措，甚至有放聲大哭，高叫饒命的，也有叫著：「我們都是小本經營，辛苦得來的金錢，求求你們高抬貴手吧」，此時繼續上來的匪徒，已開始動手動腳，一方面搜索金錢，一方責打那些哭鬧的人。

我看在這樣混亂的情勢下，如一不小心，匪徒動槍動刀，則後果就不堪設想了。這時匪徒又喝叫大家迅速下車，以免礙手礙腳，乘客有堅不下車發生拉扯者。

我此時忽然勇氣百倍，挺身而出，先大聲勸解乘客，「錢財身外之物，保護生命更為重要」。其後即面向匪徒說：「各位，你們需要的是錢財，我請求你們不要濫殺無辜，也不要傷害他們一絲一毫。我保證讓他們下車，聽你們所取，車上行李，身上物品，悉聽你們處置，千萬不要傷害他們。青山不老，綠水長流，但願將來還有碰面機會，感謝你們的恩德。」

為首匪徒即頷首揮手示意同意。

我即首先第一個下車，令駕駛以下男女乘客一一魚貫而下，成一行縱隊行至公路邊側，再囑令大家就地而坐。就在走近路側之際，一位矮矮胖胖的上海商人，忽然靠近我的身旁，將一包東西塞入我的軍褲口袋之中。這時，我自不能明知阻止，也不便出言。

數位匪徒自車上搜集財物已畢，即自我們這一群席地而坐的乘客，逐一搜身，凡是戒指、手錶、金鐲、項鍊、錢包、鋼筆等，全部搜羅殆盡，無一倖免，在搜身的過程中，仍有少數男女，拉扯不願獻出財物發生哭叫而被毆打者，我則一一勸解，居然意想不到的卻未對我個人加以搜身，以致不但我絲毫沒有任何損失，連上海商人塞在我褲袋中的一包手飾、金錢也安然無恙，事後的千恩萬謝，自不再話下。

等匪徒全部劫取財物以後，我已看出他們並無傷人之意，心中膽氣更壯。乃問道：「可以讓我們登車繼續前行嗎」？為首匪徒表示：「可以」。我乃令各男女乘客起立，仍按一路縱院魚貫登車，我則走在最後，等大家上車完畢後，我才登車，並與眾匪揮手示意。為首那位匪徒，大聲說：「對不起，讓你們受驚了，我們很需錢用，也是萬不得已，請你們原諒！」

在我們汽車即將發動開駛前，眾匪也揮手揚長而去，這一幕驚險的過程，慢慢在公車向前飛駛的暮色蒼茫中，總算落幕了，當我在靠近駐地的車站下車時，車上的駕駛和全體乘客，都對我表示微笑的感謝，和熱切握別。也難免有少數的乘客，對我抱以奇異的眼神，他們心裏是不是可能會揣測，這位青年軍官，究竟是何等人物呢？我就無法加以肯定了。

〔原載一九九五、一二、《淮陰文獻》第四輯〕

# 悼念陸惟善上校

陸君惟善（一九二一—二〇〇三）浙江吳興人，於抗戰軍興，即投筆從戎，考入陸軍軍官學校第四分校第十七期步科，在學期間，品學兼優，畢業後分發部隊服務，由於為人誠摯，勤奮負責，學術兼備，力求上進，深得長官器重與下屬之愛戴。民國三十三年，政府號召「十萬青年十萬軍」成立青年軍第二〇一—二〇九師九個師，陸君被選訓分派至第二〇九師服務，先在第六二五團任副連長。繼因第二〇九師於第一期青年軍復員後，編併第二〇二師第二旅三團任重機槍連連長。余亦於第一期青年軍復員後，由第二〇九師師部中校人事科長轉任第二〇二師二旅三團中校營長，陸君即在本營任重機槍第二連上尉連長，在此期間與余共事近兩年之久。當時部隊先後駐紮於鎮江、常熟、嘉定、瀏河、太倉、青浦、上海等地，或集中整訓，或擔任城防，或負責綏靖與作戰各種不同任務，其他營屬步兵第四、五、六連，多分遣在外地擔任防務，惟重機槍第二連經常隨營部行動，擔任預備隊及營部警衛。因此與陸君不僅接觸較多，且常接受余直接交付之任務，接觸既多，認識益深，了解較多，關係亦近。

深知陸君為人正直，帶兵嚴正，練兵勤實，用兵裕如，交付任務，無不貫徹執行，偶爾有所建議，亦均能絜中要領，余亦樂予採行。記得某次調防，行軍到達某地，日行近五十公里，陸君為鼓勵士氣，途中藉行軍之便，更練習急行軍，且連長自機槍兵手中拿過重機槍槍身，自行扛負於肩上，行於部隊前端，以為示範激勵士氣，使全連精神大為振奮，即較為老弱者，亦無一落後，更無逃亡者。當時余騎於馬上，見此狀況，亦不竟深表讚揚。

三十六年冬，余調升本團副團長，第二營營長由副營長張樹鵬少校升任，陸君爾後亦晉升為少校副營長，余仍指揮該營參加作戰，官兵用命，創本旅成軍以來最輝煌之戰績。三十七年三月中旬，余外調徐州陸軍官校第七軍官訓練班上校組長，旋調陸軍步兵學校上校大隊長、教導師團長。當時戰況轉變甚為迅速，至三十八年滬戰發生，青年軍第二〇二師第二旅復改編為第二〇九師番號，由於戰略轉進撤退至舟山，轉進來臺，部隊幾近星散，余與諸同袍亦失去連絡。

由於陸君非隨部隊整體來臺，初期生活頗為艱苦，後由包烈將軍引介至國防部大陸工作處服務，繼轉至台北師管區司令部，以服務績效，升為上校副參謀長。退休後轉任企業任安全室主任多年，始行限齡退休。生活安定，婚後兒女成群，家庭美滿。於中國青年軍協會籌組成立時，為最初發起人之一，並被選為監事，每年均參加青年軍節紀念大會，從無缺席，是亦可證明其踐履篤行之個性。

陸君身體素健，惟數年前在家不慎跌倒，發現腦部積有瘀血，幸經榮民總醫院開刀取出，復原迅速。不意今年元月遽傳惡耗，聞聆之餘，幾難相信，哀悼之餘，爰述追思，另附詞誄，聊表寸心。

陸君惟善，秉性良善，抗日軍興，從戎赴難。

少有壯圖，黃埔鍊鍛，投身軍旅，力挽狂瀾。
報效國家，矢為忠榦，實踐力行，譽為硬漢。
昔日同袍，訓練作戰，同甘共苦，流血流汗。
帶兵練兵，績效稱冠，每念襄佐，時懷宵旰。
間關來臺，飽經憂患，國防警備，復展才幹。
轉任工商，崗位更換，公關安全，業界譽讚。
忽傳鶴歸，懷思興嘆，魂兮安息，永存典範。

〔原載二〇〇二、六、《六三通訊》第三七期〕

悼念陸惟善上校

# 悼念亓彥文中校

亓彥文中校，山東濰縣人，軍校十六期步科，民國十年生。秉性耿介，不屈不撓，學術優良，負責認真。民國三十四年青年軍二〇九師成立時，即被選調至六二五團服務，旋調東南分團受訓，再返師服務。迨三十五年第一期青年軍復員後，隨部隊整編第二〇二師二旅三團服務。時余任該團第二營營長，後升副團長，彥文亦調任本營第五連上尉連長。

我與彥文同事期間，歷經嚴格之部隊整訓，繁重之綏靖與警備任務，更曾在余直接指揮下，參與激烈的戰鬥。故深切體認其確係一位勇於負責、工作認真、重然諾、講義氣、驍勇善戰，身先士卒之優秀幹部，深獲信賴與敬佩。

來臺後，彥文服務於某軍事學校教育處，仍不改其耿直負責的本性。約在四十六年，該校某屆學生已經畢業考試，其中某生多門未及格，自難獲畢業。惟校方仍特予以補考機會，立即由該校某主管指派彥文負責監考，復暗示該生為某大官公子，希予以方便。殊不知此一山東硬漢於監考期間，認真將事，絕不徇情，該生自難通過。某主管竟因此事深恨彥文耿介不化，於年終考績時將其核列丙等。彥文亦因此被迫提前辦理退伍。事後向余陳述，已無法挽回。

退休後，曾一度經商，惟以其個性，自難適合，幾至血本無歸。越年後，應邀赴金門工作。後又考取金門地方法院監獄任管理員、教悔師，以其秉性忠良，對人犯循循善誘，頗獲好評。在金門服務期間，凡有使人來往，必托帶金門特產品見贈，念舊之心，誠可感人。時光荏苒，服務金門期間，頃歷多年，且仍獨居未婚。余以其久居外島，於徵其同意後，乃轉托司法行政部主管，將其調至基隆地方法院監獄服務，直至滿六十五歲始行退休。

約在民國八十年前後，彥文時已年逾七十，與旅居菲律賓原籍金門之華僑女士結婚。友朋均慶幸其晚年得遇賢淑，可以共渡晚春。婚後伉儷情深，仍旅居菲國，與余仍時通魚雁，每次返國，亦必前來相訪。

今年九月中旬，忽接彥文夫人電話，告知彥文已於前月因心臟病遽然去世，喪事已在菲律賓辦竣，特電奉告。聞聆之餘，至深哀痛，爰略述其生平，以誌懷思。並附輓詞如次：

嗚乎彥文，魯濰強人，少具壯志，習武棄文。

學術兼優，秉性忠誠，嫉惡如仇，道義惟遵。

報效國家，志慮清純，犧牲奮鬥，忠勇堅貞。

同甘共苦，袍澤情深，流血流汗，振揚軍聲。

維護正義，備歷艱辛，服務獄政，善誘循循。

晚婚賢淑，伉儷情深，忽傳惡耗，天奪斯人。

每念舊雨，悲痛逾恆，魂兮安息，典範永存。

〔原載二〇〇一、六、《六三通訊》第三四期〕